AIDER MON ENFANT AVEC UN TDAH

MICHEL BADER

PRÉFACE DE DIANE PURPER-OUAKIL

AIDER MON ENFANT AVEC UN TDAH

CE QU'IL FAUT SAVOIR
LES CONNAISSANCES RÉCENTES
LES CONCEPTIONS ERRONÉES
LES STRATÉGIES ÉDUCATIVES APPROPRIÉES

DUNOD

NOUS NOUS ENGAGEONS EN FAVEUR DE L'ENVIRONNEMENT :

Nos livres sont imprimés sur des papiers certifiés pour réduire notre impact sur l'environnement.

Le format de nos ouvrages est pensé afin d'optimiser l'utilisation du papier.

Depuis plus de 30 ans, nous imprimons 70 % de nos livres en France et 25 % en Europe et nous mettons tout en œuvre pour augmenter cet engagement auprès des imprimeurs français.

Nous limitons l'utilisation du plastique sur nos ouvrages (film sur les couvertures et les livres).

11 rue Paul Bert, 92240 Malakoff
www.dunod.com

ISBN 978-2-10-086087-6

Table des matières

Préface

Aider mon enfant avec un TDAH est un ouvrage pour les parents et toutes les personnes qui côtoient des enfants et adolescents dans l'exercice de leur métier. Michel Bader met à leur service sa grande expérience clinique pour leur permettre de mieux comprendre les particularités des jeunes avec TDAH et les défis auxquels ils ont à faire face. Le TDAH est un domaine dans lequel les connaissances évoluent rapidement et qui fait l'objet de nombreuses publications scientifiques. Il reste paradoxalement mal connu du grand public et pour les parents de jeunes avec TDAH, il est probablement difficile de faire le tri entre les différentes sources d'informations. Avec ce livre, les parents disposent d'un guide fiable qui aborde toutes les questions qu'ils se posent fréquemment, de la phase diagnostique à la mise en place des aménagements et des traitements.

Il n'est pas anodin que Michel Bader ait choisi de commencer son livre par un chapitre sur les idées reçues sur le TDAH, tant les représentations erronées et stigmatisantes accompagnent les parcours des personnes et familles concernées. Cette étape de déconstruction des mythes entourant le TDAH est fondamentale pour que les parents puissent fournir une aide efficace à leur enfant au quotidien. Michel Bader n'élude aucune question, même celles auxquelles les études actuelles ne permettent pas de répondre ; il définit ainsi les enjeux pour faire progresser les connaissances dans le domaine du TDAH. Il décrit également le contexte sociétal contemporain qui pose des défis particuliers aux jeunes concernés par le TDAH et à leurs familles tant les attentes, en particulier scolaires, peuvent être difficiles à gérer. Une attention particulière est apportée par Michel Bader aux troubles associés au TDAH qui sont à rechercher et à prendre en compte pour lever des obstacles supplémentaires dans le parcours des jeunes concernés. Il aborde également le moment du diagnostic et décrit les ressources utiles pour les parents à ce stade si important du parcours de soins. Enfin, la partie consacrée aux traitements du TDAH offre des informations claires, bien expliquées et reflétant l'état des connaissances dans le domaine. Cet ouvrage très accessible aidera très certainement de nombreux parents car Michel Bader y transmet un ensemble d'informations qui sont une synthèse des connaissances actuelles éclairées par la pratique clinique et un engagement de longue date au service des jeunes concernés par le TDAH et leur entourage.

Diane Purper-Ouakil

Professeur des Universités-Praticien hospitalier, CHU de Montpellier

Introduction[1]

- *« Le début de la journée est un stress. Il a beaucoup de difficultés à se préparer et être prêt pour aller à l'école. À l'école, il bouge sans arrêt et ne reste pas tranquille. Il se tortille sur sa chaise et manipule des objets. Il dérange la classe et les camarades. Il semble être animé par un moteur. Il n'arrive pas à se contrôler. Il lui est difficile d'attendre son tour et il donne la réponse avant la fin de la question. Il interrompt les autres durant les conversations et les jeux. Il a de la peine à s'intégrer dans un groupe et il réagit de manière intense dans des situations avec ses camarades. »*
- *« Il est facilement distrait. Il fait des fautes d'inattention. Il ne semble pas écouter ce qu'on lui dit. Il est dans la lune et décroche rapidement en partant dans des rêveries. Il oublie de noter ses devoirs. Il ne prend pas tout son matériel et perd souvent ses affaires. »*
- *« À la maison, il ne reste pas longtemps assis durant les repas et quitte rapidement sa place. Il a beaucoup de difficultés à ranger régulièrement la vaisselle. Les devoirs sont un calvaire et entraînent des conflits épuisants. Il a oublié ses affaires scolaires et n'a pas noté les devoirs à faire. Il n'arrive pas à se mettre au travail. Il est très distrait et n'est pas motivé. Tout ce qui l'entoure est plus intéressant. Il fait autre chose. Il se plaint et argumente systématiquement. Au fur et à mesure que le parent intervient, la situation dégénère très souvent et conduit à des conflits épuisants et répétitifs. »*
- *« Dans le cadre familial, il a de la peine à faire les tâches quotidiennes. Il joue avec un écran ou il utilise son smartphone ou sa tablette en dehors des moments fixés. Il a de la peine à aller se coucher au moment demandé et sollicite la présence des parents. Au fur et à mesure que le parent intervient, la situation dégénère très souvent et aboutit à une crise. L'enfant ne prend pas en considération les explications et les remarques. Il a tendance à réagir de manière en symétrie, en miroir. Lors de frustrations, il éprouve beaucoup de difficultés à se contrôler et réagit de manière impulsive. Il peut brusquement s'énerver ou pleurer de manière exagérée par rapport au contexte. Il peut avoir des paroles blessantes et provocantes. Durant les courses et le repas au restaurant, il est*

1. Le masculin est utilisé systématiquement pour des raisons pratiques mais les descriptions concernent à la fois les garçons et les filles.

pénible et très impatient. Les parents sont épuisés et doutent de leurs capacités parentales. »

- *« Les relations avec les camarades sont souvent conflictuelles. Il a de la peine à se faire des amis. Il veut imposer ses règles. Il a tendance à parler fort, à s'exciter et à vite réagir lors de tensions. Il se met facilement en colère. Il est souvent mis de côté et devient un bouc émissaire. Il peut être l'objet de harcèlement. Il est rarement invité aux anniversaires. »*
- *« Les performances scolaires sont souvent insuffisantes et ne correspondent pas à ses capacités et à ses efforts. Il fait des promesses de travailler plus les prochaines fois qu'il n'arrive jamais à tenir. Il évite les discussions sur l'école et les devoirs. Il se sent impuissant pour changer et n'est pas en paix avec lui-même. Il n'arrive pas à être l'enfant qu'il aimerait être et qu'il pourrait être. Il manque beaucoup de confiance en lui en étant souvent confronté à des remarques négatives, des déceptions et des échecs. Selon sa personnalité, il peut être anxieux avec des douleurs dans le ventre, des maux de tête, démotivé et évitant les tâches, triste et démoralisé, irritable, replié sur lui et difficile d'accès. »*

Comme parent, vous vous demandez ce qui ne va pas chez votre enfant. Il n'a pas de retard intellectuel, il est intelligent et semble être comme les autres enfants. Pourtant, vous avez du mal à comprendre certaines attitudes et certains comportements. Vous vous rendez compte qu'il a des problèmes. À mesure qu'il grandit, il semble avoir plus de difficultés à se contrôler et dans ses études, et à gérer ses émotions par rapport aux autres enfants.

Vous êtes profondément attristé en observant que votre enfant essuie régulièrement des remarques négatives de la part des enseignants, de ses camarades et des intervenants lors d'activités de loisir. Vous remarquez qu'il a des difficultés à comprendre les règles des conversations et des relations sociales. Il est fréquemment confronté à une stigmatisation de la part de ses camarades et est exclu des groupes d'enfants. Il peut même être la cible de provocations et de harcèlement. Vous constatez qu'il ne se sent pas bien dans sa peau et qu'il n'est pas en paix avec lui-même. Il a du mal à être l'enfant qu'il souhaiterait être et qu'il pourrait être. Vous êtes profondément préoccupé par son manque de confiance en lui et par ses sentiments d'incapacité être par rapport aux autres.

Vous vous efforcez d'établir un cadre éducatif structurant pour donner à votre enfant des bases solides pour son avenir. Les relations familiales sont tendues et marquées par des conflits quotidiens épuisants. Vous êtes préoccupé par son futur. Vous craignez que si vous ne pouvez l'aider, il n'arrive pas à réussir ses études ni suivre une formation professionnelle pour trouver sa voie. Vous

vous inquiétez aussi pour ses amitiés et ses futures relations amoureuses à l'adolescence et à l'âge adulte. De plus, vous êtes confronté au manque de compréhension et aux critiques de votre entourage et de l'école. Vous entendez fréquemment des commentaires négatifs et blessants sur votre enfant tels que « incapable de réussir », « pas éduqué », ainsi que sur votre rôle de parent : « parent sans autorité », « parents démissionnaires ».

Confronté à l'incapacité de votre enfant de modifier ses attitudes et ses comportements, vous vous sentez démuni et épuisé. Vous peinez à être suffisamment constant et ferme. Vous faites face à un parcours du combattant pour tenter de l'aider et résoudre des problèmes qui se répètent. Vous cherchez des réponses qui pourraient expliquer les difficultés de votre enfant, en explorant une multitude d'informations sur internet, Youtube, les réseaux sociaux et les blogs, qui sont souvent simplificatrices ou inexactes.

Ces observations fréquentes évoquent la présence d'une hyperactivité, d'une impulsivité et/ou de problèmes d'attention qui perturbent la vie de famille et la scolarité de ces enfants et adolescents. Ces comportements entraînent une grande souffrance chez ces garçons et ces filles et ils ont des répercussions négatives sur leur qualité de vie et celle de leurs familles.

Le TDAH est un trouble pluridimensionnel qui a des impacts négatifs sur le développement des enfants, ainsi que sur leur vie quotidienne et celle de leurs proches. Les symptômes tendent à augmenter au fil des années, entraînant des difficultés fonctionnelles croissantes dans la famille, sur le plan scolaire et dans les relations sociales. De plus, le TDAH comporte un risque élevé de comorbidités, telles que des troubles émotionnels ou du comportement, ainsi que des comportements addictifs à l'adolescence (par exemple, la consommation de tabac, d'alcool, de drogue, ou une utilisation excessive des écrans).

Pour ces raisons, le dépistage précoce du TDAH et la mise en place d'une prise en charge adaptée à l'âge et aux situations individuelles sont d'une grande importance. Cela permet de réduire l'intensité des symptômes et des difficultés fonctionnelles dans la vie quotidienne, tout en diminuant le risque de développement de troubles associés et de leur impact.

Comme parent, vous jouez un rôle essentiel dans l'accompagnement de votre enfant atteint de TDAH. L'expérience clinique et les recherches menées au cours des dernières décennies mettent en évidence l'importance et l'utilité des stratégies éducatives mises en œuvre par les parents, en complément d'autres prises en charge.

Ce livre s'adresse à vous, parent, qui élevez un enfant atteint du trouble déficitaire de l'attention avec hyperactivité (TDAH) et impulsivité, ainsi qu'à toute personne souhaitant mieux comprendre ce trouble, ses approches thérapeutiques et les stratégies parentales. L'objectif principal de ce livre est de vous fournir les outils nécessaires pour devenir un expert dans l'accompagnement de votre enfant avec un TDAH, afin de favoriser son bien-être et d'améliorer la qualité de vie de votre famille. Cet ouvrage renferme ce qui est essentiel pour vous en tant que parent (ou professionnel concerné) afin de favoriser le plein potentiel de votre enfant atteint de TDAH.

En devenant un expert dans la compréhension de votre enfant, vous gagnez en confiance dans vos ressources et dans vos compétences éducatives. Vous devenez proactif en tenant compte des besoins spécifiques de votre enfant et en prenant des décisions qui lui sont adaptées. Vous êtes également reconnu dans les interactions avec les professionnels concernés, ce qui vous permet de partager vos observations, vos questions et vos objectifs en étant reconnu et respecté.

Cet ouvrage intéressera également les professionnels (médecins, psychologues, orthophonistes, psychomotriciens, enseignants, éducateurs, ergothérapeutes, neuropsychologues) au regard des connaissances récentes sur le TDAH qu'il développe et pour qu'ils puissent proposer aux familles les démarches diagnostiques reconnues et les prises en charge appropriées à chaque situation. Les professionnels jouent un rôle central pour le dépistage et pour identifier les approches thérapeutiques pertinentes et réalisables. Ce livre insiste sur l'importance d'une compréhension globale et empathique du TDAH et de l'utilisation de cette perspective pour expliquer ce syndrome aux patients et aux familles dans un langage compréhensible. L'accès aux informations sur internet nécessite de la part des professionnels d'avoir des connaissances adéquates pour présenter les caractéristiques de ce trouble et répondre aux questions des familles de manière adéquate.

Ce livre décrit des pistes pour identifier la possible présence d'un TDAH en distinguant les comportements typiques des enfants en fonction de l'âge de ceux qui sont excessifs et nécessitent une évaluation. L'objectif de ce livre n'est pas d'étiqueter un enfant ou un adolescent, mais de comprendre leurs difficultés et les causes de celles-ci, de décrire les processus diagnostiques et les différentes approches thérapeutiques qui peuvent les aider. L'ouvrage se concentre sur les aspects cliniques du TDAH, comment il varie d'une personne à l'autre, comment il évolue au cours du développement de l'enfance à l'âge adulte, comment le traitement doit être adapté à chaque individu, et comment il peut s'améliorer et parfois s'aggraver.

Comme parent, vous voulez savoir « ce que vous devez faire ». Ce livre vous offre **une boîte à outils** pour mieux comprendre les caractéristiques de votre enfant avec un TDAH et pour mettre en place les stratégies éducatives appropriées. Cette approche se concentre sur les défis quotidiens et propose des pistes visant à améliorer la qualité de vie des jeunes atteints de TDAH et celle de leur famille. Tout comme un médicament, elle n'est pas magique, mais elle est dirigée sur les difficultés fonctionnelles qui sont liées aux symptômes du TDAH et à l'accomplissement des activités de la vie quotidienne.

Cet ouvrage met également en lumière les qualités et les ressources étonnantes de ces enfants, qui sont souvent cachées et qui peuvent les aider à s'épanouir dans leur vie en les dégageant des stéréotypes négatifs souvent associés au TDAH. La compréhension des caractéristiques du TDAH et l'identification des compétences de chaque enfant permettent souvent la réalisation d'activités qui leur sont adaptées et qui les motivent. Ils peuvent ainsi vivre des expériences positives, mettre en avant leurs capacités, gagner confiance en eux et éprouver du plaisir.

Le propos de ce livre s'appuie sur de nombreuses années d'expérience avec des enfants, des adolescents, des adultes souffrant d'un TDAH. Au fil des ans, les échanges avec les parents ont été une source d'information précieuse qui a permis à l'auteur de mieux comprendre les difficultés et les souffrances de ces familles, ainsi que les conseils les plus pertinents sur la manière de le faire. L'engagement et la persévérance des parents pour comprendre les défis de leur enfant et l'aider, malgré les adversités, sont impressionnants et méritent d'être davantage reconnus. Ce livre s'efforce de tenir compte de l'expérience des parents qui se trouvent en première ligne, luttant sans relâche et servant de piliers au développement de leurs enfants.

Les efforts, les ressources et la persévérance des familles sont également relevés, car ils permettent à leurs enfants d'accéder à des prises en charge appropriées, de développer des stratégies adaptées, et de progresser en vue de réaliser leurs potentiels en entrant dans la vie adulte, où ils pourront s'intégrer et s'épanouir. Pour ces raisons, cet ouvrage présente une approche positive et optimiste sur les enfants et les adolescents atteints de TDAH, car l'expérience en tant que psychiatre pour enfants et pour adultes a convaincu l'auteur que cela donne de loin les meilleurs résultats.

Si vous suspectez votre enfant d'avoir un TDAH et si vous cherchez à comprendre ses difficultés et à lui apporter de l'aide, ce livre peut vous aider à en savoir plus et vous conseiller sur les démarches et les stratégies efficaces, en complément des interventions par des professionnels. L'objectif est que votre enfant puisse exploiter pleinement son potentiel, gagner en confiance en lui, et entrer dans la vie adulte en étant capable de s'intégrer et de s'épanouir.

Ce livre est composé de **12 chapitres qui décrivent les caractéristiques du TDAH** chez les enfants et les adolescents, ses causes et son impact sur les parents et la famille, les critères et l'évaluation diagnostique, ainsi que les approches thérapeutiques. Les chapitres consacrés aux défis éducatifs ainsi qu'à l'utilisation des écrans sont des boîtes à outils destinées à aider les parents à mettre en place des stratégies pertinentes qui prennent en compte les spécificités de ce trouble.

Bibliographie

Barkley, R. (2015). *Attention-Deficit Hyperactivity Disorder. A Handbook for Diagnosis & Treatment* (4th ed.). The Guilford Press.

Brown, T. E. (2013). *A new understanding of ADHD in children and adults : Executive functions impairments.* Routledge.

Brown, T. E. (2017). *Outside the Box. Rethinking ADD/ADHD in Children and Adults. A Practical Guide.* American Psychiatric Association Publishing.

Hallowell, E. M., & Jensen, P. S. (2008). *Super-parenting for ADD. An Innovative Approach to Raising Your Distracted Child.* The Random House.

Hallowell, E. M., & Ratey, J. J. (2021). *ADHD 2.0. New Science and Essential Strategies for Thriving with Distraction from Childhood Through Adulthood.* Ballantine Books.

Hinshaw, S. P., & Ellison, K. (2016). *ADHD. What Everyone Needs To Know.* Oxford University Press.

Chapitre 1

Idées reçues sur le TDAH

Objectifs

- Présenter des connaissances scientifiques et cliniques permettant de comprendre les caractéristiques et la complexité du TDAH ainsi que les enjeux diagnostiques et thérapeutiques.
- Discuter les idées reçues les plus fréquentes sur le TDAH qui proviennent d'idées simplistes, d'informations réductrices ou polémiques.
- Permettre aux parents et aux professionnels d'avoir accès à des connaissances pertinentes et utiles.

Nous avons encore beaucoup à apprendre sur ce syndrome, mais il existe actuellement de nombreuses connaissances scientifiques et cliniques qui permettent de s'appuyer sur une compréhension moderne des caractéristiques et de la complexité du TDAH pour proposer des recommandations utiles pour les parents et les professionnels.

En tant que parent, vous avez besoin d'accéder à des informations sérieuses pour comprendre les caractéristiques du TDAH et connaître les ressources disponibles pour soutenir le développement de votre enfant. Vous êtes confrontés à un parcours du combattant et au défi de trier une multitude d'informations sur internet, les réseaux sociaux, les blogs et Youtube. Cependant, il est fréquent que ces ressources simplifient trop la complexité de ce trouble ou diffusent des informations erronées.

Nous pouvons tous – y compris les enfants – avoir occasionnellement des problèmes d'attention, des réactions impulsives ou des difficultés à être patient et à rester calme. Le diagnostic de TDAH ne repose pas sur des critères biologiques précis, ce qui peut entraîner un certain degré de subjectivité. Il n'est donc pas surprenant que certaines personnes critiquent la notion de TDAH et remettent en question son existence, ses causes, ainsi que les enjeux économiques et les questions sociétales qui y sont liés.

En tant que parent, il est difficile de comprendre les défis auxquels votre enfant est confronté, et vous cherchez activement des informations et des solutions pour l'aider. Cependant, vous êtes souvent confronté à des opinions divergentes et parfois contradictoires. Il est difficile pour vous de prendre des décisions quant à la meilleure approche à adopter. Les médias et les informations sur internet abordent régulièrement des sujets préoccupants tels que les diagnostics excessifs de TDAH, les « épidémies de TDAH », ainsi que les préoccupations concernant les effets des médicaments psychostimulants sur la santé des enfants. Ces enfants peuvent être stigmatisés à tort et accusés de faire exprès, d'être paresseux et de manquer de motivation. Comme parent, vous pouvez être critiqué sur la manière dont vous éduquez votre enfant, d'être perçu comme trop permissif et/ou trop intrusif.

Certains professionnels de la santé et de l'éducation comprennent mal et portent des jugements négatifs sur ces enfants en raison d'un manque d'informations sur les caractéristiques de ce trouble. Les difficultés liées au contrôle et aux compétences sociales sont des sources fréquentes de conflits avec les pairs, ce qui peut parfois entraîner des phénomènes de bouc émissaire et de harcèlement.

Les idées erronées sur le TDAH génèrent une stigmatisation sociale aux répercussions néfastes sur l'estime de soi qui, lorsqu'elle est négative, altère le fonctionnement et la progression dans différents aspects de la vie de votre enfant atteint d'un TDAH. La stigmatisation comporte aussi des jugements inappropriés sur vos capacités parentales qui sont injustement remises en question.

L'accès à des informations sur le trouble de votre enfant et sur votre rôle positif en tant que parent est essentiel pour vous aider à entreprendre les démarches appropriées et à mettre en place les stratégies correspondant à ses caractéristiques et à votre situation. Cela vous permettra d'avoir à la fois plus confiance en vos capacités parentales et en celles de votre enfant.

En adoptant une perspective positive et en percevant des lueurs d'espoir dans le tunnel sombre dans lequel vous vous trouvez, vous pouvez constater que vos attitudes deviennent plus adaptées et plus cohérentes. Vous avez la possibilité de devenir un « expert » de votre enfant, en adoptant une approche proactive pour répondre à ses besoins, initier les démarches nécessaires, et engager les démarches constructives le concernant.

Examinons les fausses idées les plus courantes afin de vous aider à les distinguer en fonction de l'expérience clinique et des connaissances actuelles.

« Mon enfant d'âge préscolaire est trop jeune pour avoir un TDAH. »

Cette idée est partagée par de nombreux professionnels qui estiment que les comportements agités et impulsifs de ces enfants sont simplement des manifestations normales pour cet âge, ou qui reflètent des carences éducatives des parents.

Les symptômes évocateurs d'un TDAH peuvent parfois être observés durant la période préscolaire. Il est important d'avoir en tête que la possibilité d'un TDAH chez un jeune enfant ne peut être envisagée que si des symptômes d'impulsivité et d'hyperactivité particulièrement importants sont présents. Un pédiatre ou un pédopsychiatre expérimenté est en mesure de reconnaître cette piste diagnostique lorsque ces problèmes sont sévères et ont un impact significatif sur la qualité de vie du jeune enfant, son développement et son fonctionnement global.

REMARQUE Cependant, il est important de rester prudent et ne pas poser trop rapidement ce diagnostic, car de nombreux enfants à cet âge peuvent être agités et impulsifs sans avoir un TDAH.

Aux États-Unis, les médecins ont tendance à prescrire plus volontiers des médicaments aux enfants d'âge préscolaire, généralement sous forme de psychostimulants, ou parfois de non psychostimulants tels que l'atomoxétine ou la guanfacine. En Europe, les médecins ont habituellement une approche plus prudente lorsqu'il s'agit de prescrire des médicaments à de jeunes enfants, réservant cette option aux enfants en grandes difficultés présentant des symptômes très invalidants.

Les séances de guidance parentale sont fortement recommandées à cet âge pour mettre en place des stratégies éducatives et relationnelles adaptées. Certaines situations peuvent également nécessiter une approche centrée sur les émotions et les comportements de ces jeunes enfants. Ils peuvent ainsi davantage comprendre leurs réactions émotionnelles et comportementales et être en mesure de mieux les gérer. L'apprentissage des compétences émotionnelles et sociales est essentiel pour le développement des enfants et favoriser des relations harmonieuses avec les pairs et les adultes.

« Votre enfant n'a pas un TDAH, il cherche à attirer l'attention. Il essaye intentionnellement d'ennuyer les autres. »

Ces idées fréquentes reflètent un problème important associé au TDAH : le jugement souvent porté sur ces enfants d'une intention négative associée à leurs comportements. En réalité, leurs comportements ne sont pas nécessairement le résultat d'une volonté de désobéir ou de causer des problèmes délibérément. Ces enfants peuvent avoir des difficultés à suivre les règles, à gérer les frustrations et à éviter les conflits. Il est important de comprendre que votre enfant n'est pas responsable de ces symptômes, mais qu'il a des problèmes à répondre aux attentes des adultes et de la société.

REMARQUE

L'idée que ces enfants causent des problèmes délibérément est un piège qui conduit malheureusement certains parents et enseignants à porter des jugements inappropriés et à avoir des attitudes rigides. Ce manque de compréhension des caractéristiques du TDAH entraîne des interactions conflictuelles qui sont contre-productives et nuisibles pour le bien-être de l'enfant et la qualité de vie de l'entourage.

Les difficultés des jeunes atteints d'un TDAH de contrôler leurs comportements et de gérer leurs émotions reflètent leurs fragilités, et non des mauvaises intentions. Il est essentiel que les parents et les professionnels comprennent les véritables causes de ces comportements afin d'adapter leurs attitudes et de développer les stratégies appropriées.

« Votre enfant est distrait – c'est un rêveur – c'est un manque d'intérêt. »

Tous les enfants peuvent être distraits, faire des erreurs d'inattention, oublier et perdre des affaires, et rêvasser. Cependant, chez les enfants atteints d'un TDAH, ces comportements sont fréquents et posent d'importants problèmes dans la vie de tous les jours. La distraction, la tendance à décrocher et à s'évader dans des rêveries entravent considérablement l'acquisition des connaissances, les performances scolaires, les routines familiales, les tâches quotidiennes, les relations sociales et les activités de loisir. Il est essentiel de comprendre que ces enfants ne font pas exprès de ne pas écouter et suivre les instructions ou de négliger des tâches qui leur ont été données.

La présence de ces attitudes et comportements est un indicateur important d'un trouble de l'attention, dont l'intensité à tendance à augmenter avec l'âge à cause de la complexité croissante des apprentissages scolaires, des devoirs, des évaluations et des examens.

REMARQUE

Parce qu'ils sont moins bruyants et moins visibles que les symptômes d'hyperactivité et d'impulsivité, les problèmes d'inattention sont fréquemment identifiés plus tardivement.

« Mon enfant peut jouer pendant des heures à des jeux vidéo. Il peut passer des heures sur les réseaux sociaux : il ne peut pas avoir un TDAH. »

La plupart des enfants atteints d'un TDAH ont des difficultés à maintenir l'attention, à rester à la même place sur une longue période, et à être motivés pour accomplir des tâches imposées. Il est intéressant de noter que les parents mentionnent fréquemment les capacités de leur enfant à jouer efficacement à des jeux vidéo et de leur adolescent à passer de nombreuses heures sur les réseaux sociaux.

Ces observations peuvent être trompeuses car elles ne prouvent pas l'absence de problèmes d'attention. Les jeux vidéo sont spécialement conçus pour susciter une hyperfocalisation, une stimulation cognitive intense, une hyperactivité, et une impulsivité provoquée par des stimulations sensorielles, des tâches nécessitant une grande réactivité, des récompenses immédiates et des solutions rapides en cas d'échec. De plus, les jeux vidéo créent un état d'immersion hors du temps, ce qui est l'opposé des tâches scolaires pénibles et répétitives.

Dans ces contextes particuliers, ces enfants se trouvent dans des conditions optimales et très motivantes pour mettre en valeur leurs capacités, vivre des succès et se laisser entraîner par des excitations liées aux prises de risque et à des récompenses immédiates. Ces comportements paradoxaux, chez des enfants généralement distraits et qui ont de la peine à rester calmes, peuvent induire en erreur les parents et les professionnels.

De leur côté, les réseaux sociaux présentent des similitudes en captivant l'intérêt grâce à l'accès facile à des informations succinctes et en créant l'illusion de participer à des conversations de qualité, même dans un contexte relationnel à distance. Le sentiment d'appartenance à des groupes de jeunes et le partage de la vie privée sans les inhibitions habituelles jouent également un rôle important dans leur utilisation exagérée, qui n'est pas nécessairement affectée par un problème d'attention dans ce contexte. Cependant, l'hyperactivité et l'impulsivité augmentent le risque de débordements incluant l'exposition inappropriée d'informations personnelles et l'envoi de messages inadéquats.

Par ailleurs, les réseaux sociaux peuvent être un moyen d'échapper à des activités ennuyeuses et de refuge contre la solitude, en mettant momentanément de côté les problèmes qui finissent par ressurgir ultérieurement comme un boomerang. Il est également important de noter que ces comportements augmentent le risque d'une utilisation excessive des écrans.

REMARQUE Pour ces raisons, l'utilisation des jeux vidéo et des réseaux sociaux durant plusieurs heures ne constitue pas une preuve de l'absence d'un TDAH. Par ailleurs, il est important de souligner que les enfants et les adolescents atteints d'un TDAH peuvent avoir un risque accru de développer des habitudes d'utilisations excessives des écrans comme nous le verrons dans le chapitre 12.

« Le TDAH est causé par une discipline parentale insuffisante. »

Lorsqu'un enfant est très agité et a de la peine à contrôler son impulsivité, les parents se trouvent dans une situation difficile pour le gérer. Ils s'efforcent d'avoir des approches éducatives adaptées tout en étant confrontés à leurs propres difficultés à supporter l'agitation et les réactions exagérées de leur enfant. La question se pose : est-ce que mon enfant est réellement instable, ou est-ce que je suis, en tant que parent, confronté à mes propres limites ? Ces limites peuvent découler d'un épuisement causé par une surcharge de travail et de tâches quotidiennes, ou par des problèmes personnels liés à votre propre enfance ou à des situations émotionnelles difficiles. Il peut être difficile de faire la distinction entre ces facteurs. Il est essentiel de reconnaître que chaque parent a ses propres limites, qui peuvent varier en fonction de sa situation personnelle et de son contexte de vie.

Cependant, il est important de noter que certains enfants peuvent être plus agités et impulsifs en raison de l'influence de facteurs génétiques et neurobiologiques dans le TDAH. Dans ces cas, les facteurs éducatifs jouent un rôle secondaire à l'exception des carences relationnelles sévères pendant la petite enfance, comme le démontrent des études menées sur des enfants ayant vécu leurs premières années de vie dans des orphelinats en Roumanie. Par ailleurs, le fait que le TDAH concernerait environ 5 % des enfants et des adolescents dans les pays modernes et développés souligne également le rôle secondaire des facteurs éducatifs.

Le manque de discipline parentale n'est pas à l'origine du TDAH, et en tant que parent, vous n'êtes pas responsable des symptômes de votre enfant. Les informations pertinentes sur ce trouble vous permettent de prendre du recul par rapport aux préjugés et à la stigmatisation.

Les limites posées par les parents sont un aspect essentiel de l'éducation des enfants, mais elles doivent être adaptées en fonction de l'âge des enfants et du contexte. Cependant, il est important de reconnaître que le TDAH d'un enfant peut avoir un impact spécifique sur les relations parents-enfant, ce qui doit être pris en considération.

Les enfants atteints d'un TDAH peuvent exercer une pression sur leurs parents et les confronter aux limites de leurs capacités éducatives. Les parents se trouvent fréquemment pris dans des spirales d'interactions contre-productives et ont beaucoup de difficultés à établir un cadre éducatif approprié. Cela peut engendrer des doutes et des sentiments d'impuissance chez les parents qui se sentent souvent démunis et épuisés. Confrontés aux comportements de leur enfant atteint d'un TDAH, ils ont tendance à manquer de souplesse et à avoir des attitudes trop rigides et trop punitives, ce qui peut aggraver les symptômes.

Plutôt que de blâmer et de stigmatiser les parents, il est essentiel de les aider à mieux comprendre les particularités de leur enfant et à entreprendre les démarches adéquates pour les processus diagnostiques et mettre en place des approches thérapeutiques appropriées. Les difficultés éducatives fréquentes constituent des objectifs prioritaires des thérapies et des conseils prodigués aux parents.

Par ailleurs, il est très important d'explorer avec les parents les origines des points sensibles liés à leur propre enfance et à leur personnalité. Cette démarche permet d'agir sur les problèmes des interactions parents-enfant, tout en prenant en considération les caractéristiques du TDAH.

REMARQUE

En tant que parent, il est essentiel de comprendre que vous n'êtes pas responsable des symptômes de votre enfant, mais vous avez la capacité de lui apporter un soutien significatif et de l'aider à développer des compétences pour gérer ses défis et exploiter ses ressources. Vous pouvez également contribuer à améliorer la dynamique familiale et la qualité de vie de tous les membres, tout en sachant que vous n'êtes pas responsable des difficultés que rencontre votre enfant souffrant d'un TDAH.

« Le TDAH n'existe pas. »

Certains professionnels remettent en question de manière polémique l'existence du TDAH, souvent en raison d'un manque de connaissances approfondies sur les caractéristiques cliniques de ce trouble. Parfois, ces remises en question sont motivées par des positions idéologiques qui soutiennent certaines compréhensions des troubles mentaux et de leurs approches thérapeutiques. Ils avancent l'argument que le TDAH serait une construction créée par l'industrie pharmaceutique à des fins financières, et qui serait validée de manière erronée par les systèmes diagnostiques internationaux des maladies mentales, tels que le *Manuel diagnostique et statistique des troubles mentaux* (DSM) publié par l'Association américaine de psychiatrie.

Ces critiques soulèvent deux questions importantes qui méritent d'être prises en considération, mais elles ne remettent pas en question la réalité clinique du TDAH ni la pertinence des approches thérapeutiques, comme des traitements médicamenteux et d'autres approches appropriées en fonction des situations individuelles.

Le TDAH chez les enfants et les adolescents ne constitue pas un phénomène récemment importé des États-Unis, mais un trouble qui a été observé depuis longtemps. Les symptômes d'agitation et d'impulsivité excessives ont été relevés par des cliniciens tels que Désiré-Magloire Bourneville à la fin du XIXe siècle en France et Sir George Frederick Still au début du XXe siècle en Angleterre. Ces médecins avaient déjà décrit les traits caractéristiques qui définissent actuellement le TDAH. Toutefois, il est regrettable que leurs observations n'aient pas conduit à une reconnaissance du TDAH au cours des décennies suivantes. Il a fallu attendre la fin des années 1950 pour que ce trouble commence à être reconnu aux États-Unis, et même la fin du XXe siècle en Europe.

REMARQUE

Le diagnostic du TDAH repose sur une évaluation clinique rigoureuse et utilisant des questionnaires spécifiquement conçus pour ce trouble, ainsi que sur des investigations psychologiques ou neuropsychologiques complémentaires selon les situations.

Les très nombreuses recherches depuis les années 1960 confirment l'expérience clinique de l'existence du TDAH chez des enfants, des adolescents et des adultes.

Le délai dans la reconnaissance du TDAH ainsi que les controverses et les polémiques entourant ce sujet ont malheureusement eu des répercussions préjudiciables, qui persistent jusqu'à présent. Un nombre considérable d'enfants et d'adolescents en ont souffert, et continuent d'être affectés en n'ayant pas ou tardivement accès à des évaluations diagnostiques rigoureuses et à des prises en charge appropriées.

« Le TDAH est une mode venue des États-Unis. »

Pour des raisons historiques liées en grande partie à l'influence prépondérante du modèle psychanalytique au cours du XXe siècle dans la psychiatrie européenne, la prise en considération du concept de TDAH en Europe a été plus tardive.

À l'heure actuelle, il n'y a pas de problème de surdiagnostic en Europe. Au contraire, le TDAH est sous-diagnostiqué, bien que la tendance depuis le début des années 2000 améliore progressivement cette situation.

Cependant, aux États-Unis, la prévalence du TDAH atteint des taux préoccupants. Alors que les études de référence indiquent que le TDAH concerne environ 5 à 7 % des enfants et des adolescents dans les pays développés, ce chiffre est actuellement presque deux fois plus élevé dans ce pays. La prévalence est passée de 9,5 % en 2007 à 11 % en 2011-2012, et plus récemment, elle a atteint 20 % chez les adolescents américains, avec des variations très marquées selon les régions et les États, pouvant même tripler dans certains cas.

Ces taux excessivement élevés de diagnostics de TDAH aux États-Unis sont source d'inquiétude, reflétant des pratiques problématiques parmi les professionnels de la santé, des politiques de la santé et de l'éducation ainsi que des pressions sociales liées aux performances, entraînant des dérives préoccupantes.

REMARQUE

Le TDAH est un trouble répandu à travers le monde, touchant environ 5 à 7 % des enfants et des adolescents vivant dans les pays développés.

« Le TDAH d'un enfant disparaît à l'âge adulte. »

Pendant longtemps, la majorité des experts du TDAH ont avancé l'idée que les symptômes au cours de l'adolescence disparaissent à l'âge adulte, en supposant que ces changements étaient le résultat des processus développementaux. Cependant, des études longitudinales menées depuis l'enfance jusqu'à l'âge adulte et dans des populations d'adultes ont confirmé au début du XXIe siècle que le TDAH peut persister à l'âge adulte.

Certains adultes ont bénéficié de traitements durant leur enfance et adolescence qui ont diminué leurs symptômes et leurs difficultés fonctionnelles. Les interventions telles que la guidance parentale et les psychothérapies ont également favorisé le développement de stratégies efficaces. En conséquence, ces individus ont gagné en confiance en eux et peuvent utiliser efficacement leurs compétences. De nos jours, un nombre important de ces adultes ne présentent plus de symptômes significatifs associés au TDAH et ont une bonne qualité de vie, voire excellente.

Cependant, même si un nombre significatif d'adultes ne présentent plus les critères diagnostiques d'un TDAH, ils peuvent à être confrontés à des difficultés dans leur vie quotidienne selon les personnes et les contextes de vie. Malgré cela, ils parviennent à mobiliser leurs ressources et à avoir une qualité de vie satisfaisante.

Certains adultes continuent à présenter des symptômes majeurs ainsi que des difficultés fonctionnelles importantes, entraînant des problèmes récurrents tant sur le plan professionnel que dans leur vie personnelle. Ces individus présentent fréquemment des troubles associés, parfois lourds (tels que les troubles bipolaires, les troubles de la personnalité, les perturbations sévères du comportement, les addictions à des substances psychoactives, les comportements à risque, etc.).

REMARQUE

Le TDAH a tendance à persister symptomatiquement à l'âge adulte dans 60 % des cas avec un impact significatif sur la vie quotidienne.

Les évolutions positives à l'âge adulte sont favorisées par des diagnostics précoces et des prises en charge au cours de l'enfance et de l'adolescence.

L'engagement et le soutien des parents jouent aussi un rôle considérable dans les évolutions positives, un aspect souvent sous-estimé dans les publications scientifiques sur le TDAH.

« Les médicaments pour le TDAH sont dangereux. »

Ces jugements concernent en Europe principalement deux psychostimulants : le méthylphénidate et la dextroamphétamine (*cf.* tableau 8.1). Étant donné que les stimulants partagent des similitudes dans leurs mécanismes d'action avec l'amphétamine et la cocaïne, quoique différents, ils ont souvent une image négative dans l'imaginaire collectif et dans les médias.

Cette corrélation suscite des inquiétudes chez les parents, qui craignent que leurs enfants soient « drogués », qu'ils deviennent dépendants du médicament et qu'ils puissent ultérieurement développer des addictions. Par ailleurs, lorsque des enfants sont qualifiés de « drogués » parce qu'ils prennent des stimulants, leur image négative est renforcée, tout comme celle des médecins prescripteurs.

Lorsqu'une évaluation rigoureuse aboutit au diagnostic de TDAH et ne relève aucune contre-indication (par exemple un retard de la croissance, des troubles cardiaques), et que la prescription suit les recommandations, incluant des contrôles réguliers, l'utilisation de psychostimulants ne comporte pas de risques pour le développement et la santé des enfants et des adolescents. Par ailleurs, il est important de noter que leur efficacité et leur bonne tolérance sont observées dans environ 70 à 80 % des cas selon les observations cliniques et les études menées depuis les années 1970.

Les études scientifiques ne montrent pas que les psychostimulants constituent des facteurs de risque sur le plan du développement staturopondéral et cardio-vasculaire, ni pour le développement d'abus de substances et de toxicomanie pendant l'adolescence. Au contraire, les recherches constatent que cette classe de médicaments peut avoir un impact positif sur l'évolution de nombreux individus jusqu'à l'âge adulte. La médication peut être ajustée ou interrompue à tout moment en fonction des situations cliniques et des souhaits des parents ainsi que des sujets en tenant compte de leur âge.

Les traitements médicamenteux ne constituent pas la garantie d'une évolution positive, et ils s'intègrent dans des prises en charge globales et pluridisciplinaires. L'objectif est de réaliser des approches appropriées à chaque étape de la vie, de l'enfance à l'adolescence et à l'entrée dans l'âge adulte. Il est essentiel de réévaluer périodiquement les indications respectives des différents traitements, tout en renforçant l'estime de soi, l'autonomie et l'épanouissement des individus concernés.

La majorité des adolescents et des adultes atteints de TDAH ont la capacité d'organiser leur vie et de mettre en place des stratégies adéquates pour faire face à leurs difficultés. Certains d'entre eux continuent de prendre une médication et/ou de suivre d'autres formes de traitements sur une période prolongée, tandis que d'autres optent pour des durées limitées en fonction des circonstances et de leurs besoins. Ils ont la liberté d'interrompre à tout moment la prise de médicaments ou toute autre approche thérapeutique.

Des études sur de longues durées montrent que le recours à une médication à long terme ne concerne qu'une minorité de personnes et qu'elle est généralement interrompue après quelques mois ou années.

C'est pourquoi il est essentiel de combattre les affirmations erronées, les idées fausses et les mythes associés au TDAH en diffusant des informations pertinentes et accessibles aux parents ainsi qu'aux professionnels impliqués dans le suivi de ces enfants et adolescents. La propagation de ces informations incorrectes entraîne des doutes quant à la réalité de ce trouble, ce qui retarde l'accès à des évaluations cliniques et à des interventions appropriées lorsque celles-ci sont indiquées.

REMARQUE

Lorsqu'un diagnostic de TDAH est rigoureusement établi et qu'il n'existe pas de contre-indication, la prescription de psychostimulants n'entraîne généralement pas de risques pour le développement et la santé des enfants et des adolescents, avec une efficacité et une tolérance observées dans environ 70 à 80 % des cas.

Les études scientifiques ne montrent pas de lien entre la prise de psychostimulants et le développement d'abus de substances ou de toxicomanie chez les adolescents, suggérant même que ces médicaments peuvent avoir un impact positif sur l'évolution à long terme.

Les traitements médicamenteux ne sont pas une solution magique qui garantit une évolution positive mais doivent être intégrés dans des approches de prise en charge globales et multidisciplinaires. L'objectif est d'adapter les interventions à chaque étape de la vie, de l'enfance à l'adolescence et à l'âge adulte.

La prise d'une médication à long terme ne concerne qu'une minorité de personnes et elle est généralement interrompue après quelques mois ou années.

Bibliographie

Bader, M., & Hadjikhani, N. (2014). The concept of instability : A French perspective on the concept of ADHD. *Attention Deficit and Hyperactivity Disorder*, 6, 11-17.

Barkley, R. (2015). *Attention-Deficit Hyperactivity Disorder. A Handbook for Diagnosis & Treatment* (4th ed.). The Guilford Press.

Bouvard, M. (2016). *Trouble Déficit de l'Attention avec ou sans Hyperactivité. Approche développementale.* Dunod.

Brown, T. E. (2017). *Outside the Box. Rethinking ADD/ADHD in Children and Adults. A Practical Guide.* American Psychiatric Association Publishing.

Hinshaw S. P., & Scheffler, R. M. (2014). *The ADHD Explosion. Myths, Medication, Money, and Today's Push for Performance.* Oxford University Press.

Chapitre **2**

Les facteurs favorisants du TDAH

Objectifs

- Présenter le TDAH comme un trouble neurodéveloppemental complexe.
- Expliquer les causes du TDAH en mettant en évidence deux catégories de facteurs : d'une part, les facteurs génétiques et neurobiologiques, et d'autre part, les facteurs liés à l'environnement et à la société.
- Souligner l'importance de l'interaction entre les facteurs biologiques et environnementaux dans la compréhension clinique du TDAH.
- Introduire une perspective critique sur les modèles actuels du TDAH en accordant davantage de considération aux facteurs environnementaux dans l'expression des symptômes et dans les approches thérapeutiques.

Selon les experts du monde entier, le TDAH est un trouble neurodéveloppemental complexe. Il est caractérisé principalement par des problèmes liés à l'attention, une agitation physique, une impulsivité prononcée, ainsi que des problèmes dans la régulation des émotions et l'accomplissement des activités quotidiennes. Les comportements et les apprentissages peuvent varier considérablement en fonction des jours et des contextes. Des problèmes de motivation se manifestent pour les tâches ennuyeuses et monotones, ainsi que dans la gestion des délais, des récompenses et des frustrations.

Les causes du TDAH sont multiples et comprennent d'une part des facteurs génétiques et neurobiologiques, et d'autre part des facteurs liés à l'environnement et à la société. Les aspects génétiques et neurobiologiques interviennent dans l'intensité des symptômes, la régulation des neurotransmetteurs, la maturation cérébrale, le fonctionnement des régions et des structures cérébrales, ainsi que dans les circuits neuronaux. Les facteurs génétiques et neurobiologiques sont considérés comme le « noyau central » du TDAH, et expliquent les prévalences presque identiques dans les sociétés modernes et développées.

D'autre part, le TDAH est étroitement lié aux transformations en cours au sein des sociétés modernes, qui modifient les structures familiales et exercent une pression considérable sur les performances et l'efficacité. Il est essentiel de noter que les facteurs biologiques et environnementaux sont étroitement liés et doivent être appréhendés conjointement pour parvenir à une compréhension clinique approfondie. Selon notre point de vue, les modèles actuels du TDAH ne tiennent pas suffisamment compte de l'importance de ces facteurs environnementaux, bien qu'ils jouent un rôle non négligeable dans l'expression des symptômes et dans les approches thérapeutiques.

1 Les facteurs biologiques

Les facteurs génétiques

Le TDAH comporte une dimension familiale clairement observée en clinique, notamment lorsque ce trouble est présent chez l'un des parents ou chez un ou plusieurs membres de la fratrie. L'héritabilité élevée du TDAH, estimée entre environ 70 et 80 % chez les enfants et les adultes, est mise en évidence par des études en génétique moléculaire ainsi que par des recherches portant sur les proches tels que les jumeaux, les familles et les cas d'adoption. Les facteurs génétiques impliquent une interaction complexe avec de nombreux gènes candidats liés à la dopamine, la noradrénaline, la sérotonine ainsi qu'aux systèmes de croissance neuronale. Les interactions épigénétiques entre les gènes et l'environnement tout au long de la vie influencent l'expression des gènes et jouent également un rôle, comportant probablement des mécanismes complexes qui augmentent le risque de développer ce trouble.

Cependant, même si les facteurs génétiques peuvent jouer un rôle chez votre enfant, leur expression varie d'une personne à une autre en raison de la complexité du TDAH. Aucun profil génétique n'a une valeur diagnostique à ce jour ni est prédictif d'une approche thérapeutique qui serait indiquée pour une personne en particulier.

REMARQUE En tant que parent, il est essentiel de garder à l'esprit la possibilité que des symptômes caractéristiques du TDAH puissent être observés chez plusieurs membres de la famille, y compris l'autre parent ou vous-même. Cependant, il est recommandé de prendre du recul et, le cas échéant, d'en parler avec le médecin qui suit votre enfant ou avec votre propre médecin si vous avez déjà reçu un diagnostic d'un TDAH. La constatation de la présence d'un TDAH chez plusieurs membres de la famille peut augmenter les difficultés auxquelles vous êtes confronté comme parent, ce qui souligne la nécessité de réaliser des approches thérapeutiques adaptées.

Les facteurs neurobiologiques

▶ Le cerveau

La diversité des profils cliniques suggère l'existence de différents dysfonctionnements au niveau des structures cérébrales et des circuits neuronaux, qui interagissent de manière complexe et variable chez les individus souffrant de TDAH, ce qui a des répercussions sur les dimensions cognitives, comportementales et émotionnelles. Ces facteurs neurobiologiques jouent un rôle clé dans la maturation cérébrale, la régulation des neurotransmetteurs tels que la dopamine, la noradrénaline et la sérotonine, ainsi que dans les fonctions essentielles telles que l'inhibition, l'attention sélective et soutenue, la mémoire de travail, la gestion temporelle des tâches, la prise de décision, la régulation des émotions, la modulation de la motivation et de la récompense.

▶ La maturation cérébrale

Les études passionnantes menées par Philip Shaw et son équipe en utilisant l'imagerie par résonance magnétique (IRM) se concentrent sur les processus complexes de maturation cérébrale du cerveau au cours du développement qui implique des changements significatifs dans sa structure et ses fonctions. Ces travaux mettent en évidence un retard significatif de la maturation cérébrale pouvant atteindre 2 à 3 ans chez les jeunes présentant un TDAH par rapport à un groupe témoin. Les différences de maturation sont particulièrement maquées dans les régions du cortex préfrontal qui jouent un rôle crucial dans les fonctions exécutives, l'attention, la planification, la prise de décision et dans le contrôle des émotions, ainsi que la région du striatum ventral impliquée dans les processus de récompense et de motivation.

Ces observations sur le retard de la maturation cérébrale contribuent à la compréhension des difficultés auxquelles font face la plupart des enfants et des adolescents atteints de TDAH en ce qui concerne les apprentissages et les évaluations scolaires, malgré des niveaux d'intelligence comparables à ceux de leurs pairs du même âge. Il est essentiel de garder à l'esprit que ces jeunes avec un TDAH ne présentent pas un retard intellectuel, mais une tendance à une maturation cérébrale plus lente. L'immaturité, qui figurait parmi les symptômes du TDAH dans d'anciennes méthodes diagnostiques, reflète un décalage dans les processus de maturation cérébrale associés à ce trouble.

Les données sur les évolutions cliniques de l'enfance à l'adolescence et jusqu'au début de l'âge adulte indiquent un lien entre la plus grande persistance des symptômes d'inattention à l'âge adulte et une plus grande réduction de l'épaisseur corticale à l'adolescence. Alors que les symptômes d'inattention diminuent pendant l'adolescence chez les individus avec un TDAH, accompagnée d'une convergence vers des dimensions corticales typiques du groupe témoin, une inattention persistante est associée à des anormalités dans ces régions. Plusieurs études ont observé qu'une activation cérébrale atypique est présente chez un groupe de jeunes adultes présentant des symptômes persistants, tandis que ceux dont les symptômes ont disparu présentent des profils similaires à ceux des sujets témoins. Ces observations suggèrent que ces adolescents dont l'évolution est favorable pourraient tendre vers une normalisation du fonctionnement cérébral à l'âge adulte. Cependant, il est difficile de relier ces observations cérébrales aux différentes caractéristiques cliniques du TDAH.

Hypothèses neuropsychologiques

Depuis les années 1990, plusieurs hypothèses neuropsychologiques sur le TDAH ont été avancées pour expliquer les spécificités cliniques. Ces modèles incluent le déficit d'inhibition comportementale développé par Russel Barkley, l'altération du temps de réponse aux stimulations ou des mécanismes de renforcement selon Terje Sagvolden, ainsi qu'une altération des processus de récompense et de motivation associée à une aversion au délai selon Edmund Sonuga-Barke. Nous ne pouvons pas approfondir ces pistes très intéressantes dans le cadre de notre propos, mais elles offrent des perspectives intéressantes en lien avec la pratique clinique.

2 Grossesse et prématurité

Le déroulement de la grossesse peut entraîner des répercussions majeures sur le fœtus, telles que le manque d'oxygène dans le cerveau, les traumatismes cérébraux, le syndrome d'alcoolisme fœtal, ainsi que les effets de la consommation maternelle de tabac et de drogues. Par ailleurs, des problèmes lors de l'accouchement peuvent entraîner des anomalies cérébrales ou des traumatismes qui pourraient contribuer au développement de symptômes tels que l'inattention, l'impulsivité, l'hyperactivité, ainsi que des troubles du développement, d'apprentissage et de comportement.

Les enfants prématurés présentent un risque significatif de développer des problèmes développementaux (par exemple, sensoriels, moteurs, cognitifs et autres dysfonctionnements cérébraux). Ce risque est plus élevé lors de gestations de moins de 28 semaines. Des études observent également une association élevée entre une prématurité extrême et un trouble de l'attention, sans que cela soit nécessairement accompagné d'hyperactivité et d'impulsivité. Dans l'évolution de ces enfants nés prématurément, on observe fréquemment des altérations importantes des fonctions exécutives, c'est-à-dire les compétences cognitives concernant la planification, l'organisation, la régulation de l'attention et de la motivation, le contrôle des réponses impulsives ou inappropriées, la mémoire de travail, la flexibilité mentale et la résolution de problèmes. La prématurité est aussi souvent associée à différents types de troubles de l'attention :

- l'attention sélective, qui consiste à se concentrer sur une chose tout en ignorant les distractions ou les stimuli non pertinents ;
- l'attention soutenue, qui est la capacité de maintenir la concentration sur une tâche ou une activité spécifique durant une période prolongée ;
- l'attention divisée, qui se produit lorsque l'on doit se concentrer sur plusieurs tâches ou stimuli en même temps ;
- l'attention flexible, qui est la capacité de s'adapter rapidement à de nouvelles informations ou à un changement de l'environnement.

Bien que ces données scientifiques soient pertinentes, il n'est pas possible de diagnostiquer le TDAH en s'appuyant uniquement sur des méthodes telles que l'analyse génétique, l'IRM ou l'électroencéphalographie. Les variations individuelles sont trop importantes, et la génétique et le fonctionnement cérébral sont trop complexes pour être pleinement compris. Malgré les avancées scientifiques depuis la fin du XXe siècle, notre compréhension de cette complexité en est encore à un stade préliminaire.

Le cerveau est considéré comme l'entité la plus complexe de l'univers, composée d'environ 100 milliards de neurones qui forment un réseau labyrinthique et interconnecté d'axones et de dendrites. Chaque axone peut établir des milliers de connexions avec d'autres neurones. Les interactions complexes entre les gènes, les circuits neuronaux, les neurotransmetteurs et les facteurs environnementaux ajoutent encore plus de complexité à notre compréhension du cerveau et de son fonctionnement. Nous sommes encore loin de comprendre la complexité des particularités des structures cérébrales et des circuits neuronaux impliqués dans le TDAH, ainsi que leurs expressions sur le plan clinique.

REMARQUE

Ces facteurs neurobiologiques fournissent d'importantes pistes pour une meilleure compréhension des symptômes du TDAH. Cependant, leurs impacts sont extrêmement complexes et impliquent la combinaison d'éléments multiples qui varient subtilement d'un individu à un autre. Les données actuelles montrent que les personnes atteintes de TDAH doivent mobiliser leurs capacités cognitives de manière plus intense pour accomplir des tâches tout en maintenant une concentration et une efficacité comparables à celles d'autres personnes du même âge. Leurs difficultés ne découlent pas principalement d'un manque de volonté ou de sérieux, mais plutôt de capacités intrinsèques qui exigent un effort cognitif supplémentaire se manifestant par moins d'efficacité et de régularité.

Comprendre le rôle des facteurs neurobiologiques vous permet, en tant que parent, de mieux appréhender les caractéristiques de votre enfant atteint de TDAH. Cette connaissance vous aide également à prendre du recul, à entreprendre des démarches appropriées et à ajuster vos stratégies éducatives de manière adéquate.

3 Hypothèses psychodynamiques

Pendant plusieurs décennies, les psychanalystes se sont peu impliqués dans les débats cliniques suscités par le TDAH, se concentrant principalement sur les enjeux idéologiques et sociaux liés l'utilisation des psychostimulants et à l'augmentation régulière de leurs prescriptions (en particulier le méthylphénidate – Ritaline®) depuis les années 1970 jusqu'à nos jours. Ce n'est qu'au début du XXIe siècle que le TDAH est devenu une entité clinique suscitant un intérêt spécifique de la part des psychanalystes. Cependant, des réserves persistent quant à la pertinence conceptuelle de ce syndrome. Contrairement aux systèmes diagnostiques internationaux comme le DSM qui se concentrent sur les symptômes, la démarche psychanalytique fait référence à des concepts tels que l'inconscient, l'imaginaire, les conflits pulsionnels et les imagos parentales.

Dans la perspective psychanalytique, des concepts tels que les défaillances de la capacité maternelle, ou du parent, à fournir un environnement psychologique soutenant et contenant pour l'enfant (*holding*), les problèmes liés à la transformation des émotions et de la pensée, les problématiques relationnelles, les fragilités des « fonctions du Moi » et de l'estime de soi, ainsi que la tendance à être dans l'action sont associés aux enfants avec un TDAH et présentant des comorbidités telles que des troubles émotionnels et du comportement.

4 Les facteurs environnementaux

La complexité des facteurs étiologiques du TDAH ainsi que la diversité des profils cliniques intègrent également le contexte de vie. Bien que les facteurs environnementaux ne soient pas directement impliqués dans les causes profondes du TDAH – dans son « noyau central » ou dans « les racines du TDAH » –, ils agissent comme des modulateurs des symptômes en réponse aux éléments du contexte de vie. L'environnement peut englober à la fois la situation et la dynamique familiale, ainsi que les différentes dimensions des aspects sociétaux.

L'alimentation

Depuis les années 1970, le rôle de l'alimentation est mis en avant comme étant potentiellement lié au TDAH ou sa cause principale. Cette hypothèse s'appuie sur l'idée que certains enfants atteints de TDAH pourraient être sensibles aux effets de certains aliments ou composants alimentaires, ce qui pourrait influencer leur hyperactivité, leur inattention et certains comportements. Au fil des années, de nombreux régimes alimentaires ont été proposés et continuent d'être recommandés. Ces régimes comportent, par exemple, la réduction de la consommation de sucre, l'élimination d'aliments allergènes et de boissons énergisantes, ainsi que des restrictions alimentaires très strictes composées d'un nombre restreint d'aliments tels que le riz, les pommes de terre, la viande, les fruits et l'eau. D'autres éléments comme les apports en acides gras essentiels oméga-3 et oméga-6, en fer, en zinc et en cuivre sont également considérés dans le TDAH, sans qu'il existe des recommandations définitives à ce jour.

Bien que certains évoquent l'impact de ces éléments diététiques sur des symptômes associés au TDAH et qu'il puisse exister des mécanismes biologiques sous-jacents, les données scientifiques actuelles ne confirment pas de manière concluante leur rôle comme cause principale du TDAH, ni l'efficacité significative des régimes alimentaires en tant qu'approche thérapeutique. Néanmoins, il est possible que certains éléments diététiques aient un impact variable selon les cas, comme les acides gras essentiels oméga-3 dont les effets précis doivent encore être clarifiés par des recherches qui répondent aux exigences scientifiques.

Il est important de noter que la qualité de l'alimentation revêt une grande importance pour tous les jeunes et ne se limite pas uniquement à ceux qui souffrent de TDAH. Par conséquent, il est fortement recommandé de réduire l'exposition de tous les enfants et adolescents à une alimentation de mauvaise qualité et de considérer l'exploration des allergies alimentaires.

Bien que les problèmes diététiques ne semblent pas jouer un rôle prépondérant dans les symptômes du TDAH, il est essentiel d'aborder ce sujet avec les parents en mettant en avant leur liberté d'explorer des régimes alimentaires pour leurs enfants, s'ils le souhaitent. Il est important de noter que ces régimes pourraient peut-être bénéficier à une minorité d'enfants, peut-être dans une fourchette de 10 à 30 % des cas. De plus, il est également recommandé d'informer les parents des risques, des contraintes et des coûts associés à la mise en place de tels régimes.

Les régimes alimentaires impliquent également les parents, qui s'investissent pour le bien-être de leurs enfants et peuvent refléter un environnement familial de qualité. Dans certains cas, une mauvaise qualité de l'alimentation chez les enfants et les adolescents atteints de TDAH peut être le reflet de lacunes dans l'éducation au sein de la famille. Par ailleurs, la tendance à alimentation de mauvaise qualité chez ces jeunes peut parfois être liée à des mécanismes de compensation face à des souffrances existentielles.

Les relations parents-enfants

Comme nous l'avons expliqué plus haut, le TDAH n'est généralement pas causé par une éducation permissive ou des comportements parentaux inadéquats, sauf dans des cas de négligences graves ou de maltraitance sévère. Les symptômes du TDAH sont principalement influencés par des facteurs neurobiologiques, bien que les attitudes parentales et les relations familiales puissent jouer un rôle.

Les problèmes liés à l'éducation et aux relations familiales associés au TDAH entraînent des conséquences négatives pour les enfants touchés par ce trouble et leur famille. Les parents peuvent se trouver confrontés à leurs limites et se sentir dépassés. Et les relations au sein du couple peuvent se détériorer, conduisant souvent à des situations de crise et d'épuisement.

Les parents qui ont des approches éducatives à la fois autoritaires et souples, avec des règles claires et cohérentes, semblent plus capables de gérer les enfants atteints de TDAH et de favoriser leur développement de compétences sociales. Cependant, ces parents font face à des défis éducatifs importants liés au TDAH de leur enfant, nécessitant un soutien continu et une collaboration avec les professionnels de la santé et les enseignants.

En revanche, les familles où règnent des tensions, des conflits et l'épuisement contribuent à aggraver les symptômes liés au TDAH et aux troubles associés. En même temps, les personnes atteintes de TDAH ressentant davantage d'impuissance, une altération de leur estime de soi et des souffrances existentielles, renforçant ainsi leur sentiment d'échec et de culpabilité.

Gabor Maté, psychiatre canadien d'origine hongroise, a une grande expérience à la fois professionnelle et personnelle, étant lui-même ainsi que plusieurs membres de sa famille atteint d'un TDAH. Il utilise des métaphores pour expliquer les caractéristiques du TDAH, comme celle du « policier » correspondant au cortex préfrontal qui doit inhiber certains fonctionnements, ou celle du cerveau comme une autoroute pouvant être encombrée par un trafic de « voitures » trop rapides et trop denses.

Gabot Maté se penche en particulier sur l'impact des relations parents-enfant sur les symptômes du TDAH et la régulation émotionnelle chez les enfants et les adultes. Il s'intéresse aux interactions complexes entre le TDAH, les émotions des parents, le fonctionnement du cerveau et les relations parents-enfant. Il insiste sur l'importance des souffrances psychiques et émotionnelles, tout en reconnaissant le rôle significatif des dynamiques familiales dans la complexité et les caractéristiques cliniques de ce trouble. Il met en avant l'importance de l'acceptation du TDAH et du développement de stratégies visant à améliorer la qualité de la vie. Gabot Maté souligne aussi le rôle des aspects émotionnels et relationnels dans la prise en charge des enfants, adolescents et adultes atteints de TDAH.

Ces dynamiques familiales problématiques résultent des interactions liées à l'impact du TDAH d'un enfant sur ses parents et sur l'ensemble de la famille. Elles sont aussi liées aux comportements individuels des parents et à leurs compétences en coparentalité. Les difficultés et les tensions qui en résultent sont tout à fait compréhensibles, étant donné la nature du TDAH chez les jeunes et les ressources limitées dont disposent les parents. Ces dynamiques sont également influencées par les expériences de vie des parents et leur personnalité.

Il est important de souligner que ces observations ne visent en aucun cas à blâmer les parents ou les enfants, mais plutôt à mettre en lumière l'importance de la prise de conscience de ces dynamiques pour les professionnels, les parents et les jeunes atteints de TDAH. Cette compréhension permettra de développer des stratégies appropriées, que nous décrirons en détail dans le chapitre 9.

REMARQUE Bien que l'aspect héréditaire soit conséquent et que les facteurs neurobiologiques jouent un rôle significatif dans le TDAH, l'implication des parents et la qualité des interactions familiales sont d'une importance capitale pour l'évolution de ces jeunes. Elles constituent des aspects essentiels des stratégies d'intervention du TDAH et méritent d'être plus prises en considération.

L'attachement

Les observations cliniques et les études empiriques indiquent que certains enfants atteints d'un TDAH peuvent présenter des problèmes d'attachement. Il peut s'agir d'un attachement insécure, caractérisé par une relation insuffisamment réconfortante et ne répondant pas assez aux besoins de l'enfant avec sa figure d'attachement qui est généralement un parent. Les difficultés relationnelles entre les figures parentales d'attachement et les enfants pourraient contribuer à l'hyperactivation des signaux d'attachement et des tensions relationnelles. Cela peut entraîner une insécurité et des difficultés dans la régulation cognitive, émotionnelle et comportementale.

REMARQUE L'attachement joue un rôle important dans les capacités d'autorégulation émotionnelle et d'autocontrôle, ainsi que dans les processus cognitifs tels que l'attention et l'inhibition, qui sont associés au concept de l'attachement. Dans des contextes de stress et de tensions, les enfants atteints de TDAH éprouvent des sentiments d'insécurité, ce qui augmente leur vulnérabilité concernant la régulation émotionnelle et comportementale, ainsi que la confiance en eux. L'agitation motrice et l'impulsivité sont également des moyens par lesquels ces enfants signalent leur présence et reflètent leur propre insécurité.

L'atmosphère émotionnelle au sein de la famille et les relations entre les parents et les enfants exercent une influence significative sur l'équilibre psychologique des personnes, ainsi que sur leur sentiment de sécurité, leurs représentations d'attachement et leur capacité de contrôle. La qualité de l'attachement pourrait constituer un facteur supplémentaire dans l'expression clinique du TDAH, avec une interaction complexe entre, d'une part les éléments biologiques et les caractéristiques individuelles des enfants atteints d'un TDAH, et d'autre part les aspects psychiques et éducatifs des parents.

Les déprivations affectives

Les expériences de déprivation affective précoce sévère pendant la petite enfance, telles que le placement dans un orphelinat surpeuplé où les enfants ne reçoivent pas suffisamment d'attention, de soins physiques et d'interactions appropriées nécessaires à leur développement durant les premières années critiques de leur vie, peuvent provoquer des perturbations significatives dans les relations d'attachement. Ces situations peuvent entraîner des dysfonctionnements importants sur le développement cognitif, émotionnel, comportemental et social. Ces contextes particuliers fournissent des opportunités pour explorer les liens entre les facteurs de risque et les troubles du développement, en se focalisant sur des mécanismes neurobiologiques, cognitifs et relationnels spécifiques. Des études mettent en évidence la fréquence de symptômes tels que l'inattention, la suractivité, l'impulsivité, la diminution des performances cognitives, les troubles de l'attachement, les troubles émotionnels et comportementaux, ainsi qu'un profil présentant des similitudes avec le trouble du spectre de l'autisme.

Au fil du développement jusqu'au début de l'âge adulte, on observe une persistance élevée de symptômes qui présentent des similitudes avec ceux du TDAH, en mettant en évidence une prédominance des symptômes d'inattention par rapport à ceux d'hyperactivité et d'impulsivité.

REMARQUE

Les déprivations précoces représentent constituent des situations singulières qui illustrent les interactions complexes entre les facteurs biologiques et environnementaux. Ces interactions entraînent des conséquences importantes sur le développement cérébral durant l'enfance, ainsi que sur les manifestations cliniques des symptômes, le fonctionnement cognitif et la régulation des émotions et des comportements, présentant des similitudes importantes avec le TDAH.

REMARQUE

De manière similaire, les perturbations dans les processus d'attachement peuvent entraîner des sentiments d'insécurité ainsi que des difficultés à réguler les émotions et à contrôler les comportements, ce qui peut présenter des similitudes avec les difficultés observées chez les enfants atteints de TDAH. Selon notre point de vue, ces situations pourraient influencer dans une certaine mesure l'intensité des symptômes liés au TDAH ainsi que les problèmes de la gestion des émotions et des relations interpersonnelles.

5 Les facteurs sociétaux[1]

Les changements sociétaux ont également été évoqués dans les années 1970 comme des facteurs contribuant au TDAH, en lien avec les avancées technologiques et les modifications survenues dans les sociétés contemporaines au cours des 50 dernières années. Ces transformations ont entraîné une accélération des rythmes de vie ainsi qu'une augmentation des stimuli et des sollicitations environnementales, tels que les bruits de la circulation, les sirènes des ambulances et des camions des pompiers.

L'hypothèse fondamentale est que l'augmentation des rythmes de vie et des stimuli dans les sociétés modernes pourrait élever les seuils d'excitation et avoir un impact sur les enfants atteints de TDAH. Par conséquent, des enfants qui autrefois n'auraient pas manifesté une hyperactivité notable pourraient désormais présenter une hyperactivité évidente. Ce changement serait induit par des facteurs sociaux liés à une surcharge de stimulations. Ces stimulations pourraient jouer un rôle en aggravant les symptômes du TDAH sans en être directement la cause.

De notre point de vue, les transformations des sociétés contemporaines agissent en tant que facteurs modulateurs ou modérateurs sur l'intensité des symptômes du TDAH, en particulier par rapport aux modifications des structures familiales et à l'importance accordée aux performances et à l'efficacité. Mais ces effets sont secondaires par rapport « au noyau » du TDAH et difficiles à évaluer précisément, et dépendent de chaque contexte de vie.

Les facteurs environnementaux peuvent jouer un rôle en aggravant les symptômes du TDAH sans en être directement la cause, mais leur complexité entraîne d'importantes difficultés méthodologiques qui rendent la réalisation d'études rigoureuses particulièrement compliquée. Néanmoins, ces hypothèses sont, de notre point de vue, pertinentes en ce qui concerne les facteurs secondaires qui influencent les profils cliniques des sujets avec un TDAH. Il convient

1. Notre propos ne nous permet pas d'approfondir les aspects très importants liés aux contextes scolaires qui jouent également un rôle essentiel.

de souligner que cela ne suggère en aucun cas que le TDAH est une « maladie à la mode ».

Les modifications des structures familiales

Après une période de prospérité de la famille moderne, marquée par le baby-boom et la stabilité conjugale, les familles dans les sociétés occidentales ont connu d'importants changements au cours des 50 dernières années. Ces transformations ont consisté à la fois en baisse du nombre d'enfants par famille et des mariages, essor des unions libres, instabilité des couples et intégration accrue des femmes au monde professionnel. Les modèles familiaux traditionnels ont évolué vers de nouvelles formes, telles que les familles monoparentales, recomposées, élargies ou homosexuelles. Ces changements rendent les familles plus vulnérables et marquent une rupture avec le passé, car les sociétés occidentales encouragent désormais un idéal de l'épanouissement de l'enfant dans un environnement familial moins stable.

Les changements dans la structure familiale ont un impact important sur les compétences parentales et les interactions familiales. Ils peuvent entraîner une réduction du soutien quotidien. Bien que les relations adultes-enfants soient plus variées, les parents sont souvent surchargés de tâches et de responsabilités, ce qui peut limiter leur capacité à assumer leur rôle éducatif de manière variable selon les situations.

Les rôles parentaux ont évolué, mais il subsiste généralement des différences significatives entre les investissements des mères et des pères. Les mères sont souvent présentes de manière continue, tandis que les pères peuvent être plus intermittents dans leur implication.

Dans les sociétés occidentales, la famille joue un rôle essentiel dans les soins, le bien-être, l'éducation et la socialisation des enfants. Au fil du temps, la structure familiale est devenue de plus en plus centrée sur l'enfant, avec les parents focalisant leur attention sur son développement. L'enfant est considéré comme précieux sur le plan émotionnel et son propre bonheur fait partie des attentes des parents.

REMARQUE Nous supposons que ces évolutions dans les structures familiales ont un impact important sur les familles ayant un enfant atteint de TDAH, ainsi que sur l'enfant lui-même. Les défis éducatifs liés au TDAH et les multiples difficultés auxquelles ces familles sont confrontées les rendent particulièrement sensibles aux répercussions de ces changements sociaux dans les sociétés occidentales.

Aujourd'hui, les enfants sont l'objet d'attentes élevées en ce qui concerne leur réussite, leur bonheur, leurs performances et leur épanouissement personnel. Ils occupent une place centrale au sein des familles modernes, ce qui met les parents face à la nécessité de développer des compétences en coparentalité et de faire face à diverses pressions et stress en raison des contraintes sociales.

Le poids des performances et de l'efficacité

Les sociétés occidentales contemporaines sont profondément marquées par le culte de la performance et de la réussite, comme le relève Alain Ehrenberg dans son livre captivant *Le culte de la performance*. Des figures emblématiques de réussite telles que Bill Gates, Steve Jobs, Jeff Bezos, Elon Musk ont émergé dans le monde des affaires, tandis que des sportifs d'élite comme Cristiano Ronaldo, Lionel Messi, Michael Jordan, LeBron James sont devenus des icônes de l'excellence sociale. Parallèlement, la consommation est perçue comme un moyen d'accomplissement personnel et d'amélioration de la qualité de vie.

Cependant, les emplois actuels sont souvent dominés par l'impératif d'efficacité et de productivité et ce, fréquemment au détriment des besoins humains de repos et de reconnaissance. Le modèle social en vigueur est caractérisé par une compétition acharnée où « chaque sujet doit s'inventer lui-même dans le présent en se distinguant par son initiative personnelle » (Ehrenberg, 1991, p. 17).

La société contemporaine exerce une forte pression sur les jeunes en valorisant la réussite et la performance. Les attentes élevées des parents ajoutent un poids supplémentaire. Les jeunes doivent mobiliser leurs ressources pour réussir à l'école et relever les défis de leur éducation et de leur formation. Le domaine de l'éducation et de la formation professionnelle est également soumis à des pressions importantes d'efficacité, ce qui génère des stress et des rythmes de travail élevés, parfois au détriment de la santé. Les personnes atteintes de TDAH sont particulièrement mises à l'épreuve, et elles peuvent avoir du mal à montrer pleinement leurs compétences, ce qui peut leur faire ressentir un manque de confiance en elles et les épuiser. Ces pressions sociales amènent à remettre en question ce que signifie réellement la réussite, en relation avec le bien-être, la perception de soi et l'identité personnelle.

La plupart des personnes atteintes de TDAH sont vulnérables et peuvent être considérées comme des maillons faibles, ayant du mal à s'adapter aux pressions sociales et aux transformations actuelles. Les caractéristiques du TDAH, leurs expériences difficiles et les obstacles qu'elles rencontrent tout au long de leur enfance et de leur adolescence les désavantagent dans leur quête de réussite conformément aux normes sociales. De plus, les évolutions sociétales actuelles exercent une pression accrue sur elles, ce qui aggrave leurs symptômes de TDAH et leurs difficultés à accomplir des tâches et à gérer leurs émotions. Elles sont confrontées à des problèmes de motivation et de devoir attendre des récompenses. Ces individus sont pris au piège entre l'obligation de performer et la nécessité de se montrer compétents d'un côté, et leurs difficultés à s'affirmer, à surmonter leurs souffrances existentielles et à trouver leur propre voie de l'autre côté. Ils se posent constamment la question : « Suis-je capable de le faire ? », ce qui mine leur confiance en eux, alimente la dépression et génère des sentiments d'impuissance ainsi que des pensées d'incapacité. Les difficultés liées au TDAH sont alors vécues comme des handicaps, avec une estime de soi souvent très faible en arrière-plan qui est un facteur de risque pour des évolutions problématiques et pour le développement de troubles associés comme des troubles anxieux, dépressifs et de la personnalité.

Nos sociétés occidentales imposent une forte pression sur la performance et la réussite matérielle et sociale, en négligeant les besoins de détente et de récupération, ce qui peut entraver le développement personnel et l'épanouissement. Les jeunes atteints de TDAH sont encore plus confrontés à ces défis en raison de leurs difficultés à développer une confiance en eux solide et une identité bien définie en accord avec leurs aspirations. Cependant, certains d'entre eux réussissent à relever ces défis grâce à leurs compétences personnelles, au soutien de leurs parents et de leur famille, à des rencontres positives et à des décisions opportunes qui les aident à trouver leur voie et à s'épanouir. Ils réussissent alors à utiliser les aspects positifs de leur fonctionnement, à développer leurs intérêts personnels et leurs compétences, et à trouver une voie professionnelle qui leur convient, en étant moins susceptibles d'être accablés par les pressions de la société actuelle.

Il est crucial de modérer les attentes de performance, d'efficacité et de réussite pour permettre aux enfants et aux adolescents atteints de TDAH de progresser à leur propre rythme et de découvrir la voie qui leur convient pour entrer sereinement dans la vie adulte et avoir une bonne qualité de vie.

Il est également essentiel de les encourager à s'investir dans les matières scolaires qui les intéressent afin de stimuler leur intérêt, leur curiosité et leur plaisir d'apprendre. Pour les matières plus exigeantes, il est important de leur offrir un soutien approprié lorsque cela est nécessaire et possible.

L'objectif principal est de développer leur confiance en eux, leur curiosité et leurs compétences en matière de travail personnel tout au long de leurs études et de leurs formations.

Il est également essentiel de reconnaître l'importance des loisirs dans le développement des jeunes, pour maintenir leur équilibre et renforcer leur confiance en eux. Cependant, il est important de respecter leurs préférences et de ne pas les surcharger, en préservant des moments de détente indispensables.

REMARQUE Bien que ces modifications sociétales ne soient pas un facteur central du TDAH, elles peuvent influencer son expression clinique et contribuer aux difficultés des sujets, au stress et à l'épuisement des parents, et affecter négativement la qualité de vie des familles.

Résumé

- Le TDAH a des causes multiples avec une influence probablement prépondérante des facteurs génétiques et neurobiologiques sur le « noyau » de ce trouble. Les facteurs environnementaux et sociaux jouent également un rôle, mais de manière moins importante.
- Le TDAH comporte une dimension familiale, mise en évidence par des études génétiques et des observations cliniques. Cette dimension est plus fréquente lorsque le trouble est présent chez l'un des parents ou dans la fratrie.
- Les facteurs neurobiologiques sont essentiels pour la maturation cérébrale et la régulation des neurotransmetteurs, et affectent des aspects tels que l'attention, l'hyperactivité, le contrôle comportemental et émotionnel, la prise de décision, la motivation, la gestion des récompenses et les fonctions exécutives.
- Des complications pendant la grossesse et lors de l'accouchement peuvent entraîner des anomalies, des retards mentaux et des symptômes comme l'inattention, l'impulsivité, l'hyperactivité, ainsi que des troubles du développement, d'apprentissage et du comportement.
- Les premières relations entre parents et enfants, y compris les stratégies d'attachement, peuvent avoir un impact indirect sur l'intensité des symptômes liés au TDAH. En cas de déprivations affectives sévères pendant les premières années de vie, les conséquences peuvent être importantes sur le fonctionnement cognitif, émotionnel et relationnel.

- Les problèmes d'éducation et les tensions familiales associés au TDAH ont un impact négatif sur les enfants touchés par ce trouble et sur les membres de leur famille. Souvent, les parents se sentent dépassés et font face à leurs limites, ce qui peut entraîner des conflits dans le couple et conduire à des crises et à un épuisement.
- Les changements dans la société contemporaine s'ajoutent aux autres facteurs tels que les influences génétiques, périnatales, neurobiologiques et environnementales qui jouent un rôle dans le TDAH. Pour ces raisons, le TDAH semble intrinsèquement être lié à la modernité, ce qui souligne l'importance de prendre en compte ces éléments pour une meilleure compréhension des situations cliniques complexes et pour une approche globale et multidisciplinaire.

Bibliographie

Bader, M. (2016). Perspectives psychanalytiques du TDAH. In B. Cyrulnik (Ed.), *Est-il hyperactif ?* (p. 147-156). Édition Philippe Duval.

Barkley, R. (2015). *Attention-Deficit Hyperactivity Disorder. A Handbook for Diagnosis & Treatment.* The Guilford Press (4th Edition).

Bouvard, M. (2016). *Trouble Déficit de l'Attention avec ou sans Hyperactivité. Approche développementale.* Dunod.

Brown, T. E. (2017). *Outside the Box. Rethinking ADD/ADHD in Children and Adults. A Practical Guide.* American Psychiatric Association Publishing.

Combes, D., & Devreux, A. M. (1995). Les droits et les devoirs parentaux ou l'appropriation des enfants. *Recherches féminines*, *7*(1), 43-58.

Dekkers, T. J., Hornstra, R., van den Hoofdakker, B. J., de Jong, S. R. C., Schaaf, J. V., Bosmans, G, & van der Oord, S. (2021). Attachment Representations in Children with and without Attention-Deficit/Hyperactivity Disorder (ADHD). *Brain Sciences*, *11*, 1516.

Ehrenberg, A. (1991). *Le Culte de la performance.* Calman-Lévy.

Faraone, S. V., Asherson, P., Banaschewski, T., Buitelaar, J. K., Ramos-Quiorag, J. A., Rohde, L. A., ... Franke, B. (2015). Attention-deficit/hyperactivity disorder. *Nature Reviews : Disease Primers*, *1*, 15020.

Faraone, S. V., Banaschewski, T., Coghiil, D, Zheng, Y., Biederman, J., Bellgrove M. A., ... Wang Y. (2021). The World Federation of ADHD International Consensus Statement : 208 Evidence-based conslusions about the disorder. *Neuroscience & Behavioral Reviews*, *128*, 789-818.

Gauld, C., Mamimour, É., Mignon, R., & Fourneret, P. (2023). Les différents modèles étiopathogéniques du TDAH au prisme des neurosciences développementales. *Approche Neuropsychologique des Apprentissages chez l'Enfant*, *164*, 265-280.

Golm, D., Sarkar, S., Mackes, N. K., Fairchild, G., Mehta, M. A., Rutter, M. ; ERA Young Adult Follow Up study team ; Sonuga-Barke, E. J. (2020). The impact of childhood deprivation on adult neuropsychological funcitoning is associated with ADHD symptom persitence. *Psychological Medicine*, *51*(15), 2675-2684.

Hinshaw, S. P. (2017). Attention Deficit Hyperactivity Disorder (ADHD) : Controversy, Developmental Mechanisms, and Multiple Levels of Analysis. *The Annual Review of Clinical Psychology*, *14*, 291-316.

Maté, G. (1999). *Scattered Minds. The Origins and Healing of Attention Deficit Disorder.* Penguin Random House.

Nigg, J. (2018). Toward and Emerging Paradigm for Understanding Attention-Deficit/Hyperactivity Disorder and Other Neurodevelopmental, Mental, and Behavioral Disorder Environmental Risks and Epigenetic Association. *JAMA Pediatrics*, *172*(7), 619-621.

Posner, J., Polanczyk, G. V., & Sonuga-Barke, E. (2020). Attention-deficit hyperactivity disorder. *Lancet*, *395*, 450-462.

Roskam, I., Pierrehumbert, B., & Bader, M. (2016). Des liens d'attachement à l'hyperactivité. In B. Cyrulnik (Ed.), *Est-il hyperactif ?* (p. 107-116). Édition Philippe Duval.

Shaw, P., Malek, M., Watson, B., Greenstein, D., de Rossi, P., & Sharp, W. (2013). Trajectories of cerebral cortical development in childhood and adolescence and adult attention-deficit/hyperactivity disorder. *Biological Psychiatry*, *74*, 599-606.

Sonuga-Barke, E. J. S., Becker, S., Bölte, S., Castellanos, F. X., Franke, B., Newcorn J. H., … Simonoff, E. (2023). Annual Research Review : Perspectives on progress in ADHD science – from characterization to cause. *Journal of Child Psychology and Psychiatry*, *64*(4), 506-532.

Zelizer, V. A. (1985). *Pricing the Priceless Child : The Changing Social Value of Children.* Basic Books.

Chapitre 3

Comment savoir si mon enfant a un TDAH ?

Objectifs

- Présenter les caractéristiques des enfants et adolescents atteints de TDAH.
- Expliquer les facteurs des variations des symptômes du TDAH : le niveau de difficulté des tâches, le contexte, l'état émotionnel, la motivation.
- Aborder la notion de normalité et de pathologie en relation avec le TDAH.
- Décrire la difficulté pour les parents d'évaluer ce qui est considéré comme normal ou anormal chez leur enfant.

La description des caractéristiques des enfants ayant un TDAH représente une tâche complexe car plusieurs symptômes peuvent être observés chez tous les enfants et adolescents à un certain degré et à divers moments.

Ce qui caractérise les jeunes atteints de TDAH, c'est l'intensité, la constance et le regroupement des symptômes. La manifestation des symptômes peut varier en fonction des jours, des semaines et des mois. Ces jeunes peuvent montrer des variations dans leur attitude et leur efficacité en fonction de la complexité croissante ou décroissante des tâches, de leur intérêt et de leur nouveauté, ainsi que de leur niveau de stress ou de détente.

1 Le « normal » et le « pathologique »

Comparativement aux handicaps physiques et aux infirmités, les enfants avec un TDAH peuvent extérieurement paraître semblables aux autres enfants. En tant que parent, vous pouvez remarquer des différences et vous vous interrogez dans quelle mesure le comportement de votre enfant diffère des normes habituelles.

Il est tout à fait compréhensible que vous ayez des préoccupations en tant que parent concernant la possibilité que votre enfant ait un TDAH car les symptômes peuvent être observés chez de nombreux enfants et varier en fonction de la situation et du moment. De plus, il n'existe pas de critères biologiques clairs pour délimiter ce qui est considéré comme normal par rapport à un trouble de la santé.

Le TDAH soulève la question des normes dans une société qui définit ses propres valeurs et de l'adaptation d'une personne qui peut être influencée par de nombreux facteurs. Il peut être difficile de distinguer une agitation

« normale » chez un enfant actif depuis sa petite enfance d'une agitation « anormale ». De même, il peut être compliqué de faire la distinction entre une réactivité persistante en réponse à des frustrations et à des situations courantes, telles que les files d'attente, et une impulsivité excessive considérée comme « pathologique ». Il est également délicat de distinguer les moments de distraction, les erreurs d'inattention et les périodes de rêverie éveillée, qui sont présents chez tous les enfants, des réelles limitations des capacités attentionnelles.

En effet, c'est un défi de délimiter les frontières entre des niveaux d'activité, d'impulsivité et de capacités attentionnelles qui reflètent les comportements typiques de la majorité des enfants, et ceux qui peuvent être considérés comme des problèmes de comportements chez les enfants du même groupe d'âge.

Dans le cas de TDAH modéré, qui représente environ 1/6 à 1/3 des diagnostics, les comportements peuvent se rapprocher des normes et avoir un impact fonctionnel limité. Les formes plus sévères de TDAH se manifestent par des difficultés plus prononcées nécessitant un diagnostic précis et des interventions adaptées. La majorité des enfants atteints de TDAH présentent des performances scolaires en décalage avec leurs potentiels, ce qui peut entraîner des lacunes dans les connaissances et des redoublements.

Lorsqu'un enfant présente des signes importants d'hyperactivité, d'impulsivité et d'inattention qui perturbent significativement sa vie quotidienne, des critères spécifiques ont été développés grâce à plus d'un siècle d'expérience clinique et de nombreuses études menées au cours des dernières décennies.

2 Les caractéristiques du TDAH

CAS

Nicolas, 9 ans

La mère de Nicolas est dépassée et très préoccupée par l'énergie débordante de son fils. Nicolas est comme une pile électrique, toujours en mouvement. Il semble incapable de rester assis tranquillement pendant les repas, gigotant sur sa chaise et se levant fréquemment de table. Il a du mal à patienter et à rester calme. Il paraît souvent distrait et semble ne pas écouter les conversations. Il oublie ou perd régulièrement ses affaires. Il est impulsif et interrompt souvent les autres lors des discussions et des jeux. Il supporte mal les frustrations et il peut s'énerver brusquement avec des crises de colère intenses et brèves, en devenant agressif ou utilisant un langage grossier.

Les courses dans les magasins sont très stressantes pour sa mère. Il ne tient pas en place et est impatient dans les files d'attente. Il touche à tout ce qui est à sa portée et insiste souvent pour obtenir des sucreries. Lorsque ses demandes sont refusées, il réagit en étant frustré et perd rapidement son sang-froid. Sa mère se retrouve souvent dans des situations délicates pour le calmer, éprouvant de la honte à cause des comportements de son fils, qui donnent l'impression qu'elle est incapable de bien l'éduquer, même si elle essaye de faire de son mieux pour l'élever.

Les enfants atteints de TDAH manifestent une grande vitalité, une énergie débordante et une exubérance. Ils peuvent être bruyants, envahissants, agités et avoir du mal à maîtriser leurs réactions, semblables au moteur puissant d'une Ferrari. Cependant, leur capacité à freiner leurs impulsions est comparable à celle d'une Citroën 2 CV qui peut être insuffisante pour ajuster leur vitesse et leurs accélérations aux circonstances. De plus, des interférences et des fluctuations dans leur « batterie interne » entravent leur fonctionnement, entraînant une difficulté à rester calme, des réactions incontrôlées et des variations de comportement qui donnent l'impression de changer de direction sans but apparent.

Ces enfants semblent vivre dans la précipitation et l'impatience de parler et d'agir. Ils ont du mal à se retenir, parlent excessivement et interrompent les autres sans tenir compte du contexte et des règles sociales. Ils éprouvent des difficultés à lire attentivement les énoncés et les consignes des travaux scolaires. Ils ont tendance à négliger les activités ennuyeuses ou nécessitant un investissement particulier. Leur « batterie interne » manque de capacités de contrôle et ne parvient pas à réguler efficacement les décharges brusques et intenses dans des situations contraignantes.

CAS

Sophie, 11 ans

Sophie est une jeune fille charmante, sensible et intelligente. Lors des consultations, elle établit facilement un bon contact et fait preuve d'une grande préoccupation pour sa situation. Elle donne l'impression d'être anxieuse et de se faire du souci pour ses parents. Elle s'exprime d'une voix douce et avec une certaine lenteur.

À l'école, Sophie rencontre des difficultés pour suivre les cours et rester concentrée. Elle est facilement distraite par les bruits et les événements de son environnement. Elle fait des erreurs d'inattention et oublie souvent des consignes. Elle a tendance à « décrocher » et à s'évader dans ses pensées, à rêvasser. Elle a parfois l'impression que ses pensées sont lentes et confuses comme si elle avait un brouillard dans sa tête. Elle se sent rapidement fatiguée mentalement et épuisée. Elle égare souvent ses affaires et a du mal à les retrouver quand elle en a besoin. La gestion du temps et l'organisation sont des défis pour elle. Elle exprime des préoccupations quant à sa confiance en elle et s'inquiète de ses difficultés à être aussi efficace que ses camarades.

Ces enfants atteints d'un trouble de l'attention font face à d'immenses défis pour maintenir leur concentration dans les activités quotidiennes. Ils présentent un manque d'endurance et de vigilance attentionnelle qui se manifeste par des signes distractibilité et de dispersion. Ils donnent l'impression de ne pas être intéressés par les activités et les interactions avec leur entourage. Souvent, ils décrochent et se laissent emporter dans des rêveries éveillées, perdant le fil des discussions et se déconnectant des tâches scolaires. Leur moteur intérieur semble puissant, mais son efficacité est altérée par un logiciel mal réglé, tandis que la charge de leur batterie attentionnelle diminue rapidement.

CAS

Kevin, 10 ans

Kevin est un garçon intelligent, sportif et déborde d'énergie. Il partage ce qu'il ressent avec authenticité et spontanéité. En classe, il dérange ses camarades, parle trop fort et bavarde excessivement. Il a tendance à manipuler des objets en faisant du bruit. Il se balance sur sa chaise et cherche l'attention de ses camarades plutôt que de se concentrer sur les cours. Kevin est impatient et lève fréquemment la main pour participer en ayant du mal à attendre son tour. Lorsqu'un sujet l'intéresse, il montre une capacité étonnante à le comprendre rapidement et à retenir de nombreuses informations, ce qui lui permet ponctuellement d'obtenir d'excellents résultats.

Son carnet scolaire est rempli de remarques concernant son comportement en classe : « Kevin perturbe la classe. Il est trop agité. Il bavarde trop. Il lève trop souvent la main sans attendre son tour. Il répond sans avoir écouté la fin de la question. Il coupe la parole à ses camarades. Il doit modifier ses comportements. Il est facilement distrait. Il ne suit pas les cours. Il n'a pas fait ses devoirs et il a une punition. Il a oublié de faire signer la fiche du camp de ski par ses parents. Il a des résultats décevants par rapport à ses excellentes capacités. »

Les enfants atteints de TDAH rencontrent fréquemment des problèmes à l'école. Leur comportement peut perturber la classe, et ils éprouvent des difficultés à rester attentifs pendant les cours et à effectuer les exercices. Leurs performances ne reflètent pas leur réel potentiel, et les carnets scolaires comportent très souvent des remarques négatives. Les relations avec leurs camarades sont difficiles. Ils peuvent être exclus de certains groupes, voire exposés à du harcèlement. Ils ont souvent une faible estime d'eux-mêmes et éprouvent des difficultés à gérer les interactions sociales avec leurs pairs.

Les enseignants et les directions scolaires ont tendance de ne pas prendre suffisamment en compte ces dynamiques de groupe nuisibles et à ne pas intervenir assez tôt et de manière adéquate.

Comme décrit plus haut, le TDAH ne se limite pas à de simples épisodes de distraction passagère, d'hyperactivité et d'impulsivité momentanées, ni à des difficultés occasionnelles à accomplir des tâches. Au contraire, ce trouble entraîne des problèmes persistants qui se manifestent dans différents contextes et interfèrent avec de nombreuses activités de la vie quotidienne.

Les symptômes les plus fréquents et les plus problématiques comprennent :

- Les oublis.
- La distraction.
- Le manque de concentration.
- L'agitation.
- L'impulsivité.
- L'instabilité.
- Les difficultés à suivre les instructions et les conversations.
- Les pertes d'objets personnels.
- Les difficultés à rester calme et à ne pas perturber l'entourage.
- L'impatience.
- Des interruptions de conversations.
- Des réponses immédiates aux questions.
- Une facilité à s'ennuyer.
- Une tendance à procrastiner le début des tâches.
- Des difficultés à terminer des tâches.

CAS

Nathalie, 13 ans

Nathalie est une jeune fille sympathique, intelligente et très vive. Elle a de la peine à rester tranquille et à s'occuper calmement. Elle a tendance à vouloir imposer ses règles à ses camarades et supporte très difficilement d'être mise à l'écart. Nathalie est impulsive et réagit très vite aux frustrations ou aux situations conflictuelles. Elle perd souvent le contrôle et exprime ses émotions par des propos agressifs ou grossiers. Elle peut avoir des crises de colère soudaines et intenses qui peuvent s'accompagner de propos blessants, voire de gestes physiques violents. Dans ces moments, elle peut dire qu'elle est une victime et qu'elle n'est pas comprise. Elle se trouve souvent isolée de ses camarades et a peu d'amies proches. Nathalie éprouve de la tristesse et se sent désemparée. Elle a tendance à se réfugier dans les réseaux sociaux pour compenser ce sentiment de solitude.

Les enfants souffrant de TDAH rencontrent souvent des difficultés à gérer leurs émotions en raison d'une réactivité émotionnelle exagérée et de fluctuations brusques et rapides de leurs états émotionnels. Ils présentent fréquemment une faible tolérance aux situations frustrantes et une sensibilité exagérée vis-à-vis de l'attente de récompenses. Ces perturbations dans la régulation émotionnelle ont un impact important sur leurs relations sociales, se manifestant par une tendance à réagir de manière inappropriée avec des comportements impulsifs, agressifs et provocateurs.

Les problèmes de régulation des émotions se manifestent par :

- Une réactivité émotionnelle brusque et brève.
- Des épisodes intenses de colère.
- Une tolérance limitée aux situations frustrantes.
- Une sensibilité exagérée vis-à-vis des récompenses.
- Une capacité réduite à contrôler les émotions et les excitations.

3 Faible estime de soi

Les enfants atteints de TDAH développent fréquemment une faible estime de soi en raison de la persistance de leurs difficultés depuis leur petite enfance et depuis le début de leur parcours scolaire. Ils sont confrontés de manière répétitive à des problèmes qui échappent à leur contrôle et à leur volonté. Ils essuient fréquemment des remarques négatives concernant leurs comportements, leurs attitudes et leurs performances scolaires. Ils font souvent face à un manque de tolérance et de compréhension de leur entourage, ainsi qu'à des pressions de se conformer à des normes de fonctionnement qui ne leur conviennent pas nécessairement.

Ces enfants prennent conscience de leur différence par rapport aux autres, en particulier par rapport à ceux qui accomplissent facilement les tâches demandées sans rencontrer de difficultés d'attention ni besoin de bouger constamment. Leurs résultats scolaires ne correspondent pas à leurs efforts, ce qui exerce également une influence négative sur leur estime de soi et leur moral.

4 Les difficultés exécutives

CAS

Marc, 8 ans

Marc est un garçon de petite taille, mince, intelligent et réservé. Depuis sa petite enfance, il a du mal à se réveiller le matin et à se préparer pour l'école. Ses parents doivent intervenir plusieurs fois pour qu'il se lève, s'habille et se rende à la cuisine. Le petit-déjeuner dure longtemps, car il est lent et distrait, portant facilement son attention sur des jouets, Ses parents s'énervent pour qu'il se prépare pour l'école. Il prend son temps pour s'habiller et mettre ses chaussures. Il quitte la maison au dernier moment dans un contexte de tensions et d'agacement.

En rentrant de l'école, Marc a beaucoup de difficultés à se mettre au travail pour faire ses devoirs. Il est fatigué par sa journée à l'école. Il traîne et s'engage dans d'autres activités. Sa mère doit constamment être à ses côtés et intervenir à plusieurs reprises pour qu'il commence à étudier. Son attention est facilement détournée par des objets et il se lève fréquemment de sa chaise. Il oublie souvent de noter les devoirs à faire et de prendre toutes ses affaires scolaires nécessaires. Son manque d'organisation, de concentration et de motivation l'empêche d'étudier efficacement et lui fait perdre beaucoup de temps. Il peut parfois être motivé lorsque le sujet l'intéresse ou ne requiert pas beaucoup d'efforts. Les devoirs sont un calvaire pour sa mère qui s'énerve fréquemment et se sent impuissante face aux difficultés de son fils à être plus efficace.

Marc a aussi beaucoup de difficultés à accomplir les tâches quotidiennes. Il faut lui demander à de nombreuses reprises de se brosser régulièrement les dents. Il n'arrive pas à venir à l'heure aux repas malgré les appels répétés de ses parents. Il oublie régulièrement de mettre les ustensiles de cuisine dans le lave-vaisselle. Sa chambre est presque toujours en désordre, avec des vêtements éparpillés et des jouets qui traînent. Il ne range pas ses jouets et laisse traîner ses affaires dans toute la maison. Les demandes de rangement doivent être constamment répétées et rencontrent généralement la résistance de Marc, sauf lors de moments de crise épuisants pour les parents.

Le TDAH est fréquemment associé à des difficultés au niveau des fonctions exécutives lors des tâches de la vie quotidienne dans le cadre familial, scolaire et social. Les fonctions exécutives sont liées au fonctionnement cognitif et exercent un rôle crucial dans la régulation de nos actions cognitives, comportementales et émotionnelles.

Les fonctions exécutives

Elles englobent des processus cognitifs qui interviennent dans l'organisation, la planification, la régulation de la motivation, le commencement et l'achèvement des tâches, le maintien de l'attention, la correction d'erreurs, la gestion de plusieurs activités et des tâches complexes. Elles jouent un rôle essentiel dans la mémoire de travail, qui consiste à réguler et maintenir activement des informations en vue de les utiliser pour accomplir des tâches en prenant compte des objectifs. De plus, elles contribuent à la gestion du temps et à l'évaluation précise de la durée des tâches et des situations.

Les problèmes liés aux fonctions exécutives sont fréquents chez les enfants souffrant d'un TDAH. Chez les plus jeunes, ils peuvent se manifester de manière marquée lorsqu'ils doivent se préparer le matin, entraînant des conflits répétitifs et épuisants avec leurs parents. Par la suite, ces difficultés se traduisent par des difficultés à accomplir efficacement les tâches à l'école et à la maison, souvent en demandant une implication considérable des parents, en particulier des mères. Ces difficultés concernent principalement l'organisation, la planification, la régularité dans l'exécution des tâches, leur achèvement, la gestion du temps et l'établissement de priorités.

Les difficultés exécutives s'intensifient au fil de la scolarité et des formations professionnelles, en raison de l'augmentation des exigences cognitives et des pressions de performance.

Les difficultés exécutives

- Les **problèmes dans l'organisation et la planification** des tâches familiales et scolaires, de les commencer et de les exécuter complètement entraînent fréquemment des problèmes et des conflits.
- Les **difficultés pour entamer les tâches,** qui sont connues sous le terme de **procrastination**, ainsi que l'habitude d'attendre jusqu'au dernier moment pour les accomplir, sont fréquentes et ont tendance à persister à l'âge adulte.
- Les difficultés liées à la **flexibilité mentale** se manifestent par des problèmes d'adaptation à de nouvelles situations et de transitions, ainsi que par une tendance à persévérer dans une erreur sans prendre en compte les stratégies proposées par les enseignants et les parents.
- Les problèmes de **mémoire de travail**, qui entravent la capacité à utiliser des connaissances pour réaliser des tâches cognitives dans des situations telles que les tests ou les examens, se traduisent par des performances scolaires qui ne correspondant pas au niveau des connaissances acquises.

- Les difficultés **à percevoir et à gérer le temps** entraînent des problèmes pour être à l'heure aux rendez-vous et aux cours, et perturbent l'évaluation du temps nécessaire pour réaliser les tâches.

5 Les difficultés fonctionnelles

Les enfants atteints de TDAH sont fréquemment confrontés à des difficultés fonctionnelles qui entravent leur fonctionnement dans la vie quotidienne, et qui ont des impacts sur la qualité de vie de leur famille. Ces problèmes constituent les cibles principales des approches thérapeutiques et servent de points de référence pour suivre l'évolution au cours du développement.

Les difficultés fonctionnelles les plus couramment associées au TDAH englobent :

- La capacité d'avoir des interactions positives avec les membres de la famille.
- Le maintien des amitiés.
- Les problèmes liés aux compétences sociales.
- Les performances scolaires et la réalisation des devoirs.
- La capacité à respecter les règles familiales.
- Une faible estime de soi.
- La propension à prendre des risques dans les activités (par exemple, chutes, accidents).

6 L'évolution des symptômes avec l'âge

Le TDAH se manifeste dès la petite enfance et présente une évolution régulière, avec des périodes de rémission limitée jusqu'à l'âge adulte. Pendant la période préscolaire, l'hyperactivité et l'impulsivité peuvent être des indices du développement progressif d'un TDAH, qui comporte généralement des problèmes d'attention ainsi que des difficultés scolaires et dans les activités quotidiennes. Des études longitudinales observent que l'impulsivité et l'inattention ont tendance à persister davantage que l'hyperactivité au cours du développement. Si le TDAH persiste au début de l'âge adulte, il est plus susceptible de continuer au cours de la vie.

L'âge préscolaire

Les enfants d'âge préscolaire montrent fréquemment une immaturité dans leur neurodéveloppement, ainsi qu'un niveau élevé d'activité, des troubles de la régulation émotionnelle et une sensibilité exagérée aux stimuli de l'environnement. Les problèmes liés à l'attention sont plus difficiles à identifier au cours de cette phase du développement.

Les jeunes enfants qui montrent des signes évocateurs d'un TDAH tendent à présenter une activité excessive et des comportements difficiles à gérer pour les parents et les professionnels de la petite enfance, comparativement aux enfants du même âge. L'instabilité, l'hyperactivité et l'impulsivité se manifestent avec une intensité marquée. Ils peuvent être brusques, interrompre les autres et réagir de manière vive lors de conflits avec leurs pairs. Ils rencontrent des difficultés majeures pour réguler leurs émotions, ayant du mal à tolérer les frustrations et à accepter les limites. Ils peuvent avoir des comportements excessifs pour essayer d'obtenir ce qu'ils désirent (par exemple, se rouler par terre, faire une crise de colère dans un magasin).

Les symptômes d'hyperactivité et d'impulsivité se manifestent de manière plus précoce que les signes d'inattention, qui ne sont généralement pas repérés avant le début de la scolarité. Quatre domaines de fonctionnement sont associés à l'hyperactivité durant la petite enfance :

- des difficultés cognitives modérées telles que le contrôle attentionnel, la mémoire de travail, la planification et la flexibilité mentale ;
- des retards développementaux comme des problèmes de coordination, de motricité fine et de retard de langage ;
- des difficultés à supporter des délais de gratification ;
- des compétences relationnelles limitées.

Les jeunes enfants qui montrent des signes évocateurs d'un TDAH à l'âge préscolaire présentent plus de risques de blessure ou d'accidents par rapport à la majorité de leurs pairs. Ils ont tendance à manquer de prudence et à accorder moins attention aux règles de sécurité établies par les adultes. Ils peuvent se blesser en ne pensant pas aux dangers, par exemple en touchant une plaque chaude de cuisinière ou en manipulant un objet tranchant.

Une deuxième source de risque est associée à leur hyperactivité et à leur impulsivité. Ils éprouvent des difficultés à rester tranquille et ils courent en étant excités. Ils peuvent être téméraires, « casse-cou », en utilisant leur trottinette ou leur vélo, en grimpant sur des arbres, ce qui peut conduire à des accidents tels que des collisions avec des obstacles ou des chutes, entraînant souvent des points de suture, des fractures, voire des commotions cérébrales.

Des signaux précurseurs peuvent être identifiés, tels qu'une immaturité neurodéveloppementale, un niveau élevé d'activité, une régulation émotionnelle perturbée, une sensibilité excessive aux stimulations environnementales ainsi qu'un fonctionnement cognitif diminué. À partir de l'âge de 4 ans, la gravité de l'hyperactivité est généralement un indicateur significatif et est souvent associée à des comportements oppositionnels, lesquels représentent un facteur de risque précoce de la persistance du trouble à long terme. On peut observer des attitudes parentales négatives et rigides, reflétant l'épuisement au sein de la famille et l'exacerbation des méthodes éducatives en réaction aux comportements hyperactifs et impulsifs de l'enfant.

Ces éléments cliniques, qui entraînent des difficultés importantes dans le fonctionnement d'un enfant, évoquent la possibilité d'un diagnostic de TDAH à l'âge préscolaire, généralement à partir de 3 à 4 ans, en prenant en considération les spécificités de l'environnement familial et social. Cependant, il convient de rester attentif quant au risque d'un diagnostic incorrect à cet âge, requérant une approche prudente. Il est recommandé pour le praticien de recueillir soigneusement les informations, de procéder à une évaluation clinique détaillée et de discuter avec les professionnels de la petite enfance impliqués dans ces situations cliniques. Il est aussi conseillé que les parents prennent des notes de leurs observations et de celles des professionnels concernés pour les transmettre au praticien lors de l'investigation.

L'âge scolaire

L'entrée à l'école est souvent pour les parents un révélateur des problèmes personnels et relationnels de leur enfant. Les difficultés liées à l'attention deviennent plus évidentes pour les enseignants dans le contexte scolaire (comme une distraction importante en classe, le décrochage dans des rêveries éveillées, la facilité à se laisser distraire, l'absence fréquente d'écoute pendant les cours et les consignes, des oublis fréquents de noter des informations et de prendre des affaires d'école, ainsi que des erreurs d'étourderie). De leur côté, les parents observent également davantage les signes de distraction, la tendance de l'enfant à être dans ses pensées, les difficultés à écouter les consignes et à suivre les conversations, ainsi que les oublis, les pertes d'objets personnels et de matériels scolaires.

L'hyperactivité se présente sous la forme d'une agitation avec un besoin de bouger et d'être en mouvement, des difficultés à rester calme et à jouer tranquillement. L'enfant a tendance à bouger, à se balancer sur sa chaise et à manipuler des objets. Il parle fort et il est bruyant, faisant parfois des commentaires inappropriés. L'instabilité dérange souvent le déroulement des cours à l'école et la tranquillité dans le cadre familial.

L'impulsivité se manifeste par des problèmes de maîtrise de soi et une incapacité à inhiber les comportements d'une manière adéquate. L'enfant éprouve des difficultés à attendre son tour dans les files d'attente et a tendance à se précipiter pour répondre. Il a également tendance à interrompre les autres et à imposer sa présence.

Les difficultés liées à la régulation des émotions entraînent des réactions excessives et intenses qui peuvent avoir des impacts négatifs sur l'entourage. Les difficultés de s'intégrer dans un groupe de pairs peuvent pousser à des comportements exagérés visant à attirer l'attention et se faire accepter, comme faire le clown, suivre des meneurs en faisant des bêtises ou même des confrontations physiques.

Les difficultés liées à l'inattention, l'hyperactivité, l'impulsivité et la motivation engendrent des remarques et des conflits fréquents. Les relations familiales sont souvent tendues et conflictuelles, laissant peu de place aux moments agréables et de détente. Les commentaires des enseignants sont également fréquemment négatifs et comportent peu de remarques positives.

Les parents demandent généralement des consultations à l'âge scolaire en raison des difficultés d'apprentissage, de performance scolaires et/ou de troubles du comportement. Les problèmes liés aux interactions sociales, résultant de l'impulsivité et d'un manque de compétences sociales, peuvent entraîner des difficultés pour nouer des amitiés durables, et des situations de conflit avec les pairs, d'exclusion, voire de harcèlement.

Les tensions qui se manifestent dans le cadre familial, scolaire et relationnel, associées aux commentaires négatifs fréquents et au sentiment d'être différent en éprouvant davantage de difficultés que la plupart des enfants du même âge, ont un impact sur l'estime de soi et peuvent avoir des effets néfastes sur la suite du développement.

Par la suite, il est plus éprouvant pour ces enfants de faire face à l'augmentation progressive des exigences scolaires, ainsi que d'entretenir des relations sociales avec leurs pairs qui deviennent souvent plus conflictuelles. La diversité des matières scolaires, des enseignants, les changements de classe et la charge croissante des devoirs entraînent fréquemment des problèmes d'attention, d'organisation et de gestion des contraintes liées temporelles (tels que les horaires des cours et des rendez-vous, l'évaluation et la gestion du temps pour faire des tâches dans les délais).

L'adolescence

Dans le tableau clinique habituel à l'adolescence, les troubles de l'attention ont généralement tendance à persister, tandis que les symptômes d'hyperactivité tendent à diminuer par rapport à l'enfance chez une partie significative des adolescents avec un TDAH. Certains adolescents ne présentent plus de signes évidents d'agitation motrice, mais ils peuvent tout de même ressentir une agitation intérieure et éprouver des difficultés importantes à rester tranquille sans rien faire. L'impulsivité et les problèmes de régulation émotionnelle ont en général tendance à diminuer au cours des processus de la maturation cérébrale.

Cependant, au cours des transformations de la puberté, certains adolescents atteints de TDAH peuvent faire face à des problèmes d'hyperactivité, d'impulsivité, de régulation émotionnelle et de gestion des frustrations, qui peuvent occasionnellement avoir des conséquences importantes. Ils peuvent également se réfugier dans les jeux vidéo et utiliser de manière excessive les réseaux sociaux ainsi que les informations succinctes sur internet en tant que stratégies pour lutter contre l'ennui et les difficultés à investir des connaissances cognitives, ainsi que pour établir des relations amicales et intimes.

Les difficultés exécutives et fonctionnelles ont tendance à persister, voire à s'aggraver jusqu'à l'âge adulte. Les problèmes liés à l'organisation, à la planification, à la procrastination et à la gestion du temps sont fréquemment au centre des préoccupations et peuvent même devenir plus prononcés en raison des exigences accrues associées à la poursuite des études, à la participation à des formations professionnelles et à l'intégration dans le monde adulte et économique.

Les moments de distraction à l'adolescence peuvent avoir des conséquences graves, comme des accidents pendant les loisirs ou sur la voie publique (par exemple, omissions de procédures de sécurité, mise en danger par manque de vigilance en traversant un passage piéton, inadvertance en faisant du ski, du vélo ou en conduisant un véhicule motorisé).

Ces jeunes ont souvent tendance à avoir des comportements à risque en raison de leur impulsivité et de leur recherche de sensations fortes qui deviennent plus importantes à l'adolescence. Que ce soit lors d'activités physiques et sportives, de moments de détente et de loisirs, ou encore lors de la conduite d'un engin motorisé, ils ont plus souvent des accidents que leurs pairs du même âge. Ces incidents peuvent avoir des conséquences graves sur leur santé, voire mettre en danger leur propre vie ainsi que celle d'autrui. Il convient de relever que ces comportements risqués peuvent également être perçus positivement et susciter des regards admiratifs de l'entourage, pouvant même conduire à des performances remarquables dans des domaines sportifs tels que le ski extrême ou les compétitions motorisées.

L'adolescence comporte également une tendance à la consommation de substances telles que la nicotine, l'alcool et le cannabis, se manifestant souvent de manière plus précoce en cas de TDAH, ce qui comporte le risque de consommations excessives. Ces comportements peuvent entraîner des alcoolisations intenses avec coma éthylique ou des problèmes de dépendance. De plus, ces habitudes de consommation comportent également le risque d'utiliser d'autres substances telles que la cocaïne, l'ecstasy et d'autres drogues synthétiques.

L'adolescence comporte par ailleurs des comportements sexuels à risque exposant aux maladies sexuellement transmissibles et aux grossesses non désirées, qui peuvent entraîner des avortements, voire des abandons d'enfant à la naissance. De plus, des comportements asociaux et délinquants peuvent également se produire, entraînant l'intervention des services de police et de justice pour les mineurs. Ces procédures peuvent même mener à des sanctions pénales, voire à des peines d'incarcération.

Le risque suicidaire est plus élevé chez les adolescents atteints de TDAH, probablement en raison de l'impulsivité, de processus de prise de décision moins efficaces, de l'instabilité émotionnelle et de la présence de troubles dépressifs. La coexistence de plusieurs problèmes de santé mentale et physique peut aggraver le risque de comportements suicidaires. Les consommations abusives d'alcool, de drogues ou de médicaments peuvent altérer le jugement et le contrôle des impulsions et augmenter aussi un risque suicidaire.

Pendant l'adolescence, il est important de noter que le TDAH ne présente pas une transformation fondamentale, mais plutôt une certaine continuité du trouble et de ses conséquences à travers les différentes étapes du développement. Les symptômes qui gagnent en importance à l'adolescence sont généralement liés à des aspects tels que l'inattention, l'autorégulation, la gestion du temps, l'organisation et la motivation. Ils reflètent l'augmentation des demandes liées à l'acquisition de connaissances et aux exigences de la transition vers la vie adulte.

Les adolescents sont généralement plus vulnérables aux effets des bouleversements déstabilisants induits par la puberté et à l'augmentation des pressions liées aux mouvements vers l'autonomie, dans un contexte de vie complexe marqué par l'incertitude et les doutes. Les symptômes associés au TDAH, aux difficultés fonctionnelles et aux transformations physiques et psychologiques de l'adolescence entraînent souvent des défis importants d'autonomie pour ces jeunes. Cela crée un contraste entre leurs aspirations et leurs demandes d'un côté, et leurs efforts pour gagner en indépendance de l'autre.

Pendant l'âge préscolaire	Pendant l'enfance	Pendant l'adolescence
• Symptômes d'hyperactivité et d'impulsivité au premier plan • Détection plus tardive des problèmes d'inattention • Immaturité neurodéveloppementale • Niveau élevé d'activité et d'excitation • Difficultés de la régulation émotionnelle (p. ex. frustrations, crises de colère) • Sensibilité excessive aux stimulations environnementales • Problèmes pour suivre les consignes et les limites • Problèmes pour respecter les limites • Difficultés à patienter pour les récompenses • Compétences sociales limitées • Retards développementaux (p. ex. problèmes de coordination et de motricité fine, retards de langage)	• Problèmes d'attention • Symptômes d'hyperactivité et d'impulsivité • Perturbation de la vie familiale et scolaire • Difficultés au niveau des compétences exécutives • Problèmes comportementaux • Difficultés scolaires (p. ex. échec, redoublement) • Manque de motivation • Gestion difficile des émotions • Problèmes relationnels • Manque d'estime de soi • Conflits parents-enfant • Épuisement des parents et tensions familiales	• Troubles de l'attention et difficultés exécutives souvent plus marquées • Agitation intérieure et difficultés à rester tranquille • Manque d'estime de soi • Problèmes de régulation émotionnelle • Problèmes scolaires et de formations professionnelles • Utilisation excessive de jeux vidéo et des réseaux sociaux • Comportements à risque (accident, blessures) • Consommation de substances psychoactives et addiction (alcool, cannabis, autres drogues) • Troubles du comportement social • Difficultés dans les relations sociales[1] • Instabilité sentimentale • Maladies sexuellement transmissibles • Difficultés de gestion de l'argent (p. ex. dépenses excessives, dettes) • Problèmes d'autonomie • Épuisement des parents et tensions familiales
• Les symptômes du TDAH évoluent au long du développement de l'âge préscolaire à l'âge adulte en relation avec les processus de maturation cérébrale. • Les symptômes d'inattention et les difficultés exécutives ont tendance à persister et à s'aggraver en raison des pressions croissantes liées aux études, aux formations professionnelles et à la transition vers la vie adulte. • Les symptômes d'hyperactivité et d'impulsivité ont tendance à diminuer à l'adolescence et à l'âge adulte chez un nombre significatif de sujets, mais ils peuvent persister chez environ un tiers des individus.		

Ces informations vous permettent en tant que parent d'évaluer si votre enfant peut présenter un TDAH. Dans ce cas, vous pouvez noter les caractéristiques de votre enfant pour les transmettre au médecin qui effectuera l'investigation.

1. « Troubles du comportement social » fait référence à des comportements déviants aux normes sociales, « difficultés dans les relations sociales » évoque la difficulté d'une personne dans les interactions avec les autres.

Résumé

- Le TDAH est caractérisé par la triade classique : inattention, hyperactivité et impulsivité.
- Le TDAH pose la question de la distinction entre le comportement « normal » et le comportement « pathologique ».
- Ces symptômes peuvent être présents chez tous les enfants à un certain degré et à différents moments.
- Ce qui distingue les jeunes atteints de TDAH, c'est l'intensité, la constance et le regroupement de ces symptômes.
- La manifestation des symptômes peut varier en fonction de divers facteurs tels que la complexité des tâches, l'intérêt, le niveau de stress et de détente, et ils peuvent changer au fil du développement.
- Des critères spécifiques ont été développés grâce à plus d'un siècle d'expérience clinique et de nombreuses recherches menées au cours des dernières décennies.
- Ces jeunes manifestent une grande vitalité, une énergie débordante et une exubérance.
- Ils ont des difficultés à maîtriser leurs impulsions et leurs réactions.
- Les troubles de l'attention entraînent des défis pour maintenir leur concentration et pour ne pas « décrocher » lors des conversations, des cours et des activités.
- Les jeunes atteints de TDAH rencontrent fréquemment des problèmes à l'école et leurs performances ne reflètent pas très souvent leur réel potentiel.
- Les enfants souffrant d'un TDAH rencontrent souvent des difficultés à gérer leurs émotions en raison d'une réactivité émotionnelle exagérée et des fluctuations brusques et rapides de leurs états émotionnels.
- Ils développent fréquemment une faible estime de soi en raison de la persistance de leurs difficultés depuis leur petite enfance.
- Le TDAH est généralement associé à des difficultés dans les activités de la vie quotidienne (p. ex. organisation, planification, mémoire de travail, régulation de la motivation, début et achèvement des tâches, gestion du temps).
- Les jeunes atteints de TDAH ont souvent des difficultés relationnelles avec leurs parents et leurs camarades.
- Le TDAH se manifeste dès la petite enfance avec le risque d'un diagnostic incorrect à l'âge préscolaire.
- L'école est souvent un révélateur des problèmes associés au TDAH et les difficultés liées à l'attention sont plus observables.

- Les évolutions observées à l'adolescence ne montrent pas une transformation fondamentale du TDAH à cet âge, mais signalent une certaine continuité du trouble et de ses conséquences à travers les différentes étapes du développement.
- L'inattention et les difficultés exécutives deviennent généralement plus importantes à l'adolescence, alors que l'hyperactivité et l'impulsivité ont tendance à diminuer à l'adolescence et à l'âge adulte.
- Les adolescents sont habituellement plus vulnérables aux effets des changements induits par la puberté et à l'augmentation des pressions liées aux mouvements vers l'autonomie.
- Les symptômes associés au TDAH, aux difficultés fonctionnelles et aux transformations psychologiques de l'adolescence entraînent souvent des défis importants d'autonomie pour ces jeunes.

Bibliographie

Bader, M. (2020). L'hyperactivité de l'enfant. In : B. Cyrulnik (Ed.), *Boris Cyrulnik et la petite enfance* (2e éd.). (p. 303-313). Édition Philippe Duval.

Barkley, R. (2012). *Executive Functions. What They Are, How They Work, and Why They Evolved.* The Guilford Press.

Barkley, R. (2015). *Attention-Deficit Hyperactivity Disorder. A Handbook for Diagnosis & Treatment* (4th ed.). The Guilford Press.

Bouvard, M. (2016). *Trouble Déficit de l'Attention avec ou sans Hyperactivité. Approche développementale.* Dunod.

Brown, T. E. (2013). *A new understanding of ADHD in children and adults : Executive functions impairments.* Routledge.

Brown, T. E. (2017). *Outside the Box. Rethinking ADD/ADHD in Children and Adults. A Practical Guide.* American Psychiatric Association Publishing.

Faraone, S. V., Rostain, A. L., Blader, J., Busch, B., Childress, A. C., Connor, D. F., & Newcorn, J. H. (2019). Practioner Review : Emotional dysregulation in attention-deficit/hyperactivity disorder – implication for clinical recognition and intervention. *The Journal of Child Psychology and PsychiatryJ Child Psychol Psychiatry*, *60*(2), 133-150.

Hallowell, E. M., & Jensen, P. S. (2008). *Super-parenting for ADD. An Innovative Approach to Raising Your Distracted Child.* The Random House.

Hallowell, E. M., & Ratey, J. J. (2021). *ADHD 2.0. New Science and Essential Strategies for Thriving with Distraction from Childhood Through Adulthood.* Ballantine Books.

Hinshaw, S. P., & Ellison, K. (2016). *ADHD. What Everyone Needs To Know.* Oxford University Press.

Shaw, P., Stringaris, A., Nigg, J., & Leibenluft, E. (2014). Emotion dysregulation in attention deficit hyperactivity disorder. *American Journal of Psychiatry*, *171*(03), 276-293.

Sonuga-Barke, E. J., Auerbach, J., Campbell, S. B., Daley, D., & Thompson, M. (2005). Varieties of preschool hyperactivity : multiple pathways from risk to disorder. *Developmental Science*, *8*(2), 141-150.

Vera, L. (2015). *TDA/H chez l'enfant et l'adolescent. Trouble Déficit de l'Attention/Hyperactivité.* Dunod.

Wolraich, M. L., & Hagan J. F. (2019). *What Every Parent Needs to Know. ADHD.* American Academy of Pediatrics.

Chapitre 4

L'évaluation diagnostique

Objectifs

- Décrire les conditions permettant le diagnostic de TDAH
- Exposer la démarche clinique
- Expliquer l'importance de l'entretien clinique
- Décrire le rôle de la collaboration interdisciplinaire (parents, médecins, enseignants, professionnels de santé)

Le diagnostic de TDAH chez un enfant et un adolescent repose sur trois conditions essentielles :

- la présence des symptômes spécifiques ;
- les problèmes qu'il entraîne dans la vie de l'enfant ou de l'adolescent ;
- les informations recueillies par les parents, les enseignants, les professionnels de la santé mentale et les médecins expérimentés.

Chacun de ces intervenants apporte ses observations et ses compétences pour obtenir une image globale de la situation, en tenant compte des aspects sociaux, scolaires, émotionnels et familiaux.

À la différence des maladies somatiques et des traumatismes physiques, le diagnostic du TDAH ne peut pas être établi à partir de critères biologiques. Malgré de nombreuses recherches réalisées au cours des dernières décennies, aucune analyse génétique, aucun test de laboratoire (sanguin ou urinaire), aucun marqueur physiologique, aucune évaluation des performances cérébrales ne permet de confirmer de manière objective la présence d'un TDAH.

Le diagnostic est donc clinique et repose sur une évaluation globale du fonctionnement de l'enfant dans différents contextes de vie sur une période suffisamment longue, en faisant la distinction avec des symptômes réactionnels à un stress psychosocial qui sont souvent transitoires et réversibles. Elle consiste à comparer cet enfant à la majorité des enfants du même âge. Les éléments centraux sont la persistance de signes et de symptômes qui entravent les fonctionnements ou le développement de l'enfant, et qui ne sont pas dus à des troubles intellectuels. Les critères nécessaires pour établir ce diagnostic proviennent des observations cliniques effectuées durant les consultations, ainsi que des informations fournies par les parents ou de leurs substituts, les enseignants et d'autres professionnels. Il est également important de noter que les troubles associés sont fréquents et doivent être investigués et pris en compte dans l'élaboration des stratégies thérapeutiques.

1 L'ENTRETIEN CLINIQUE

Il est essentiel pour le diagnostic et nécessite la participation des parents et de l'enfant. L'objectif est d'impliquer l'enfant dans la démarche, en tenant compte de son âge. Il faut être attentif à la possibilité d'un contrôle comportemental de sa part pendant les consultations en raison des craintes liées à la présence d'un observateur qui possède une stature professionnelle impressionnante. L'investigation comprend également une évaluation de la présence d'autres problèmes somatiques ou psychiatriques qui pourraient interférer avec la qualité de vie de l'enfant comme les troubles fréquemment associés au TDAH.

L'entretien clinique est une occasion importante pour établir une relation de confiance entre vous, le médecin et votre enfant. C'est un moment où vous pouvez partager vos observations, vos questions, vos inquiétudes et vos réflexions concernant votre enfant. Le médecin peut également poser des questions sur votre contexte familial et votre expérience de parent. Vous pouvez évaluer la qualité de la démarche diagnostique, de l'écoute et de l'empathie du professionnel. Il est important que votre enfant participe aux discussions et reçoive des informations le concernant adaptées à son âge.

Le professionnel doit aussi explorer les centres d'intérêt, les points forts, les loisirs et les relations sociales de votre enfant afin de mieux comprendre son fonctionnement et ses compétences. Il posera également des questions sur l'école, les enseignants, les matières qui l'intéressent ou sont problématiques, les devoirs et les relations avec ses camarades. Les commentaires des adultes responsables des activités extrascolaires sont aussi des sources d'informations précieuses. En fonction de son âge, le praticien peut aussi solliciter l'avis de votre enfant sur d'éventuels changements à la maison et à l'école. Les dessins effectués et les jeux pratiqués par les jeunes enfants, ainsi que les réalisations artistiques ou technologiques des enfants et des adolescents peuvent également fournir des informations précieuses.

La démarche diagnostique nécessite également le recueil d'informations sur divers aspects, notamment la grossesse et l'accouchement, le cas échéant l'adoption, l'historique médical et développemental de votre enfant, la qualité des relations précoces et de l'attachement aux figures parentales, les antécédents médicaux, les accidents traumatiques (par exemple, les chutes, les conduites à risques), le parcours scolaire et les relations avec la fratrie et les pairs. Les antécédents médicaux et psychiatriques au sein de la famille (par exemple, les antécédents familiaux de TDAH ou d'autres troubles psychiatriques), l'environnement familial et les relations familiales, ainsi que les événements tels que les ruptures de liens affectifs, les séparations, les divorces des parents, les décès, les traumatismes physiques et psychologiques, sont aussi des informations importantes à prendre en compte.

L'investigation clinique évalue également les diagnostics différentiels (par exemple, les troubles envahissants du développement, l'anxiété, les troubles de l'humeur, les troubles de l'attachement, les troubles du comportement) et la présence de troubles associés, fréquents, et qui peuvent être aussi l'objet de mesures thérapeutiques (par exemple, les troubles des apprentissages, de la coordination, de la communication, de la motricité fine, émotionnels et comportementaux).

2 Le bilan médical

Un bilan médical somatique, réalisé par un médecin pédiatre, est recommandé pour évaluer la santé, le développement et, le cas échéant, effectuer des examens supplémentaires si nécessaire. Un examen clinique complet, y compris la mesure de la tension artérielle, du rythme cardiaque, de la taille et du poids, est également important en vue de l'administration potentielle de médicaments. Cet examen vise à détecter toute anomalie physique préexistante qui pourrait rendre inappropriée l'utilisation de psychostimulants ou d'autres thérapeutiques. Dans certains cas, comme lorsque l'enfant a des antécédents de problèmes cardiaques ou montre des signes d'anomalies cardiaques lors de l'examen clinique, des investigations cardiologiques telles qu'un électrocardiogramme (ECG) peuvent être recommandées. Lors d'une suspicion de troubles neurovisuels, un bilan orthoptique est indiqué, et un audiogramme si un déficit auditif est suspecté. Un suivi médical régulier est essentiel pendant le traitement. Les examens médicaux nécessaires dépendront de la situation clinique spécifique de chaque enfant et des recommandations du médecin traitant.

En cas de suspicion de troubles associés du développement de la coordination, de la motricité et des apprentissages, il est recommandé de considérer des investigations complémentaires. Celles-ci peuvent inclure un bilan de la coordination et de la motricité fine effectué par un ergothérapeute ou un(e) psychomotricien(ne), ainsi qu'un bilan du langage réalisé par un(e) orthophoniste ou un(e) neuropsychologue. Dans certains cas cliniques, d'autres évaluations telles qu'un bilan neuropédiatrique ou développemental peuvent être aussi nécessaires. L'ensemble de ces informations aide à confirmer ou à exclure la présence de troubles associés, qui sont fréquents, et à les prendre en compte le cas échéant dans les stratégies thérapeutiques.

Les différentes professions intervenant dans le TDAH (par ordre alphabétique)

Profession	Rôle
Ergothérapeute	Améliore les fonctions sensorimotrices (p. ex. coordination, motricité fine, dextérité), le fonctionnement quotidien et la qualité de vie des personnes atteintes de TDAH en proposant des interventions pratiques et adaptées aux besoins spécifiques de chaque individu.
Médecin traitant	Occupe une position centrale dans l'information et l'accompagnement du patient et de sa famille, le diagnostic du TDAH, la recommandation vers un spécialiste pour une évaluation plus détaillée si nécessaire, l'élaboration du plan thérapeutique, le suivi régulier de l'efficacité du traitement, les ajustements et la surveillance de la croissance et du développement des enfants et des adolescents, la coordination des prises en charge entre les différents professionnels de santé et la collaboration avec le milieu scolaire.
Neuropsychologue	Impliqué dans l'évaluation approfondie du TDAH en utilisant des méthodes standardisées comme des tests psychométriques et des batteries d'évaluation spécifiquement conçues pour examiner les capacités cognitives et les domaines des forces et faiblesses cognitives telles que l'attention (soutenue, sélective, divisée), la mémoire de travail, l'inhibition (capacité à contrôles les réponses), la flexibilité cognitive (capacité à s'adapter aux changements), la mémoire ainsi que les fonctions liées au langage et au calcul. Réalise des interventions adaptées aux besoins individuels de chaque patient, visant à améliorer les activités de la vie quotidienne par des stratégies métacognitives centrées sur les fonctions exécutives.
Orthophoniste	Évalue les compétences du langage et de la communication qui sont souvent altérées chez les enfants et les adolescents atteints d'un TDAH, réalise des thérapies ciblées sur les différents aspects du langage et de la communication adaptées à chaque individu.
Psychologue	Impliqué dans l'identification clinique et l'évaluation approfondie du TDAH en utilisant des méthodes standardisées comme des tests psychométriques pour analyser les capacités cognitives, les fonctions exécutives et les compétences de traitement de l'information, et des tests projectifs pour mieux comprendre le fonctionnement psychologique.
Psychomotricien	Évalue les capacités motrices de la coordination et de l'équilibre ainsi que l'intégration des information sensorielles, réalise des exercices et des mises en situation pour améliorer la coordination, l'équilibre, la maîtrise des mouvements et le contrôle des comportements.
Psychothérapeute	Joue un rôle clé dans le traitement du TDAH en utilisant des techniques thérapeutiques conçues pour aider le patient à reconnaître et à modifier les schémas de pensée dysfonctionnels, les comportements problématiques, les réactions émotionnelles et les interactions sociales qui contribuent aux difficultés rencontrées dans les relations familiales et dans la vie quotidienne.

3 Les observations des parents

En tant que parent, vous jouez un rôle central dans l'observation du fonctionnement de votre enfant. Vos informations sont essentielles et aident les professionnels à mieux comprendre la situation de votre enfant, ses problèmes et ses ressources. Des questionnaires validés ont été développés pour les parents, les enseignants et les enfants en général à partir de l'âge de 12 ans. Ils complètent l'investigation clinique en prenant en compte les différents contextes de vie. Ces questionnaires comportent des informations détaillées qui investiguent l'impact du TDAH dans les différents domaines de la vie quotidienne et qui peuvent vous amener à envisager la possibilité de la présence de ce trouble chez votre enfant. Cependant, ils ne permettent pas de poser un diagnostic à eux seuls.

Observations des parents

Inattention

L'inattention chez un enfant ou un adolescent se manifeste par une difficulté à maintenir un focus et à une tendance importante à être facilement distrait dans certains contextes.

- Est-ce que votre enfant ou adolescent fait des erreurs d'inattention dans les devoirs ou au travail ?
- Est-ce qu'il n'écoute pas assez les consignes ?
- Est-ce qu'il perd souvent le fil des conversations ?
- Est-ce qu'il a souvent tendance à « décrocher » et à partir dans des rêveries éveillées ?
- Est-ce qu'il donne souvent l'impression de ne pas écouter ce qu'on lui dit ?
- Est-ce qu'il est facilement distrait ?
- Est-ce qu'il est facilement distrait par des stimuli externes (bruit, mouvements, etc.) ?
- Est-ce qu'il a de la peine à maintenir son attention pendant longtemps sur une activité, des devoirs, des tâches ?
- Est-ce qu'il évite ou a de la peine à s'engager dans des tâches qui nécessitent un effort mental soutenu (p. ex. devoirs, travaux scolaires) ?
- Est-ce qu'il oublie souvent des objets personnels, des affaires scolaires ?
- Est-ce qu'il oublie souvent des rendez-vous, de faire des tâches, des engagements ?
- Est-ce qu'il perd souvent des objets personnels ou des affaires scolaires, des jouets ?

Hyperactivité

L'hyperactivité chez un enfant ou un adolescent se manifeste par une activité motrice excessive et une incapacité à rester assis ou calme pendant de longues périodes.

- Est-ce que votre enfant ou adolescent n'est pas capable de rester tranquille et assis pendant un certain temps ?
- Est-ce qu'il se lève continuellement pendant qu'il fait ses devoirs ?
- Est-ce qu'il tripote ou il a toujours quelque chose en main qu'il manipule ?
- Est-ce qu'il est difficile pour lui de rester assis et concentré ?
- Est-ce qu'il parle sans arrêt ?
- Est-ce qu'il donne l'impression d'être toujours en mouvement ? De la difficulté à se consacrer à des activités tranquilles comme lire ou faire une activité par lui-même ?

Impulsivité

- L'impulsivité chez un enfant ou un adolescent se manifeste par une tendance à agir rapidement sans réfléchir aux conséquences de ses actions.
- Est-ce que votre enfant ou adolescent fait des choses sans penser aux conséquences ?
- Est-ce qu'il a de la peine à attendre son tour dans une file d'attente ?
- A-t-il de la difficulté à être patient ?
- Est-ce qu'il interrompt les autres durant les discussions ou les jeux ?
- Est-ce qu'il parle avant que les questions soient terminées ?
- Est-ce qu'il a tendance à réagir émotionnellement de façon exagérée ou intense à des situations stressantes ou frustrantes ?

4 Les questionnaires

Les questionnaires les plus couramment utilisés pour évaluer le TDAH chez les enfants en âge scolaire et les adolescents sont les échelles de Conners[1]. Ces échelles sont disponibles en versions destinées aux parents, aux enseignants et aux enfants, généralement à partir de l'âge de 12 ans. Le Conners Rating Scales-Revised (CRS-R) comprend une version longue avec 80 ou 59 items pour les parents et les enseignants, ainsi qu'une version courte avec 27 ou 28 items pour les parents et les enseignants. Il existe également une version avec 87 items pour les sujets eux-mêmes. Un autre questionnaire, l'ADHD Rating Scale-IV (ADHD-RS), développé par George DuPaul, se compose de 18 symptômes conformes au DSM publié par l'Association américaine de psychiatrie. Ce questionnaire est principalement utilisé dans le cadre de recherches médicamenteuses et fournit moins d'informations détaillées sur les différents aspects cliniques du TDAH.

1. La liste des questionnaires n'est pas exhaustive, elle décrit ceux qui sont les plus couramment utilisés.

Les questionnaires visant à évaluer les fonctions exécutives, qui sont souvent problématiques chez les personnes atteintes de TDAH, fournissent des informations précieuses sur leur fonctionnement quotidien. Le Behavior Rating Inventory of Executive Functions (BRIEF) comprend 86 items permettant de repérer les difficultés exécutives dans la vie quotidienne, y compris chez les individus atteints de TDAH. Une alternative est le questionnaire développé par Thomas Brown, fondé sur son modèle des fonctions exécutives : les Brown Attention Deficit Disorders Scales (BADDS), qui sont adaptées à l'âge des individus. Bien que moins fréquemment utilisés dans la recherche, ces questionnaires sont également intéressants. Cependant, ces questionnaires ne permettent pas de poser un diagnostic de TDAH à eux seuls, car ils manquent de spécificité pour ce trouble.

Pour évaluer l'impact des symptômes du TDAH sur le fonctionnement des enfants et des adolescents, on peut utiliser l'échelle canadienne de Weiss, appelée la Weiss Functional Impairement Rating Scale-Parent (WIFRS-P). Cette échelle d'évaluation de la gêne fonctionnelle comporte 50 items qui mesurent six aspects : la famille, l'apprentissage et les études, les aptitudes à la vie quotidienne, le concept de soi, le fonctionnement social et le comportement à risque. Bien que ce questionnaire puisse fournir des informations complémentaires sur les troubles fonctionnels d'un individu, il n'a pas pour vocation de poser un diagnostic. Un autre questionnaire couramment utilisé est le Strengths and Difficulties Questionnaires (SDQ) de Goodman, destiné aux enfants de 4 à 17 ans. Il comporte 25 questions permettant une évaluation globale, y compris une investigation du TDAH.

Ces questionnaires vous donnent, en tant que parent, l'occasion de préciser vos observations concernant votre enfant et de mieux comprendre l'impact du TDAH dans différents contextes, de son fonctionnement et de ses difficultés. Ils vous permettent aussi de poser des questions aux professionnels, de mieux saisir les raisons des approches thérapeutiques et de suivre l'évolution de votre enfant.

5 Bilans psychologiques et neuropsychologiques

Les enfants et les adolescents passent souvent des évaluations psychologiques ou neuropsychologiques avec des psychologues cliniciens ou des neuropsychologues. Il est important de comprendre que ces tests ne permettent pas de diagnostiquer le TDAH concernant votre enfant, qui repose essentiellement sur l'évaluation clinique. Ils peuvent fournir des informations utiles sur les capacités cognitives et émotionnelles, mais ne mesurent pas directement l'impact des symptômes du TDAH dans les environnements familial, scolaire et social de l'enfant. Par exemple, les tests d'intelligence, tels que le test de Wechsler WISC-V, mesurent le quotient intellectuel et d'autres compétences cognitives qui ne sont pas spécifiques au TDAH. Les tests neuropsychologiques ne sont également pas des outils de diagnostic et les résultats doivent être interprétés avec prudence par rapport à ce trouble. Un résultat en dehors des normes ne signifie pas nécessairement la présence du TDAH, et un résultat dans les normes n'exclut pas la possibilité d'un TDAH.

Pour ces raisons, ces tests ne doivent pas être effectués de manière systématique, mais seulement dans des situations cliniques complexes et spécifiques, où des informations complémentaires sont nécessaires. Ces informations aident alors à mieux comprendre la nature des difficultés et des compétences des individus. Elles peuvent orienter les décisions thérapeutiques, guider les stratégies d'intervention et faciliter la mise en place d'aménagements appropriés pour les études et les formations professionnelles. Il est à noter que si ces bilans sont réalisés par des professionnels expérimentés, ils peuvent aussi signaler la suspicion de la présence d'un TDAH et sensibiliser les parents à entreprendre les démarches diagnostiques appropriées.

Les tests psychologiques peuvent aider à mieux comprendre le fonctionnement cognitif, émotionnel et comportemental d'un enfant ou d'un adolescent. Par exemple, le test de Wechsler WISC-V, qui comprend 15 subtests, évalue les performances de l'enfant dans les différentes fonctions cognitives générales, notamment la compréhension verbale, le raisonnement fluide, les aptitudes visuospatiales, la mémoire de travail et la vitesse de traitement des informations. Il permet de calculer le Quotient Intellectuel Total (QIT), qui représente l'aptitude intellectuelle générale, et fournit des informations sur les capacités de raisonnement de l'enfant et de traitement de l'information.

Les tests neuropsychologiques permettent d'évaluer en détail les capacités cognitives, telles que l'attention, la mémoire, la capacité à organiser des tâches complexes, le langage et la vision. Ils sont très utiles pour investiguer la présence de troubles des apprentissages qui sont souvent associés au TDAH et qui peuvent également expliquer des difficultés scolaires. Ces tests fournissent des informations sur le profil cognitif d'une personne, ce qui est peut-être utile lorsqu'il y a des soupçons de TDAH dans des contextes cliniques spécifiques, en évaluant de manière ciblée les fonctions attentionnelles (sélective, soutenue et divisée) et les fonctions exécutives : mémoire de travail, inhibition (capacité à contrôler les réponses), flexibilité (capacité à s'adapter aux changements), planification et organisation. Plusieurs batteries de tests neuropsychologiques sont disponibles, comme la NEPSY-II, qui offre une évaluation complète ou ciblée sur des difficultés spécifiques (attention, fonctions exécutives, langage, mémoire et apprentissage, fonctions sensorimotrices, perception sociale et traitement visuo-spatial), ainsi que la TEAC-Ch, qui se concentre sur l'attention chez les enfants âgés de 6 à 12 ans. Le test de Stroop, quant à lui, évalue l'attention sélective et le contrôle cognitif en présence de distracteurs ainsi que de l'inhibition cognitive.

Les tests projectifs, tels que le TAT SCOL ou le TAT, sont utiles pour investiguer la personnalité des enfants ou des adolescents, ainsi que pour comprendre les problèmes liés aux relations interpersonnelles, aux émotions, aux pulsions et aux mécanismes de défense. Ils fournissent des informations précieuses qui aident à mieux comprendre le fonctionnement psychoaffectif, les aspects émotionnels, l'estime de soi et les difficultés comportementales.

L'intégration des informations provenant des tests cognitifs et projectifs peut apporter des éclairages complémentaires utiles, surtout dans des situations complexes où il y a des souffrances existentielles et des difficultés cognitives importantes. Ces difficultés peuvent dépasser les problèmes spécifiques du TDAH et concerner, par exemple, des troubles des apprentissages et/ou psychoaffectifs.

6 Les observations des enseignants

Les informations fournies par les enseignants sont importantes mais elles ne sont pas indispensables si, en tant que parents, vous préférez ne pas les inclure dans le processus diagnostique. Si votre enfant a plusieurs enseignants, il est conseillé de solliciter l'avis de celui ou celle qui est responsable de la classe ou qui passe le plus temps avec lui. Les carnets scolaires et les questionnaires standardisés destinés aux enseignants sont des sources précieuses d'information qui permettent de mieux comprendre les problèmes et d'adapter les approches pédagogiques. Il peut aussi être judicieux de compléter ces informations par un contact direct avec les enseignants, avec l'accord des parents, par téléphone ou lors d'une réunion avec l'équipe pédagogique.

7 Le diagnostic de TDAH

La démarche des cliniciens concernant les problèmes rencontrés par les sujets atteints de TDAH est un élément crucial qui influence la compréhension du trouble et les approches thérapeutiques. Leur compréhension de la nature des souffrances et des problèmes auxquels font face les enfants et les adolescents atteints de TDAH orientent l'évaluation des ressources individuelles et familiales, ainsi que les problématiques prioritaires dans le choix des stratégies d'intervention.

Les critères diagnostiques mettent principalement l'accent sur la notion d'un déficit de performances plutôt que la prise en considération des difficultés ou des lacunes de compétences, ce qui peut renforcer la connotation négative associée au TDAH. Le diagnostic prend également compte de l'âge du début des symptômes et de leur impact sur la vie des individus.

L'évaluation diagnostique repose sur les critères diagnostiques définis par des manuels diagnostiques tels que le DSM-5-TR, élaboré par l'Association américaine de psychiatrie en collaboration avec des experts reconnus. Ce manuel se fonde sur une perspective neurodéveloppementale qui cherche à refléter les connaissances scientifiques actuelles. Il est largement utilisé dans le monde entier et constitue la référence pour les publications scientifiques. Malgré des critiques pertinentes en raison de ses limites cliniques et de problèmes conceptuels, le DSM-5-TR demeure actuellement le système de référence contenant les critères cliniques permettant de diagnostiquer le TDAH chez les enfants et les adolescents. La CIM-11 (Classification Internationale des Maladies, OMS [Organisation mondiale de la santé], 2022) est en grande partie similaire au DSM-5-TR tout en conservant les appellations de « trouble de l'activité et de l'attention » et de « trouble hyperkinétique de la conduite ».

Le TDAH peut se présenter sous une forme légère, modérée ou sévère. Le diagnostic est établi uniquement chez les enfants et les adolescents présentant des symptômes significatifs et persistants qui ont un impact sur leur qualité de vie. Ces symptômes doivent également correspondre aux critères diagnostiques, et ce, dans au moins deux contextes de vie pendant une période d'au moins 6 mois.

Les critères diagnostiques du TDAH du DSM-5-TR comportent une liste de neuf symptômes pour chacune des deux principales présentations du TDAH : *l'inattention prédominante* et *l'hyperactivité/impulsivité prédominante*. Ces critères reposent sur :

- La présence d'au moins six symptômes sur neuf d'inattention et/ou d'hyperactivité et d'impulsivité[2].
- Une période de symptômes d'au moins 6 mois.
- La présence de plusieurs symptômes avant l'âge de 12 ans.
- Une perturbation du fonctionnement.
- Une détérioration de la qualité du fonctionnement social, scolaire ou professionnel.
- L'impact des symptômes dans deux contextes de vie différents ou plus (familial, scolaire, social, loisirs).
- L'exclusion d'autres troubles somatiques ou psychiatriques susceptibles d'expliquer les symptômes.

Le DSM-5-TR reconnaît les présentations suivantes :

- *Trouble de l'inattention prédominant.* Ce profil clinique est parfois désigné sous l'acronyme ADD dans la terminologie anglo-saxonne et il est le plus fréquent à l'adolescence.
- *TDAH combiné inattention/hyperactivité/impulsivité.* Ce profil clinique est le plus fréquent à l'âge scolaire et diminue à l'adolescence chez un nombre significatif de personnes.
- *Trouble hyperactivité/impulsivité prédominant.* Ce profil clinique est le plus fréquent à l'âge préscolaire et diminue au cours de l'âge scolaire en devenant beaucoup moins fréquent à l'adolescence.

Le TDAH affecte plus les garçons à l'âge préscolaire et pendant les premières années de scolarité, avec une répartition variant entre deux et quatre garçons pour une fille. Le sous-type avec inattention prédominante est plus fréquent chez les filles que chez les garçons. La répartition selon le sexe tend à s'équilibrer à l'âge adulte.

Les enfants présentant principalement des symptômes d'inattention sont parfois diagnostiqués plus tardivement car leurs symptômes sont moins évidents, « silencieux », ce qui contraste avec les manifestations plus visibles, « bruyantes », de l'hyperactivité et de l'impulsivité. Il est essentiel de considérer la possibilité d'un TDAH de type inattention prédominante lorsque des symptômes liés à l'attention se manifestent dès les premières années de la scolarité. Il est aussi important d'être vigilant avec les filles et les adolescentes, car elles

2. Au-delà de l'âge de 17 ans, il ne faut présenter plus que cinq symptômes d'inattention et/ou d'hyperactivité et d'impulsivité.

peuvent présenter des formes moins voyantes de TDAH, caractérisées principalement par un manque d'attention et moins d'hyperactivité et d'impulsivité.

Sluggish cognitive tempo syndrome

Des observations cliniques et des études ont identifié une entité particulière liée à l'inattention, appelée *Sluggish cognitive tempo syndrome*. Les individus atteints de cette forme clinique ont tendance à être facilement distraits, à perdre le fil de leurs pensées, à décrocher, à être absorbés dans des rêveries éveillées, et à présenter un vagabondage de la pensée. En plus des symptômes d'inattention importants, ils éprouvent souvent de la léthargie, de la somnolence, une sensation de lenteur, un sentiment de paresse, et ont l'impression « d'être dans leur monde » et « dans un nuage ». Ces individus rencontrent également des problèmes significatifs d'estime de soi et sont susceptibles de ressentir de l'anxiété et de l'inquiétude pour leur entourage. Ils font souvent face à des difficultés dans leur vie quotidienne en ce qui concerne l'organisation, la résolution de problèmes, la régulation des émotions et la gestion du temps.

Bien que la sévérité du *Sluggish cognitive tempo syndrome* puisse varier avec le temps, il semble présenter une structure qui persiste tout au long du développement. Les spécialistes du TDAH débattent pour déterminer si cette forme clinique d'inattention, décrite surtout par Russell Barkley et Stephan Becker, constitue une catégorie diagnostique distincte ou si elle fait partie du sous-groupe de l'inattention prédominante. En 2021, un groupe d'experts a publié un rapport recommandant de poursuivre les recherches pour préciser les caractéristiques de cette entité clinique, ses processus développementaux, ses similitudes et ses différences par rapport au sous-type inattention prédominante, ainsi que son impact dans divers contextes. Russell Barkley propose de remplacer le terme de *Sluggish cognitive tempo syndrome* par celui de *Cognitive disengagement syndrome*.

Résumé

- Le TDAH chez l'enfant et l'adolescent comporte trois formes cliniques : inattention prédominante, hyperactivité-impulsivité prédominante et combinée.
- Plusieurs symptômes d'inattention ou d'hyperactivité-impulsivité doivent être présents avant l'âge de 12 ans, présents depuis au moins 6 mois, et observés dans au moins deux environnements différents.
- Les symptômes doivent interférer de manière significative avec le fonctionnement social, scolaire ou professionnel ou altérer sa qualité.
- L'évaluation clinique est essentielle, impliquant des entretiens cliniques et des questionnaires et, en cas d'indication spécifique, également des bilans psychologiques ou neuropsychologiques complémentaires qui ne sont pas diagnostiques.
- La démarche clinique doit inclure une discussion sur les causes des problèmes de l'enfant ou de l'adolescent, en prenant en compte le point de vue des parents ou des substituts, ainsi que du patient selon son âge et sa disponibilité.
- Le diagnostic de TDAH doit être établi le plus tôt possible pour comprendre les problèmes de l'enfant et de son entourage, et mettre en place des interventions adaptées à chaque situation clinique.
- Les troubles associés sont fréquents et doivent être investigués et pris en compte dans les stratégies thérapeutiques.
- Les spécificités individuelles, les facteurs impliqués dans le TDAH et les troubles associés entraînent une diversité des profils cliniques qui ne se réduisent pas aux présentations principales décrites ici.

Bibliographie

American Psychiatric Association (2023). *DSM-5-TR Manuel diagnostique et statistique des troubles mentaux, texte révisé.* Traduction française M. A. Crocq, A. Boehrer, J. D. Guelfi. Elsevier Masson.

Bange, F. (2023). *TDA/H. Trouble Déficit de l'Attention/Hyperactivité en 57 notions.* Dunod.

Barkley, R. (2015). *Attention-Deficit Hyperactivity Disorder. A Handbook for Diagnosis & Treatment* (4th ed.). The Guilford Press.

Barkley, R. A. (2019). Neuropsychological Testing is Not Useful in the Diagnosis of ADHD : Stop It (or Prove). *ADHD Report*, *27*(2), 1-8.

Becker, S. P., Marshall, S. A., McBurnett, K. (2014). Sluggish Cognitive Tempo in Abnormal Child Psychology : An Historical Overview and Introduction to the Special Section. *Journal of Abnormal Child Psychology*, *42*, 1-6.

Bouvard, M. (2016). *Trouble Déficit de l'Attention avec ou sans Hyperactivité. Approche développementale.* Dunod.

CADDRA. (2020). *Lignes directrices canadiennes pour le TDAH, édition 4.1.*

Danckaerts, M., & Coghill, D. (2019). Children and Adolescents. Assessment in everyday clinical practice. In T. Banaschweski, D. Coghill, A. Zuddas (eds.), *Oxford Textbook of Attention Deficit Hyperactivity Disorder* (p. 296-305). Oxford University Press.

Haute Autorité de santé. (2014). *Conduite à tenir en médecine de premier recours devant un enfant ou un adolescent susceptible d'avoir un trouble déficit de l'attention avec ou sans hyperactivité.*

McElligott, J. T., Lemay, J. R., O'Brien, E. S., Roland, V. A., Basco. Jr, W. T., & Roberts, J. R. (2014). Practice patterns and guideline adherence in the management of attention deficit/hyperactivity disorder. *Clinical Pediatrics*, *53*(10), 960-966.

Mulraney, M., Arrondo, G., Musullulu, H., Itumendi-Sabater, I., Cortese, S., Westwood, S. J., … Coghill D. (2022). Systematic Review and Meta-Analysis : Screening Tools for Attention-Deficit/Hyperactivity Disorder in Children and Adolescents. *Journal of the American Academy of Child and Adolescent Psychiatry*, *61*(8), 982-996.

NICE (2018). *Attention deficit hyperactivity disorder : diagnosis and management.* The National Institute for Health and Care Excellente (NICE).

Organisation mondiale de la santé. (2022). *Classification internationale des maladies, 11e édition (CIM-11).*

Pliszka, S., and the AACAP Work Group on Quality Issues (2007). Practice Parameter for the Assessment and Treatment of Children and Adolescents With Attention-Deficit/Hyperactivty Disorder. *Journal of the American Academy of Child and Adolescent Psychiatry*, *46*(7), 7894-921.

Vera, L. (2015). *TDA/H chez l'enfant et l'adolescent. Trouble Déficit de l'Attention/Hyperactivité.* Dunod.

Wolraich, M. L., Hagan, J. F., Allan, C., Chan, E., Davison, D., Earls M, … Subcommittee on Children and Adolescents with Attention-Deficit/Hyperactive Disorder. (2019). Clinical practice guideline for the diagnosis, evaluation, and treatment of attention-deficit/hyperactivity disorder in children and adolescents. *Pediatrics*, 2019, *144*(4), e20192528.

Chapitre 5

Les troubles associés

Objectifs

- Décrire les troubles associés au TDAH
- Expliquer la nécessité d'investiguer les troubles associés
- Expliquer l'importance d'intégrer les troubles associés dans les stratégies thérapeutiques

Le TDAH est associé à un trouble psychiatrique ou à un trouble des apprentissages dans plus de deux tiers des cas, ce qui nécessite une évaluation et une intégration dans les stratégies thérapeutiques. Étant donné que ces troubles peuvent partager des symptômes ou présenter des similitudes avec le TDAH, il est important de les investiguer soigneusement pour identifier leur présence et déterminer les attitudes thérapeutiques appropriées. Les comorbidités augmentent également le risque du développement d'autres difficultés au cours de l'adolescence et de la transition à l'âge adulte. La présence des troubles associés est également un facteur de la diversité des présentations cliniques.

Parfois, les symptômes des comorbidités peuvent être plus problématiques que ceux du TDAH et être l'indication de mesures thérapeutiques prioritaires. Dans d'autres cas, des enfants atteints de TDAH rencontrent des difficultés, telles que des problèmes de graphomotricité ou de coordination de la motricité fine, des troubles du langage ou du calcul, qui nuisent à leur réussite scolaire.

De plus, l'environnement des jeunes atteints d'un TDAH joue un rôle crucial et peut avoir un impact sur leurs symptômes. Le TDAH et les troubles associés peuvent créer un stress au sein de la famille, et des événements tels qu'une séparation des parents, une maladie grave ou un décès peuvent aggraver les symptômes de l'enfant ou de l'adolescent.

L'évaluation de la présence d'un TDAH doit inclure la recherche de symptômes actuels ou passés tels que l'anxiété excessive, les troubles de l'humeur, les troubles du comportement, les troubles moteurs, les compulsions, les pensées perturbantes ainsi que les troubles de la coordination, des apprentissages et de la communication. Il est essentiel de prendre en considération la situation globale d'un enfant ou d'un adolescent atteint de TDAH et de tenir compte de la présence de troubles associés tout au long de l'investigation et de l'évolution au fil des années.

Les troubles associés les plus fréquents durant l'enfance et l'adolescence sont les suivants :

- Troubles du langage oral et écrit.
- Dyscalculie.
- Trouble de la coordination.
- Troubles anxieux.
- Troubles dépressifs.
- Troubles du comportement.
- Trouble disruptif avec dysrégulation de l'humeur ou trouble de la dysrégulation émotionnelle et comportementale sévère).
- Troubles moteurs.
- Trouble du spectre de l'autisme.
- Abus de substances.
- Troubles du sommeil.
- Obésité.
- Allergies.

D'autres problèmes peuvent présenter un profil clinique similaire à celui du TDAH ou comporter des symptômes présents dans le TDAH (par exemple, déprivation de sommeil, deuil, rupture de liens affectifs, insuffisances dans le soutien éducatif, dysfonction thyroïdienne, trouble de la glycémie, tumeur endocrinienne, effets secondaires de médicaments, consommation ou sevrage de substances psychoactives).

Cependant, il est important de noter que dans la plupart des cas, ces troubles peuvent être traités s'ils sont identifiés précocement et intégrés dans le plan de traitement, en évaluant régulièrement leur présence et leur impact, et en prenant des mesures appropriées. De plus, si un enfant a déjà été diagnostiqué avec un TDAH mais ne montre que peu d'effets avec les traitements entrepris (par exemple, médication, guidance parentale, psychothérapie), il est recommandé de réévaluer la situation clinique pour rechercher la présence de comorbidités, qui peuvent jouer un rôle significatif dans ses souffrances et ses difficultés. Il est également important de ne pas négliger les autres membres de la famille qui peuvent être affectés par le TDAH du sujet diagnostiqué, ou présenter eux-mêmes un TDAH ou des troubles associés.

Nous allons explorer les caractéristiques des troubles associés afin de faciliter leur repérage et de permettre une meilleure compréhension de leurs caractéristiques. Ces descriptions cliniques ne permettent pas de poser un diagnostic, mais elles peuvent vous fournir des indications sur la possibilité de leur présence, ce qui pourrait alors nécessiter une évaluation des troubles associés par un médecin, des troubles de la coordination par un(e) ergothérapeute ou un(e) psychomotricien(ne), et des troubles des apprentissages par un(e) orthophoniste ou un(e) neuropsychologue.

1 Troubles des apprentissages

Les problèmes scolaires des enfants atteints d'un TDAH sont souvent liés à des difficultés d'apprentissage, notamment des problèmes de performance et d'organisation, comme nous l'avons développé dans le chapitre 4. Environ 25 à 40 % de ces enfants présentent des troubles spécifiques des apprentissages qui les pénalisent fortement par rapport à leurs capacités et qui peuvent avoir des conséquences négatives sur leur parcours scolaire et sur leur formation professionnelle, en association avec les difficultés liées au TDAH. D'autre part, environ 15 à 40 % des sujets présentant un trouble des apprentissages ont également les critères d'un TDAH. Pour ces raisons, il est très important de garder à l'esprit la possibilité de la présence d'un trouble des apprentissages et de réaliser un bilan en cas de doute ou de suspicion auprès de professionnels expérimentés.

Troubles du langage oral et écrit

Malgré des aptitudes apparentes normales, les enfants avec TDAH peuvent présenter des compétences communicationnelles réduites en raison de difficultés à suivre les règles de conversation et à contrôler leur langage. Ils peuvent notamment avoir du mal à suivre des conversations, planifier leurs propos, choisir le bon moment pour parler, et adapter leur manière de communiquer. Ils peuvent également parler fort, interrompre les autres, répondre de manière inappropriée et ne pas respecter les tours de parole.

Les enfants avec des difficultés langagières ont souvent du mal à apprendre le vocabulaire, à comprendre la grammaire et la syntaxe, et à saisir des idées implicites ou des consignes. Ils peuvent aussi avoir des difficultés à faire des liens logiques, comprendre les intentions dans les histoires et à s'exprimer de manière claire et organisée, surtout lorsqu'ils doivent expliquer leurs idées ou répondre de manière concise avec un vocabulaire précis.

Entre 15 et 40 % des enfants avec TDAH rencontrent des difficultés de lecture. Ces difficultés englobent un problème de compréhension de base de la lecture, une faible aptitude phonologique, et une lente reconnaissance des lettres et des chiffres. Ces enfants peuvent également éprouver des soucis pour mémoriser et comprendre les textes. Ils peinent à se souvenir des détails des histoires et à organiser et comprendre clairement les récits.

Les difficultés d'expression écrite sont fréquentes et se manifestent par une rédaction peu fluide et mal organisée, comportant des erreurs orthographiques et une écriture difficilement lisible. Incluant également une planification insuffisante et des phrases mal construites, elles peuvent être liées à des déficits de la mémoire de travail et des problèmes de motricité fine et de coordination.

Si des troubles du langage oral ou écrit sont suspectés, il est fortement recommandé de consulter un(e) orthophoniste, ou un(e) logopédiste, pour une évaluation approfondie et, si nécessaire, un traitement. Il est aussi essentiel de collaborer étroitement avec les enseignants et un spécialiste du langage pour adapter la scolarité de l'enfant en fonction de ses besoins.

REMARQUE

Entre 25 et 40 % des enfants atteints de TDAH présentent également des signes de troubles spécifiques du langage avec des retards ou des troubles spécifiques des apprentissages, comme la dyslexie et la dysorthographie, qui peuvent aggraver les difficultés scolaires et augmenter le risque d'échec à l'école.

Dyscalculie

La dyscalculie développementale entraîne de sérieuses difficultés pour apprendre et mémoriser des opérations mathématiques simples en raison de problèmes spécifiques dans le traitement de base des nombres et quantités.

Si une dyscalculie est soupçonnée, il est crucial d'évaluer l'attention de l'enfant car des erreurs en mathématiques peuvent découler de moments d'inattention et d'une capacité réduite à se concentrer. De plus, des capacités limitées de mémoire de travail, provoquant une lenteur dans l'assimilation et le calcul des informations, ainsi que l'usage de stratégies mémorielles inefficaces, peuvent entraîner des difficultés, notamment pour mémoriser les tables d'addition et de multiplication.

Bien que la dyscalculie et les difficultés générales en mathématiques, qui touchent environ un tiers des personnes, soient parfois difficiles à différencier, le diagnostic de dyscalculie n'est généralement pas posé avant l'âge de 8 ans. Toutefois, les problèmes avec des tâches mathématiques simples tôt dans la scolarité devraient alerter enseignants et parents.

REMARQUE

La dyscalculie toucherait entre 3 à 6 % de la population scolaire, et entre 15 à 25 % des enfants dyscalculiques présenteraient également un TDAH. Environ un tiers des enfants atteints de TDAH rencontrent des difficultés dans l'apprentissage des mathématiques, et leurs compétences en mathématiques sont souvent inférieures de 8 à 10 % de celles des jeunes de leur âge.

Trouble de la coordination

Entre 30 et 50 % des enfants atteints de TDAH ont des difficultés avec des mouvements et la coordination. Ces enfants peuvent être plus maladroits que leurs pairs, montrant des retards dans le développement de mouvements communs et des compétences posturales.

Le trouble de l'acquisition de la coordination est parfois appelé dyspraxie de développement, et il peut être repéré chez les enfants d'âge préscolaire en présentant les caractéristiques suivantes :

- Maladresse dans les activités quotidiennes et sportives (comme des difficultés à boutonner un vêtement, à attraper une balle ou à faire du vélo) ;
- Mouvements lents et imprécis dans l'utilisation d'objets et de l'écriture ;
- Retards importants dans les étapes du développement moteur (comme apprendre à marcher) ;
- Écriture de mauvaise qualité ;
- Difficultés importantes dans les activités sportives et les jeux d'équipe.

Si vous suspectez un trouble, discutez avec le pédiatre pour envisager une évaluation chez un(e) ergothérapeute ou un(e) psychomotricien(ne) et, si nécessaire, mettre en place des aides thérapeutiques pour améliorer les compétences quotidiennes et sportives de l'enfant pendant son développement. Les études indiquent que les psychostimulants et les thérapies pour améliorer la coordination peuvent aider à diminuer ces difficultés.

REMARQUE

Le trouble de l'acquisition de la coordination peut sérieusement impacter les activités quotidiennes des enfants, menant parfois à l'évitement de certaines tâches, à une baisse de l'estime de soi, et à l'exclusion ou la stigmatisation.

2 Troubles anxieux

L'anxiété, se manifestant sous diverses formes, est présente chez 25 à 33 % des enfants et adolescents atteint de TDAH, incluant des problèmes tels que l'anxiété généralisée et l'angoisse de séparation. Les enfants anxieux expriment souvent leurs inquiétudes à travers des peurs liées à des situations précises, des épisodes de panique inexpliqués et des plaintes physiques comme des maux de ventre. Contrairement au TDAH, l'anxiété tend moins à se manifester par des problèmes comportementaux et relationnels, car elle peut entraîner une certaine inhibition de l'enfant.

Si vous suspectez un trouble anxieux, il est recommandé de consulter un médecin pédiatre ou un pédopsychiatre pour évaluer sa nature et, si nécessaire, envisager un traitement approprié.

Résumé

- L'anxiété est souvent associée au TDAH chez les enfants ou les adolescents avec TDAH et elle peut dans certains cas être également l'indication d'un traitement.
- L'anxiété peut causer des problèmes de concentration et de l'agitation, ce qui peut parfois être confondu avec les symptômes du TDAH.

3 Troubles dépressifs

Le diagnostic des troubles dépressifs et de l'humeur peut être difficile à poser chez un enfant ou un adolescent, car les symptômes, comme l'irritabilité, les changements d'humeur, les réactions excessives aux déceptions et aux frustrations, peuvent être discrets. Des études suggèrent que jusqu'à 20 à 30 % des enfants et des adolescents atteints de TDAH peuvent aussi souffrir de troubles dépressifs à un moment donné. Si ces symptômes sont importants, il est recommandé d'explorer cette piste diagnostique. Les formes cliniques sont les suivantes.

Trouble dépressif majeur

Cette forme grave de dépression entraîne une grande tristesse et un manque d'intérêt pour les activités habituelles. Les personnes peuvent également avoir des problèmes de sommeil et d'appétit, se sentir fatiguées, coupables, irritables, avoir du mal à se concentrer, une faible estime de soi et parfois penser au suicide.

Dysthymie

Il s'agit d'une forme de dépression chronique caractérisée par des symptômes similaires au trouble dépressif majeur, mais moins intenses, et qui persiste sur une période prolongée d'au moins 2 ans.

Trouble bipolaire

Le diagnostic de ce trouble de l'humeur chez les enfants et adolescents est complexe en raison de ses diverses manifestations et de sa rareté comparée à l'âge adulte. Généralement, il survient à la fin de l'adolescence, marqué par des sautes d'humeur notables, des épisodes de bonne humeur pouvant alterner avec des périodes dépressives et, souvent, une irritabilité marquée, parfois jusqu'à l'agressivité. Les symptômes dépressifs peuvent durer de plusieurs jours à plusieurs semaines. Contrairement à la forme adulte, les symptômes du trouble bipolaire chez les jeunes peuvent se caractérisent par un début mixte et des cycles rapides entre les phases d'excitation maniaque et dépressives. Le trouble bipolaire est rare avant l'âge de 15 ans et son existence chez les enfants plus jeunes est controversée.

Si vous suspectez un trouble dépressif ou de l'humeur chez votre enfant ou adolescent, il est fortement recommandé de consulter un médecin pédiatre ou un pédopsychiatre pour une évaluation, et, si nécessaire, envisager un traitement approprié.

Résumé

- La présentation clinique des troubles dépressifs et de l'humeur chez l'enfant et l'adolescent comporte des différences par rapport à celle de l'âge adulte.
- Les enfants et les adolescents atteints d'un TDAH ne présentent pas un risque plus élevé de comportement suicidaire.
- Cependant, si un jeune présente une dépression majeure ou un trouble bipolaire, ce risque peut augmenter en présence d'une impulsivité. Lorsqu'un jeune exprime des pensées suicidaires, il faut prendre cette situation avec le plus grand sérieux et consulter immédiatement un médecin pour évaluer la situation clinique et envisager les mesures thérapeutiques adéquates si nécessaire.

4 Troubles du comportement

Les troubles du comportement sont présents chez 27 à 55 % des enfants et adolescents atteint de TDAH selon les études. Ils se manifestent par des crises de colère, de l'agressivité et un manque de respect des règles sociales. Bien que ces comportements puissent perturber l'école et la famille et qu'ils puissent ressembler à l'hyperactivité et à l'impulsivité du TDAH, ils sont différents et apparaissent de manière indépendante.

Les troubles du comportement se distinguent par leur constance et leur impact et se manifestent sous deux formes cliniques principales : le trouble oppositionnel avec provocation et le trouble des conduites.

Trouble oppositionnel avec provocation

Ce trouble chez l'enfant ou l'adolescent se caractérise par des disputes, une susceptibilité, une irritabilité, des crises de colère, une hostilité, des difficultés à obéir aux demandes des adultes et une tendance à rejeter la faute sur les autres. Ce trouble entraîne souvent des conflits avec la fratrie, les pairs et les figures d'autorité, ce qui génère des sanctions dans les cadres scolaire et familial. Ces comportements sont persistants et peuvent avoir des conséquences négatives sur la vie sociale et scolaire. Dans certains cas, ce trouble peut s'aggraver significativement et évoluer vers un trouble des conduites.

Trouble des conduites

Ce trouble est plus rare et plus grave que le trouble précédent, car il implique des comportements agressifs et délinquants répétés et persistants qui ne respectent pas les autres et qui ne suivent pas les règles sociales appropriées correspondant à l'âge. Les symptômes peuvent être soit physiquement agressifs (par exemple, déclencher des bagarres, agresser des personnes), soit ne pas comporter des actes physiques sur les autres (par exemple, mentir pour tromper les autres, vols, vandalisme). Le trouble des conduites se caractérise également par un manque de remords ou de culpabilité pour ces actions. Ces enfants et adolescents ont aussi une faible tolérance à la frustration et dénoncent facilement les autres ou tentent que leurs méfaits soient attribués aux autres.

Les difficultés à l'école sont fréquentes à cause des comportements perturbateurs, comme manquer les cours et avoir des conflits avec les enseignants et les élèves. Les performances scolaires en souffrent. Associés à l'impulsivité du

TDAH, ces comportements peuvent mener à des punitions à l'école, voire à l'exclusion dans les cas les plus graves.

L'association fréquente du TDAH avec ces deux formes de troubles du comportement aggrave les symptômes de chacun d'entre eux et suscite des préoccupations quant à l'évolution de ces enfants et de ces adolescents. Pour ces raisons, il est fortement recommandé de mettre en place des interventions dès que possible, qui peuvent inclure une thérapie individuelle, une thérapie familiale, et d'autres approches visant à réduire les problèmes de comportement, à développer des compétences sociales positives, ainsi qu'à encourager l'engagement dans les études et les formations professionnelles.

Résumé

Les troubles du comportement se manifestent par des crises de colère, de l'agressivité et un manque de respect des règles sociales. Ils comportent le trouble oppositionnel avec provocation qui se traduit par un comportement de défi, de colère et de refus de suivre les règles ; et le trouble des conduites qui est plus grave en comportant des comportements agressifs et délinquants répétés avec une absence de remords ou de culpabilité Ces troubles peuvent avoir des conséquences sur la scolarité, les relations familiales et sociales. Ils sont l'indication de mettre en place des interventions thérapeutiques appropriées à chaque situation.

5 Trouble disruptif avec dysrégulation de l'humeur

Ce trouble a été introduit dans le DSM-5 afin de mieux identifier ces enfants et ces adolescents qui recevaient le plus souvent le diagnostic de trouble bipolaire et étaient traités par des stabilisateurs de l'humeur aux États-Unis. Dans la littérature francophone, il correspond globalement à la dysrégulation émotionnelle et comportementale sévère (DES). Ce trouble est caractérisé par des problèmes de régulation émotionnelle comportant une irritabilité chronique excessive et des crises de colère disproportionnées et répétées avec une hyperréactivité aux stimuli négatifs, sans être forcément associées à une opposition systématique aux règles, et comprenant des manifestations verbales et comportementales. Ces crises ne correspondent pas au niveau de développement de l'enfant et surviennent au moins trois fois par semaine en moyenne. Elles doivent débuter avant l'âge de 10 ans, durer depuis plus d'un an sans période d'interruption de 3 mois, et avoir un retentissement dans au moins deux domaines de la vie de l'enfant (par exemple, la maison, l'école, avec les pairs). Ces enfants présentent une instabilité thymique associée à une dysphorie sans être une prédisposition pour un trouble bipolaire, mais pour des troubles dépressifs survenant à l'âge adulte. La coexistence d'un TDAH et du trouble de dysrégulation émotionnelle est souvent associée à des difficultés dans les relations avec les pairs et d'intégration sociale.

Le diagnostic du trouble disruptif avec dysrégulation de l'humeur ou de la dysrégulation émotionnelle et comportementale sévère est un défi pour les cliniciens car il peut être confondu avec d'autres troubles, tels que le TDAH, le trouble oppositionnel avec provocation ou le trouble bipolaire. Ces troubles comportent des difficultés de régulation émotionnelle avec une labilité émotionnelle importante ou sévère. L'irritabilité s'observe chez 4 à 24 % des enfants et des adolescents et elle est omniprésente dans la psychopathologie. Elle a trop souvent été considérée comme un élément central du diagnostic d'un trouble bipolaire durant les décennies 1990 et 2000 aux États-Unis. L'évaluation de l'irritabilité nécessite le recueil des descriptions de son apparition, de sa fréquence, de son intensité et des comportements en tenant compte de l'âge, du contexte et de l'environnement. Un diagnostic précis est important pour orienter le traitement approprié, qui peut inclure une thérapie individuelle, une thérapie familiale et, dans certains cas, un traitement médicamenteux. La pertinence de cette entité diagnostique suscite des débats entre les spécialistes ainsi que sur les options thérapeutiques qui pourraient être efficaces.

6 Troubles moteurs

Les troubles moteurs associés au TDAH chez les enfants et les adolescents sont les suivants : tics, syndrome de Gilles de la Tourette et trouble obsessionnel-compulsif (TOC). Les tics sont présents chez environ 20 % des jeunes ayant un TDAH, alors qu'environ 5 % de ces jeunes peuvent présenter un TOC.

Tics

Les tics moteurs sont des mouvements ou des sons involontaires et répétitifs. Ils peuvent être simples, comme un clignement d'œil, ou complexes, impliquant plus de parties du corps ou de sons, et peuvent parfois être temporairement contrôlés. Ils peuvent aussi être des mouvements, comme jouer avec ses cheveux, ou des paroles, voire parfois des grossièretés.

Les tics sont communs chez les enfants, touchant jusqu'à 24 % d'entre eux. Ils apparaissent souvent vers 5 ans et diminuent généralement vers 12 ans. Bien qu'habituellement non graves, ils peuvent perturber la vie quotidienne. Lorsqu'ils sont associés au TDAH, ce dernier apparaît en général 2 à 3 ans avant eux.

Syndrome de Gilles de la Tourette

Ce trouble chronique est rare avec une prévalence de 0,1 à 1 % selon les études. Il est très handicapant en raison des tics moteurs et vocaux qui se manifestent souvent par des gestes brutaux, stéréotypés et incontrôlés, des grimaces, ainsi que des productions sonores sous forme de cris, aboiements, raclements de gorge, et dans moins de 20 % des cas de la coprolalie avec des injures ou des mots grossiers.

Les premiers symptômes apparaissent en moyenne vers 7-8 ans avec habituellement une diminution vers la fin de l'adolescence. Bien qu'environ 50 % de ces sujets présentent des symptômes d'inattention, d'agitation et d'impulsivité, le TDAH et le syndrome de Gilles de la Tourette sont deux pathologies distinctes et indépendantes.

Trouble obsessionnel-compulsif

Le TOC est présent chez environ 4 à 8 % des enfants et des adolescents avec un TDAH. Il est caractérisé par la présence de pensées et des images persistantes et dérangeantes, ainsi que par des comportements répétitifs ou des gestes, souvent ressentis comme nécessaires pour diminuer l'angoisse. Les TOC peuvent être liés à d'autres problèmes d'anxiété, comme l'anxiété généralisée ou la panique.

La guérison totale du TOC à l'âge adulte est rare et dépend de nombreux facteurs. Environ la moitié des personnes continuent à présenter des symptômes gênants, avec des périodes durant lesquelles ils peuvent diminuer ou disparaître.

L'association entre le TDAH et les tics est reconnue, touchant environ 20 à 50 % des jeunes avec le syndrome de Gilles de la Tourette. Les taux de coexistence entre le TDAH et le TOC varient, mais il est fréquent que ces troubles apparaissent ensemble, parfois avec un trouble anxieux.

Il est vivement recommandé d'examiner la présence de ces troubles moteurs et, si nécessaire, d'entreprendre les approches appropriées en parallèle avec les prises en charge du TDAH.

Résumé

- Les tics moteurs touchent environ 20 % des jeunes atteints de TDAH et le TDAH a tendance à apparaître en général 2 à 3 ans avant les tics.
- Le syndrome de Gilles de la Tourette est rare et comporte des symptômes qui perturbent la qualité de vie.
- Le TOC se caractérise par des pensées persistantes et des comportements répétitifs visant à réduire l'angoisse.
- Il est fortement recommandé d'examiner la présence de ces troubles moteurs chez les personnes atteintes de TDAH et d'entreprendre les approches thérapeutiques appropriées en parallèle avec la prise en charge du TDAH.

7 Troubles du spectre de l'autisme

Les troubles du spectre de l'autisme (TSA) sont des troubles du développement caractérisés selon les critères du DSM-5-TR par :

- Des déficits de la communication et des interactions sociales observés dans des contextes variés :

– réciprocité sociale et émotionnelle (difficultés à amorcer les interactions sociales ou à y répondre, difficultés à partager spontanément des intérêts, des réalisations ou des émotions) ;

– déficits des comportements de communication non verbaux (contact visuel réduit pour communiquer, utilisation réduite des gestes, expression faciale réduite, semble être déconnecté, utilisation possible de quelqu'un d'autre pour obtenir un objet désiré, sans contact visuel) ;

– incapacité d'établir ou d'entretenir une relation (intérêt réduit ou atypique envers les camarades, difficulté à partager des jeux imaginatifs avec les camarades).

- Le caractère restreint et répétitif des comportements, des intérêts ou des activités :

– caractère stéréotypé du langage ou du comportement (répétition de mots ou d'expression, activités répétitives avec des objets, mouvements répétitifs du corps, des bras, des mains ou des doigts, postures rigides et transitoires des mains et de tout le corps) ;

– intolérance ou résistance au changement (port des mêmes vêtements ou d'une seule couleur chaque jour, consommation des mêmes aliments chaque jour, détresse en cas de changements de trajets) ;

- intérêts restreints et fixes (attachement inhabituellement intense ou restreint à des sujets ou à des objets)

Les signes des TSA apparaissent généralement entre les âges de 18 mois et 3 ans. Les signes ou les symptômes doivent être présents dès les étapes précoces du développement, mais peuvent ne pas se manifester entièrement tant que les demandes sociales n'excèdent les capacités limitées, ou ils peuvent être masqués plus tard par des stratégies apprises. Les symptômes perturbent le fonctionnement quotidien, ne sont pas mieux expliqués par un handicap intellectuel ou un retard global du développement.

Le diagnostic nécessite une approche pluridisciplinaire par des professionnels de la santé mentale et du développement expérimentés. Le processus de diagnostic comprend généralement plusieurs étapes, notamment une évaluation clinique approfondie, l'observation directe de l'enfant ou de l'adolescent, l'utilisation de questionnaires standardisés, l'évaluation des capacités intellectuelles, ainsi que des entretiens avec les parents et les professionnels de la petite enfance ou les enseignants. Cette approche interdisciplinaire permet d'obtenir une vision complète du développement et du fonctionnement de l'enfant.

La complexité et l'hétérogénéité du TSA sont liées à la fois à des facteurs développementaux, tels que l'âge et le QI, et à des facteurs environnementaux, tels que la disponibilité de soutien, y compris des services éducatifs individualisés et des interventions en orthophonie, langage et comportement. Le handicap intellectuel, les troubles du langage, ainsi que les affections médicales et psychiatriques, telles que l'épilepsie, les problèmes de sommeil, l'anxiété et la dépression, sont courants. Environ 23 % des personnes atteintes de TSA sont susceptibles de présenter également un TDAH, et approximativement 29 % des compétences « savantes » ou spéciales, qui se manifestent le plus souvent dans la mémoire, l'art, la musique, le calcul mental et le calcul de calendrier (par exemple, la capacité à fournir le jour de la semaine pour n'importe quelle date remontant à des centaines d'années).

Comme pour le TDAH, les TSA présentent des profils cliniques variés, avec des symptômes qui diffèrent en gravité et en évolution d'un individu à l'autre. Certains peuvent avoir des symptômes légers, tandis que d'autres ont des symptômes plus sévères. Les formes graves de TSA impliquent des problèmes importants de langage, de communication, de compétences sociales et des comportements atypiques. Les TSA se manifestent dès la petite enfance, même si le diagnostic peut être posé plus tard, y compris à l'âge adulte. Ils tendent généralement à persister tout au long de la vie, mais des améliorations peuvent survenir dans un nombre significatif de situations avec des prises en charge appropriées directes auprès des enfants et l'accompagnement des parents considérés comme des partenaires. Il est recommandé de réaliser des programmes d'intervention précoce qui tendent à améliorer la qualité de vie et modifier les trajectoires développementales.

Le syndrome d'Asperger est une forme particulière qui partage certains critères de diagnostic avec l'autisme. Cependant, la différence réside dans le fait que le développement durant les trois premières années doit être typique, ceci sans des retards ou des anomalies précoces dans le développement, ni la présence de problèmes de communication réciproque significatifs. En respectant strictement les critères diagnostiques, moins de 2 % des sujets ayant un TSA répondent à ceux d'un syndrome d'Asperger.

Le nombre d'enfants ayant à la fois un TSA et un TDAH est difficile à estimer en raison de la fréquente coexistence de symptômes d'inattention, d'impulsivité et d'hyperactivité, ainsi que de difficultés exécutives. Cette combinaison des deux troubles a un impact significatif sur la qualité de vie des personnes concernées et rend essentielle la prise en compte des caractéristiques spécifiques de chaque situation clinique afin de définir une stratégie thérapeutique adaptée et pluridimensionnelle.

Si vous suspectez la présence d'un TSA ou d'un syndrome d'Asperger chez votre enfant, il est recommandé de procéder à une évaluation diagnostique approfondie auprès de professionnels expérimentés. Ils pourront déterminer si votre enfant présente ou non l'un de ces troubles et, le cas échéant, vous expliquer les éventuels chevauchements avec le TDAH ainsi que les particularités de chacun d'entre eux chez votre enfant.

Plusieurs études ont montré que les médications couramment utilisées dans le traitement du TDAH, comme les psychostimulants ou l'atomoxétine, peuvent améliorer les symptômes du TDAH chez la plupart des personnes qui ont à la fois le TDAH et le TSA. En revanche, aucune intervention pharmacologique n'a montré une efficacité pour les symptômes diagnostiques fondamentaux du TSA. Les médicaments tels que l'aripiprazole et la rispéridone peuvent atténuer la dysrégulation comportementale et émotionnelle qui coexiste chez les individus atteints de TSA, et la mélatonine peut être utile pour les troubles du sommeil.

Les interventions thérapeutiques recommandées pour le TDAH, telles que les trainings parentaux et les thérapies cognitivo-comportementales, se sont révélées efficaces. Ces approches se concentrent sur l'obtention d'un changement de comportement reposant sur la compréhension et la manipulation des conditions environnementales prédisposantes ou des événements qui peuvent renforcer des comportements spécifiques après leur occurrence. Il est important d'adapter les stratégies thérapeutiques en fonction des caractéristiques cliniques spécifiques liées au TSA. Il est également conseillé de mettre en place des approches visant à améliorer les compétences cognitives et sociales, en se concentrant sur les difficultés propres à ce groupe de personnes tout en tenant compte de leur diversité clinique. De nombreux programmes ont été développés, pouvant impliquer la participation active des parents et des enseignants par rapport à des situations concrètes de la vie de l'enfant. En observant les problèmes relationnels et sociaux chez les enfants ou les adolescents atteints des deux troubles, nous pouvons mieux comprendre leur impact potentiel et leur importance dans la prise en charge du TDAH. Il est essentiel d'intégrer ces aspects de manière plus ciblée pour agir sur l'impact social potentiel durant le développement et la transition vers l'âge adulte.

Résumé

- Les signes du TSA apparaissent généralement entre 18 mois et 3 ans.
- Le diagnostic nécessite une approche pluridisciplinaire par des professionnels expérimentés.
- Comme pour le TDAH, le TSA comporte des profils cliniques variés d'un enfant à un autre.
- Le syndrome d'Asperger est une forme particulière qui partage certains critères avec l'autisme. Cependant, la différence réside dans le fait que le développement durant les trois premières années doit être typique, ceci sans des retards ou des anomalies précoces dans le développement, ni la présence de problèmes de communication réciproque significatifs.
- Lorsque le TDAH et le TSA sont présents simultanément, il est essentiel de prendre en compte les caractéristiques spécifiques de chaque situation clinique afin de définir une stratégie thérapeutique adaptée et pluridimensionnelle.

8 Abus de substances

L'association entre le TDAH et l'abus de substances peut devenir un problème significatif à partir de l'adolescence et à l'âge adulte. En l'absence de prise en charge adéquate ou en cas de traitement insuffisant, certains adolescents avec un TDAH présentent un risque plus élevé de consommer des substances à un âge précoce et de développer une dépendance. Cette association a été observée pour la consommation de tabac, d'alcool et de cannabis.

Des études menées avec des adolescents dépendants de substances ont révélé qu'environ 20 à 30 % d'entre eux présentaient un TDAH. Les individus atteints de TDAH ont tendance à commencer la consommation de substances plus tôt, comme une automédication pour faire face au mal-être et à des symptômes du TDAH, à développer plus rapidement une dépendance, et à subir des conséquences plus graves sur leur qualité de vie, y compris leur santé, leurs relations familiales et sociales, leur situation financière et leur statut légal. Il est également plus courant de constater un début précoce de la consommation de tabac, d'alcool et de cannabis chez les personnes présentant une hyperactivité/impulsivité prédominante ou un TDAH combiné par rapport à celles ayant un trouble de l'attention prédominant.

Le TDAH pourrait être un facteur de vulnérabilité au développement de la consommation de substances à l'adolescence, incluant une tendance à l'automédication pour faire face au mal-être et à certains symptômes du TDAH, ainsi que la recherche de sensations.

La présence d'un trouble des conduites, d'un trouble oppositionnel avec provocation ou d'un trouble bipolaire augmente le risque de consommation précoce de substances chez les adolescents et les adultes atteints de TDAH. De plus, l'impulsivité, la prise de décisions irréfléchies, la perte de contrôle comportemental et la recherche de sensations sont également des facteurs de risque supplémentaires pour le développement de comportements addictifs en cas de TDAH.

Ces observations mettent en évidence le rôle significatif de ces troubles associés dans le développement de la consommation de substances. Par ailleurs, la prise de substances expose au risque de recourir à des substances plus puissantes et susceptibles de favoriser le développement d'une dépendance.

Les études montrent que la prise de médicaments pour le TDAH pendant l'enfance et l'adolescence diminue significativement le risque de consommation de substances à l'adolescence et de développement d'une dépendance. Ces recherches ont principalement porté sur des adolescents et des adultes atteints de TDAH ayant des problèmes d'addiction, ainsi que sur des groupes d'adolescents. De plus, ce risque semble être moins élevé chez les adolescents atteints de TDAH présentant des symptômes moins graves et ayant une meilleure capacité à contrôler leur impulsivité et leur recherche de sensations.

Il est fortement recommandé d'effectuer une évaluation clinique approfondie en cas de suspicion de consommation de substances chez un adolescent. Cette évaluation devrait être réalisée par des professionnels expérimentés et tenir compte à la fois des aspects liés au TDAH et de ceux liés à la consommation de substances, en prenant en considération les particularités de chaque cas.

En fonction de la situation, les approches thérapeutiques peuvent inclure une psychothérapie individuelle, une thérapie familiale, une médication (de préférence des psychostimulants à action prolongée, de l'atomoxétine, voire du bupropion dans certains cas), ainsi que d'autres interventions tenant compte à la fois du TDAH et des troubles associés. Lors de la prescription de psychostimulants, il est essentiel de surveiller les risques de consommations non médicales par le patient lui-même ou par son entourage.

Résumé

- Le TDAH peut être un facteur de vulnérabilité au développement de la consommation de substances à l'adolescence, en particulier en présence de troubles associés tels qu'un trouble des conduites, un trouble oppositionnel avec provocation ou un trouble bipolaire.
- Les études montrent que la prise de médicaments pour le TDAH, en particulier des stimulants, n'augmente pas le risque de développer une consommation de substances à l'adolescence, et peut même contribuer à réduire ce risque.
- Les adolescents ayant un TDAH ont tendance à consommer des substances plus tôt que leurs pairs et à recourir à l'automédication pour faire face au mal-être et à des symptômes du TDAH.
- Les interventions sont généralement pluridimensionnelles, comprenant une composante psychothérapeutique ainsi qu'une composante médicamenteuse.

9 Troubles du sommeil

Les troubles du sommeil sont fréquents chez les enfants et adolescents atteints de TDAH, touchant environ 50 à 70 % d'entre eux. Les problèmes de sommeil les plus courants comprennent des difficultés à s'endormir, à rester au lit et le fait de se réveiller la nuit, tandis que certains présentent des troubles spécifiques tels que le syndrome des jambes sans repos, le trouble périodique des mouvements des membres et les troubles respiratoires pendant le sommeil. À l'adolescence, ces problèmes de sommeil évoluent, avec moins de somnambulisme et de terreurs nocturnes, mais davantage d'insomnie et de décalage du rythme de sommeil, probablement en raison de divers facteurs biologiques, psychosociaux et environnementaux.

Ces problèmes de sommeil ont un impact important sur les jeunes et le fonctionnement de la famille. Ils sont associés à une fatigue accrue et entraînent une diminution des capacités de concentration et des fonctions exécutives, comme celles de la mémoire de travail, un affaiblissement de la consolidation de la mémoire à long terme, ainsi qu'à une baisse de l'efficacité scolaire en classe et lors des devoirs.

Les problèmes de sommeil peuvent être temporaires ou durer pendant plusieurs années. Ils sont parfois associés à des symptômes intenses de TDAH lorsque les enfants prennent un médicament qui est généralement un stimulant. Le rythme circadien peut jouer un rôle en raison de facteurs biologiques et environnementaux, comme la lumière bleue produite par l'utilisation de supports électronique ou des activités excitantes le soir avant le coucher qui retardent le début de l'endormissement. La présence de troubles associés chez les enfants peut aussi être impliquée, en particulier des problèmes de comportement, émotionnels et sociaux. Les problèmes de sommeil peuvent avoir des conséquences négatives sur la fréquentation scolaire (par exemple, réticences à aller à l'école, retards fréquents à l'école, absences répétées, risque accru de décrochage scolaire) et sur les performances à l'école (par exemple, baisse de l'attention, des capacités cognitives en classe, comportement plus agité pouvant être perturbateur).

La première étape du traitement consiste à adopter une routine de sommeil régulière. D'autres approches incluent des thérapies comportementales pour le sommeil, l'utilisation à long terme de la mélatonine, ou une combinaison de ces deux méthodes. Dans certains cas, on peut envisager d'utiliser le modafinil, initialement prescrit pour la narcolepsie chez les adultes, même s'il doit être utilisé en dehors des autorisations approuvées par les autorités sanitaires, en tenant compte de son effet sur l'attention, les capacités cognitives et l'apprentissage. Le mazindol, un stimulant du système nerveux central qui avait été utilisé pour l'obésité, pourrait également être une option dans la régulation du cycle veille-sommeil et la diminution des symptômes liés au TDAH, mais des études supplémentaires sont nécessaires pour confirmer son efficacité dans ce contexte. Pour le syndrome des jambes sans repos, il est essentiel de consulter un médecin expérimenté qui peut envisager des traitements spécifiques, tels que des suppléments de fer et de L-dopa en fonction des besoins.

Des recherches impliquant le suivi à long terme des patients sont nécessaires pour préciser les différentes stratégies thérapeutiques et leur combinaison, afin de mieux adapter les traitements aux besoins spécifiques des jeunes ayant un TDAH en ce qui concerne leurs problèmes de sommeil.

Résumé

- Les problèmes de sommeil sont fréquents chez les enfants et les adolescents avec un TDAH et ont des impacts sur leurs performances scolaires et sur la vie de famille.
- À l'adolescence, les problèmes de sommeil comportent davantage d'insomnie et de décalage du rythme de sommeil, probablement en raison de divers facteurs biologiques, psychosociaux et environnementaux.
- Les routines régulières de sommeil sont importantes à mettre en place, ainsi qu'en cas d'indication, la prise d'une médication et d'une approche thérapeutique ciblée sur les problèmes de sommeil en prenant en considération les particularités de chaque situation.

10 Obésité

L'association entre le TDAH et l'obésité peut sembler paradoxale car les personnes en surpoids sont souvent considérées comme étant peu actives. Cependant, les caractéristiques de l'impulsivité et l'inattention propres au TDAH peuvent entraîner des habitudes alimentaires perturbées qui entraînent une prise de poids. Des données récentes suggèrent que des habitudes alimentaires anormales pourraient contribuer à l'augmentation du risque d'obésité chez les individus avec un TDAH, bien que les relations de cause à effet ne soient pas encore concluantes. Cette relation significative entre l'obésité et le TDAH semble s'accentuer de l'enfance à l'âge adulte.

Les mécanismes sous-jacents à cette association entre le TDAH et l'obésité restent hypothétiques et comprennent trois possibilités :

1) l'obésité et/ou des facteurs associés à l'obésité, tels que les troubles respiratoires du sommeil, pourraient contribuer aux symptômes du TDAH ;
2) le TDAH et l'obésité pourraient partager des dysfonctionnements biologiques communs ;
3) le TDAH pourrait augmenter le risque d'obésité.

Les données actuelles suggèrent que le dépistage et le traitement du TDAH chez les personnes obèses pourraient significativement améliorer les résultats du traitement de l'obésité.

11 Allergies

Comme le relèvent des articles scientifiques récents, il existe une longue histoire de recherche et d'hypothèses concernant la relation entre le TDAH et les allergies, notamment divers troubles atopiques tels que les allergies alimentaires, l'eczéma, la rhinite allergique et l'asthme. Bien que les premières études aient donné des résultats contradictoires, des travaux récents utilisant de nouvelles méthodologies suggèrent une association entre le TDAH et la rhinite allergique ainsi que l'eczéma. Les mécanismes possibles sont probablement complexes et restent actuellement au stade d'hypothèses devant être confirmées par des recherches futures.

Bibliographie

Banaschweski, T., Coghill, D., & Zuddas, A. (2019). *Oxford Textbook of Attention Deficit Hyperactivity Disorder*. Oxford University Press.

Bange, F. (2023). *TDA/H. Trouble Déficit de l'Attention/Hyperactivité en 57 notions* (p. 155-169). Dunod.

Barkley, R. (2015). *Attention-Deficit Hyperactivity Disorder. A Handbook for Diagnosis & Treatment* (4th ed.). The Guilford Press.

Barkley, R. (2022). *Treating ADHD in Children and Adolescents. What Every Clinician Needs to Know.* The Guilford Press.

Bouvard, M. (2016). *Trouble Déficit de l'Attention avec ou sans Hyperactivité. Approche développementale.* Dunod.

Brown, T. E. (2009). *ADHD Comorbidities. Handbook for ADHD Complications in Children and Adults.* American Psychiatric Publishing.

Faraone, S. V., Banaschewski, T., Coghiil, D, Zheng, Y., Biederman, J., Bellgrove M. A., ... Wang Y. (2021). The World Federation of ADHD International Consensus Statement : 208 Evidence-based conslusions about the disorder. *Neuroscience & Behavioral Reviews*, *128*, 789-818.

Hinshaw, S. P., & Ellison, K. (2016). *ADHD. What Everyone Needs To Know.* Oxford University Press.

Hirota, T., & King, B. H. (2022). Autism Spectrum Disorder. A Review. *JAMA*, *329*, 157-168.

Masi, L., Guilé, J. M., & Mille, C. (2014). Dysrégulation émotionnelle et comportementale sévère chez l'enfant : évolution nosologique et affiliation aux pathologies de l'humeur. *Neuropsychiatrie de l'Enfance et de l'Adolescence*, *62*, 65-71.

Posner, J., Polanczyk, G. V., & Sonuga-Barke, E. (2020). Attention-deficit hyperactivity disorder. *Lancet*, *395*, 450-462.

Purper-Ouakil, D. (2014). Le trouble disruptif avec dysrégulation de l'humeur. *Annales Médico-Psychologiques*, *172*, 663-666.

Société canadienne de pédiatrie (2019). Le dépistage précoce du trouble du spectre de l'autisme chez le jeune enfant.

Chapitre 6

TDAH et haut potentiel intellectuel

Objectifs

- Définir le concept de Haut potentiel intellectuel (HPI)
- Décrire les caractéristiques intellectuelles et cliniques du HPI
- Décrire les interactions entre le TDAH et le HPI lorsqu'ils coexistent
- Décrire les différentes approches thérapeutiques pour les jeunes avec un TDAH, un HPI, ou les deux

Un haut potentiel intellectuel (HPI) peut coexister dans certains cas et doit être pris en considération sur le plan clinique pour évaluer les rôles respectifs du TDAH et du profil HPI chez les enfants ou les adolescents concernés. Comme le haut potentiel n'est pas considéré comme un trouble mental, il est plus approprié de parler d'identification plutôt que de diagnostic. La question du haut potentiel suscite généralement des opinions tranchées, avec des partisans et des opposants.

Les termes utilisés pour décrire ces enfants et ces adolescents mettent en avant leurs compétences intellectuelles « exceptionnelles » : « doué », « gifted », « surdoué », « précoce », « haut potentiel », « haut potentiel intellectuel » ou « HPI ».

Le terme de « haut potentiel » évoque des aptitudes particulières et suscitent des attentes élevées chez des parents concernant les compétences « hors normes » de leur enfant. Certains parents et certains professionnels critiquent vivement le système éducatif pour son manque de compréhension et de soutien envers les caractéristiques spécifiques de ces enfants.

1 Caractéristiques intellectuelles

En ce qui concerne le quotient intellectuel (QI), la précocité intellectuelle se définit par des capacités intellectuelles significativement supérieures à la moyenne pour l'âge, avec un score de 130 ou plus à l'échelle totale du test de Wechsler WISC-V. Cependant, il est important de noter que le potentiel intellectuel représente une promesse plutôt qu'une certitude quant à une évolution comportant un talent ou des compétences remarquables qui se développeront tout au long de la vie. Un QI élevé indique une probabilité de réussite professionnelle et d'épanouissement, mais cela ne signifie pas nécessairement que les capacités intellectuelles seront utilisées de manière optimale au bon moment.

Le HPI représente une mesure précise de la présence d'une intelligence qui permet à une personne de traiter rapidement et efficacement des opérations cognitives qui est nettement au-dessus de la norme. Cela place le sujet dans le groupe des 2,2 % les plus performants de la population, selon une distribution de la courbe de Gauss. Un score de QI total de 130 correspond statistiquement à deux écarts types au-dessus de la moyenne de 100 (un écart-type étant de 15 points de QI).

Il est important de tenir compte de facteurs qui peuvent causer une performance inférieure aux tests, comme le stress, la fatigue, la dépression, ainsi que des problèmes d'attention, du langage ou des fonctions visuospatiales.

La plupart des gens conservent des scores de QI stables tout au long de leur vie sur le plan statistique. Cependant, il est essentiel de noter que chez certaines personnes, une variation peut se produire, parfois liée à des problèmes de santé mentale. Les tests d'intelligence ne sont réalisables qu'à partir de 6 ou 7 ans, bien que dans certaines situations spéciales, des mesures puissent être effectuées dès l'âge de 2 ans.

Un autre aspect important concerne l'homogénéité des résultats des sous-tests utilisés pour évaluer l'intelligence globale. Il est en effet fréquent que les enfants et les adolescents aient des compétences hétérogènes, avec des performances exceptionnelles dans un domaine particulier tandis que d'autres sont dans la moyenne. Les échelles de Wechsler comprennent une quinzaine de sous-tests évaluant différentes compétences regroupées en cinq indices distincts. Il est intéressant de noter que les indices de mémoire de travail et de vitesse de traitement présentent souvent des performances inférieures par rapport aux autres indices, qui peuvent représenter des zones de grande compétence dans le domaine verbal et/ou perceptif. Ces indices ne servent pas à identifier le haut potentiel, mais ils aident à mieux comprendre le fonctionnement cognitif des individus.

2 Caractéristiques cliniques

Les parents des enfants et des adolescents qui envisagent la présence d'un profil HPI chez leur enfant sont fréquemment confrontés à un imbroglio d'informations et de définitions plus ou moins pertinentes, plus ou moins positives ou négatives quant à leur épanouissement, leur mal-être et leur futur. Dans la tradition francophone, ils ont accès à deux types de description des signes auxquels ils doivent être attentifs :

- D'un côté, il y a les caractéristiques mises en avant à la fin des années 1990 et au début du XXIe siècle par certains cliniciens, qui associent des spécificités intellectuelles et des profils psychologiques, en mettant l'accent sur des problèmes d'adaptation et d'adéquation des environnements scolaires, ce qui peut entraîner une grande souffrance.
  Les caractéristiques couramment associées aux enfants et aux adolescents à HPI incluent :
  - Un quotient intellectuel élevé, généralement supérieur à 130.
  - Une grande curiosité et une forte volonté d'apprendre, surtout quand ils sont intéressés.
  - Des intérêts variés, parfois très spécialisés.
  - Une créativité dans leurs idées et leur pensée.
  - Une excellente mémoire.
  - Une pensée globale et simultanée, une pensée qui explore plusieurs idées à fois (« en arborescence »).
  - Une sensibilité émotionnelle accrue.
  - Une autonomie dans les domaines qui les passionnent.
  - Des précocités dans certains domaines, comme l'apprentissage précoce du langage et de la lecture.
  - Un sentiment de décalage par rapport à leurs pairs.
  - Une tendance à l'isolement social.
  - Une forte sensibilité à la justice.
  - Un manque d'estime de soi ou des fluctuations de l'estime de soi.
  - Des défis scolaires avec un risque accru de décrochage scolaire.
- Cependant, les données actuelles ne montrent pas que ces traits psychologiques sont significativement plus courants chez les personnes ayant un HPI par rapport à la population générale. Le HPI décrit ainsi une spécificité du fonctionnement cognitif sans impliquer un profil psychologique particulier.
  Ces portraits constituent un biais de recrutement lié à la subjectivité des témoignages retenus et à une surreprésentation des personnes rencontrant des difficultés par rapport à celles qui vont bien et qui n'ont pas besoin de consulter. D'après ces données, il apparaît que les enfants et les adolescents HPI ne sont pas systématiquement en échec scolaire et en souffrance, bien que certains puissent effectivement « décrocher » par ennui et manque d'intérêt. Les troubles développementaux tels que le TDAH, la dyspraxie, la dyslexie-dysorthographie, le spectre de l'autisme, ne seraient aussi pas plus fréquemment associés.

- D'un autre côté, il y a les caractéristiques décrites, surtout depuis les années 2010, qui mettent l'accent sur les particularités intellectuelles observées dans la clinique et dans la recherche, sans prendre en compte des aspects psychologiques, à l'exception peut-être d'une sensibilité légèrement plus élevée. Ces caractéristiques ne sont pas présentes chez tout le monde et ne conduisent pas nécessairement à un profil HPI. Le profil HPI présente une grande diversité comprenant les caractéristiques suivantes :

– Un quotient intellectuel élevé, généralement au-dessus de 130.
– Des capacités intellectuelles remarquables.
– Une rapidité dans les apprentissages.
– Des aptitudes pour la réflexion et la compréhension.
– Un intérêt pour des sujets complexes.
– Une grande créativité.
– Une ouverture à la nouveauté et à l'expérience.
– Une ouverture aux idées et à l'imagination.
– Une acquisition précoce de la marche, du langage, de la lecture ou des compétences mathématiques vers l'âge de 3-4 ans.
– Une sensibilité légèrement plus élevée, utilisant l'intelligence pour gérer les émotions.

Comme pour le TDAH, il est important de ne pas s'enfermer dans une étiquette diagnostique réductrice, car cela peut entraver une évaluation globale visant à comprendre les souffrances existentielles et les problèmes psychologiques liés à la singularité du sujet et de son environnement de vie.

L'identification d'une personne HPI doit également prendre en considération la personne dans sa globalité, en examinant les raisons de la demande, le profil psychologique et les caractéristiques de l'environnement familial, scolaire et social.

Les indications pour investiguer la présence d'un HPI sont nombreuses, telles que les demandes d'avancement d'années scolaires, l'ennui en classe, le manque de stimulations en classe ou le décrochage scolaire qui suggèrent une inadéquation par rapport aux besoins cognitifs. De plus, des souffrances existentielles importantes peuvent survenir dans le contexte des caractéristiques intellectuelles décrites précédemment.

3 Présentations cliniques

Bien que la majorité des enfants et adolescents identifiés comme HPI ne rencontrent pas de problèmes particuliers, certains d'entre eux peuvent développer des difficultés et des troubles. Les signes pour explorer la présence d'un HPI sont variés comme l'ennui en classe, le manque de stimulations intellectuelles, ou le décrochage scolaire, indiquant un décalage par rapport aux besoins cognitifs. De plus, les caractéristiques intellectuelles décrites plus haut peuvent parfois entraîner des souffrances existentielles.

La pensée abstraite précoce peut amener les enfants à s'inquiéter de questions liées à la vie et à la mort, même s'ils n'ont pas encore une maturité émotionnelle suffisante. Il est donc essentiel de les écouter attentivement et de leur donner des explications adaptées à leur personnalité pour répondre à leurs préoccupations.

Les difficultés d'adaptation à l'école, comme l'ennui en classe et le manque de stimulation intellectuelle, peuvent entraîner une perte de motivation, des sentiments d'inutilité, et contribuer à une humeur dépressive. De plus, certains enfants et adolescents HPI peuvent rencontrer des problèmes dans les interactions de groupe, surtout à l'adolescence. Ils peuvent alors inhiber leurs performances scolaires et adopter des comportements caméléons pour moins se distinguer des autres, ceci au détriment de leur épanouissement et bien-être émotionnel.

Certains jeunes identifiés comme HPI ont l'impression d'être différents des autres, ce qui peut entraîner des stratégies d'évitement pouvant compliquer leurs relations sociales et provoquer des sentiments de solitude. D'autres jeunes, en revanche, embrassent positivement leur différence, peuvent même aider les autres et utilisent l'humour pour relativiser la situation.

En ce qui concerne l'estime de soi, les enfants et adolescents identifiés comme HPI peuvent tendre à surestimer leurs capacités intellectuelles tout en ayant une image moins positive de leur capacité à gérer leur apprentissage et leurs performances. Certaines représentations négatives peuvent être liées à des stéréotypes sur ces profils intellectuels.

Il est important de noter que certains enfants, et plus souvent des adolescents identifiés HPI, peuvent rencontrer des difficultés lorsque le nombre des matières scolaires augmente. Ces difficultés sont souvent liées à leur capacité à s'autoréguler, à s'investir dans les apprentissages, à s'organiser et à planifier leur travail scolaire, à leur méthode de travail et à leur gestion du temps. Ces problèmes peuvent provoquer des sentiments d'inefficacité et avoir un impact sur leur estime de soi, parfois même entraîner des situations d'échec scolaire. Cependant, il est important de noter que dans la grande majorité des cas, leurs résultats scolaires sont excellents ou bons.

Dans certains cas, des problèmes supplémentaires peuvent être présents, comme le TDAH, des troubles d'apprentissage et de coordination, ainsi que des troubles anxieux, dépressifs et de comportement. En plus de la possibilité d'un TDAH, il est important de rester vigilant face à la possibilité que des compétences intellectuelles exceptionnelles masquent d'autres problèmes, tels que des difficultés en langage ou en mémoire, qui peuvent rendre difficiles le repérage des troubles de type dysorthographie ou dyslexie. Il est également important de prendre en compte l'environnement, y compris l'implication des enseignants, les attentes des parents et les relations avec les camarades.

4 HPI et TDAH

Parfois, certains enfants et adolescents présentent à la fois des symptômes de TDAH et des caractéristiques d'un HPI. Cependant, avoir un TDAH ne signifie pas automatiquement qu'ils ont un HPI, et vice versa. Les taux de prévalence d'environ 5-6 % pour le TDAH et d'environ 2,2 % pour le HPI dans la population se reflètent approximativement dans ces groupes respectifs.

La coexistence du TDAH et du HPI peut être complexe et entraîner une dissimulation mutuelle. Le HPI peut masquer la présence d'un TDAH pendant de nombreuses années, en particulier les problèmes d'attention et leurs impacts sur la réussite scolaire. D'autre part, certaines épreuves du test de Wechsler sont fortement influencées par les capacités d'attention, ce qui peut affecter les performances de certaines personnes. Cependant, d'autres individus, motivés et capables de mobiliser efficacement leurs capacités cognitives supérieures et leur attention, peuvent être moins touchés à cet égard et obtenir d'excellents résultats.

L'identification de la coexistence d'un TDAH et d'un profil HPI nécessite une évaluation approfondie en prenant en compte leurs caractéristiques distinctes, ainsi que la variété des présentations cliniques, des traits de personnalité et du contexte familial, scolaire et social. La coexistence de ces deux profils peut aggraver les problèmes d'attention, exécutifs et les difficultés scolaires.

L'évaluation comprend une enquête détaillée, la réalisation de tests psychologiques ou neuropsychologiques, ainsi que la collecte d'informations auprès des parents et des enseignants. Les données des tests sont importantes, tout comme les observations du fonctionnement psychologique et de la manière dont les tests ont été passés. Des tests psychométriques tels que le WISC-V ou le WPPSI-IV (pour les jeunes enfants) ne permettent pas de diagnostiquer le TDAH. Cependant, des scores plus élevés dans les trois premiers indices du WISC (Indice de Compréhension Verbale [ICV], Indice Visuo-Spatial [IVS] Indice de Raisonnement Fluide Crystallisée, [IRF]) par rapport aux deux suivants (Indice de Mémoire de Travail, [IMT], Indice de Vitesse de Traitement, [IVT]) peuvent suggérer la présence d'un TDAH, tandis qu'une hétérogénéité des résultats entre les différents sous-tests ou entre les différents items au sein d'un sous-test peut suggérer la présence d'un TDAH. Il est important de rappeler que les tests psychologiques et neuropsychologiques ne peuvent pas remplacer une évaluation clinique complète.

Les enfants atteints de TDAH et d'un profil HPI peuvent initialement compenser leurs difficultés en comprenant rapidement le contenu des cours. Tant que leur hyperactivité et leur impulsivité ne causent pas de perturbations majeures en classe et que les enseignants sont tolérants, ces enfants peuvent réussir à l'école primaire avec le soutien de leurs parents. Cependant, à mesure que les matières deviennent plus complexes et que la charge de travail augmente, le HPI ne suffit plus à masquer la présence du TDAH qui existait depuis la petite enfance ou le début de la scolarité.

Lorsque les résultats scolaires d'un enfant ou d'un adolescent identifié comme HPI ne correspondent pas à ses capacités intellectuelles, il est important d'envisager la possibilité d'un trouble de l'attention. D'autres causes possibles, telles qu'un manque de stimulation intellectuelle, une inhibition de leurs compétences intellectuelles ou des problèmes de santé mentale ou d'environnement, doivent également être prises en compte. La présence de pensées rapides et dispersées peut suggérer une hyperactivité mentale, qui pourrait être liée à un TDAH. Cependant, il est essentiel de noter que ces caractéristiques des personnes HPI ne suffisent pas à diagnostiquer un TDAH.

Le manque de motivation pour les tâches scolaires ainsi que des difficultés d'organisation et de planification peuvent également être des signes à prendre en compte à l'adolescence pour envisager la possibilité d'un TDAH ou d'un trouble de l'attention prédominant.

Les enfants et les adolescents atteints de TDAH avec un profil HPI sont plus susceptibles de redoubler une classe et de présenter les comorbidités mentionnées dans le chapitre 5 que ceux qui ont uniquement un profil HPI. Il est donc important d'explorer la présence de ces éventuelles comorbidités et de les prendre en compte, le cas échéant, dans la compréhension clinique et dans l'élaboration de stratégies thérapeutiques appropriées.

Il est essentiel de repérer le plus tôt possible les caractéristiques des personnes présentant ces deux profils afin de comprendre leur fonctionnement, en tenant compte des particularités de chaque situation. Cela permettra de développer des approches centrées à la fois sur les difficultés et les ressources, favorisant ainsi l'épanouissement de ces enfants et adolescents tout au long de leur développement, jusqu'à la transition vers la vie adulte.

Les approches thérapeutiques pour les enfants et les adolescents atteints de TDAH varient et comprennent des médicaments, des séances de conseil aux parents, ainsi que des thérapies individuelles ou de groupe, en particulier chez les adolescents. De plus, elles incluent des stratégies centrées sur les compétences exécutives, telles que l'organisation, la planification, la gestion du temps, la motivation, et des compétences émotionnelles et relationnelles. L'objectif de ces approches est d'aider ces jeunes à tirer le meilleur parti de leurs capacités et à renforcer leur estime de soi.

La collaboration avec les parents, les enseignants et les professionnels impliqués est fortement recommandée pour mieux comprendre les caractéristiques de ces enfants et adolescents. Cela permet également la mise en place d'ajustements pédagogiques adaptés. Il est en outre conseillé de se concentrer sur le développement de méthodes d'apprentissage qui correspondent à la singularité de chaque enfant et adolescent, afin qu'ils acquièrent des stratégies qui leur seront utiles tout au long de leurs études et lors de leur transition vers l'âge.

Les enfants et les adolescents avec TDAH, HPI, ou les deux, montrent qu'il est important de considérer leur situation dans son ensemble. Il faut prendre en compte à la fois leurs spécificités individuelles et leur environnement, en comprenant comment différents facteurs peuvent avoir des effets positifs ou négatifs. La qualité de la relation entre les professionnels et les jeunes est également cruciale pour un travail thérapeutique qui aborde des questions telles que l'estime de soi, le mal-être, les aspirations personnelles, ainsi que les aspects émotionnels et relationnels.

Résumé

- Le terme de HPI évoque des aptitudes particulières et suscite des attentes élevées chez des parents concernant les compétences « hors normes » de leur enfant.
- La précocité intellectuelle se définit par des capacités intellectuelles significativement supérieures à la moyenne pour l'âge, avec un score de QI de 130 ou plus à l'échelle totale du test de Wechsler WISC-V.
- Un QI élevé indique une probabilité de réussite professionnelle et d'épanouissement, mais ne signifie pas nécessairement que les capacités intellectuelles seront utilisées de manière optimale au bon moment tout au long de la vie.
- Il est fréquent que les enfants et les adolescents aient des compétences hétérogènes aux échelles de Wechsler, avec des performances exceptionnelles dans un domaine particulier tandis que d'autres sont dans la moyenne, entraînant une hétérogénéité des résultats de la quinzaine de sous-tests et des cinq indices.
- Le HPI décrit ainsi une spécificité du fonctionnement cognitif sans impliquer un profil psychologique particulier.
- Les signes pour explorer la présence d'un HPI sont variés : par exemple, l'ennui en classe, le manque de stimulations intellectuelles ou le décrochage scolaire, indiquant un décalage par rapport aux besoins cognitifs.
- Certains enfants et adolescents présentent à la fois des symptômes de TDAH et des caractéristiques d'un HPI. La coexistence de ces deux situations peut être complexe et entraîner une dissimulation mutuelle.
- Il est important d'évaluer les rôles respectifs du TDAH et du profil HPI chez les enfants ou les adolescents concernés.
- Les approches thérapeutiques pour les enfants et les adolescents atteints de TDAH varient et comprennent des médicaments, des séances de conseil aux parents, ainsi que des thérapies individuelles ou de groupe, en particulier chez les adolescents.
- La collaboration avec les parents, les enseignants et les professionnels impliqués est fortement recommandée pour mieux comprendre les caractéristiques de ces enfants et adolescents.

Bibliographie

Balitout, F. (2021). *L'enfant à haut potentiel, les dys et le TDA/h.* De Boeck Supérieur.

Clobert, N. (2021). Haut potentiel et troubles de la personnalité. In N. Clobert, N. Gauvrit (Eds), *Psychologie du haut potentiel. Comprendre, identifier, accompagner* (p. 309-336) De Boeck Supérieur.

Clobert, N., & Gauvrit, N. (2021). *Psychologie du haut potentiel. Comprendre, identifier, accompagner.* De Boeck Supérieur.

Gauvrit, N, Marmion, J.-F., Mathieu, T. (2023). *Dans la tête des HPI. Ce que nous dit la science.* Les Arènes BD.

Gauvrit, N. (2021). Caractéristiques cognitives. In N. Clobert, N. Gauvrit (Eds.), *Psychologie du haut potentiel. Comprendre, identifier, accompagner* (p. 151-173). De Boeck Supérieur.

Gauvrit, N. (2021). Le modèle WISC. In N. Clobert, N. Gauvrit (Eds.), *Psychologie du haut potentiel. Comprendre, identifier, accompagner* (p. 79-87). De Boeck Supérieur.

Revol, O., Habib, M., Brun, V. (2018). *L'enfant à haut potentiel intellectuel : regards croisés.* Sauramps Medical.

Wahl, G. (2021). Haut potentiel et TDAH. In N. Clobert, N. Gauvrit (Eds.), *Psychologie du haut potentiel. Comprendre, identifier, accompagner* (p. 271-293). De Boeck Supérieur.

Chapitre 7

L'impact du diagnostic

Objectifs

- Informer et expliquer aux parents les caractéristiques du TDAH et des troubles associés.
- Informer les parents sur les réactions émotionnelles contrastées lors de l'annonce du diagnostic de TDAH.
- Fournir des conseils sur la manière de faire face à ces émotions et sur la compréhension du diagnostic.
- Encourager à envisager des approches adaptées pour aider l'enfant.
- Souligner l'importance des échanges avec d'autres parents de jeunes avec un TDAH et des associations de parents qui peuvent offrir des informations précieuses et un soutien mutuel.

Les informations données par le médecin concernant votre enfant doivent reposer sur une discussion ouverte comportant une information générale sur le TDAH, ses conséquences, les troubles associés, les possibilités d'interventions thérapeutiques et les stratégies utiles à mettre en place en tenant compte de son profil clinique. Il est important de donner à votre enfant des informations adaptées à son âge et de reconnaître ses ressources et ses points forts.

L'annonce du diagnostic vise la construction d'un langage commun, la description synthétique du trouble et la formulation des hypothèses justifiant les options thérapeutiques proposées. Elle est aussi l'occasion de discuter avec le médecin et les professionnels de la santé impliqués pour réfléchir et réaliser des interventions thérapeutiques appropriées avec la description des effets bénéfiques attendus et des effets secondaires possibles, en particulier des traitements médicamenteux.

Il est important d'avoir à l'esprit que le diagnostic n'est pas un pronostic compte tenu de la complexité clinique et de la variabilité des évolutions possibles. L'objectif est de renforcer l'alliance thérapeutique, votre adhésion et votre implication ainsi que celles de votre enfant durant la poursuite de son développement et de son passage à l'âge adulte. L'accompagnement empathique et bienveillant des professionnels est également important, ainsi que le cas échéant un soutien de l'entourage et des ressources existantes (par exemple associations de parents, aide pédagogique).

L'annonce du diagnostic de TDAH concernant votre enfant est un moment clé et peut susciter des réactions émotionnelles contrastées. D'un côté, en tant que parent, vous pouvez ressentir un soulagement à mettre un nom sur les difficultés de votre enfant, à mieux le comprendre et à être plus en mesure de l'accompagner dans la suite de son développement. D'un autre côté, il est tout à fait naturel d'éprouver de l'appréhension à l'égard de ce diagnostic, en raison des connotations parfois négatives associées au terme TDAH, des défis auxquels votre enfant pourrait être confronté à l'avenir, des contraintes liées aux prises en charge possibles. Vous pouvez aussi avoir des doutes sur la pertinence et les effets des différentes interventions envisagées.

Vous pouvez aussi éprouver de la colère envers ceux qui ont banalisé les problèmes de votre enfant en disant qu'il n'avait rien de particulier, envers les personnes qui vous ont culpabilisé en remettant en cause vos compétences éducatives. Vous pouvez également ressentir de la culpabilité pour ne pas avoir compris plus vite le fonctionnement de votre enfant, pour vous être souvent énervé et avoir eu des réactions de colère, vous trouvant parfois pris dans des spirales d'interactions symétriques contre-productives. Ces émotions complexes sont tout à fait normales dans une situation où vous cherchez à comprendre et à aider votre enfant confronté au TDAH.

Vous vous demandez comment votre couple peut faire face aux défis éducatifs répétés avec votre enfant et aux conflits suscités par vos divergences de points de vue et de réactions. Vous vous interrogez sur vos capacités de coparentalité avec le père ou la mère de votre enfant ? Si vous vous retrouvez dans le fonctionnement de votre enfant, ou si vous avez l'impression que l'autre parent lui ressemble, vous vous interrogez sur l'indication d'une démarche diagnostique. Si votre partenaire a aussi un TDAH, ou si vous-même êtes atteint de ce trouble, vous vous demandez comment vous pourriez surmonter et résoudre ces difficultés supplémentaires.

Cependant, en comprenant les problèmes de votre enfant et votre propre fonctionnement, vous pouvez prendre du recul et vous engager de manière plus appropriée pour soutenir son développement. Vous pourrez l'aider à acquérir progressivement les compétences nécessaires pour trouver sa voie et s'épanouir dans sa vie. Vous pourrez aussi lui offrir un accès à des interventions adaptées, tout en vous engageant, par exemple, dans des approches de guidance parentale axées sur la psychoéducation en toute connaissance de cause.

Les échanges avec d'autres parents d'enfants atteints d'un TDAH peuvent s'avérer extrêmement bénéfiques. Le partage des expériences au sein d'une communauté compréhensive permet de bénéficier d'informations précieuses, de conseils pratiques et d'un soutien empathique.

Le rôle des associations de parents d'enfants atteints de TDAH est très important depuis le début des années 1990 aux États-Unis, des années 2000 au Canada et, plus récemment, dans les années 2010 en Europe. Ces associations de parents fournissent des informations essentielles sur le TDAH, organisent des rencontres axées sur les préoccupations des parents, ainsi que des groupes de discussion et de soutien.

Après une période problématique dans les années 1990 aux États-Unis, les associations de parents sont devenues très vigilantes à ne pas accepter des financements provenant d'entreprises pharmaceutiques. Par ailleurs, des ressources de qualité sont désormais disponibles en ligne, notamment sur internet et sur YouTube. Elles mettent à disposition des pistes pour mieux comprendre et accepter le diagnostic de TDAH et intégrer l'idée que les progrès de votre enfant prendront du temps et se feront par étapes. Ceci vous aidera à mieux gérer les moments de doutes et de découragement, tout en favorisant des attitudes plus bienveillantes envers votre enfant et envers vous-même.

Il est important d'avoir à l'esprit que les caractéristiques du TDAH de votre enfant peuvent être perçues comme une situation à double face, à la fois comme un défi et comme un atout. L'expérience clinique et les recherches montrent que le TDAH est en effet un trouble qui présente de nombreuses difficultés durant l'enfance et l'adolescence. Cependant, le TDAH possède également des aspects bénéfiques qui varient d'un jeune à l'autre et qui peuvent se manifester pendant le développement et la transition vers l'âge adulte comme nous le décrirons plus en détail par la suite.

Bibliographie

Barkley, R. (2020) *Taking Charge of ADHD. The Complete Authoritative Guide for Parents.* The Guilford Press.

Barkley, R. (2022). *Treating ADHD in Children and Adolescents. What Every Clinician Needs to Know.* The Guilford Press.

Hallowell, E. M., & Ratey, J. J. (2021). *ADHD 2.0. New Science and Essential Strategies for Thriving with Distraction from Childhood Through Adulthood.* Ballantine Books.

Tatlow-Golden, M., Prihodova, L., Gavin, B., Cullen, W., & McNicholas, F. (2016). What do general practitioners know about ADHD ? Attitudes and knowledge among first-contact gatekeepers : systematic narrative review. *BMC Family Practice*, *17*, 129.

Wolraich, M. L., & Hagan, J. F. (2019). *What Every Parent Needs to Know. ADHD.* American Academy of Pediatrics.

Chapitre 8

Les approches thérapeutiques

Objectifs

- Présenter le modèle des approches multidimensionnelles (« couteau suisse »)
- Expliquer l'importance d'une approche personnalisée de la prise en charge en raison de la diversité des profils du TDAH et des troubles associés.
- Décrire les différentes approches pour les enfants et les adolescents atteints de TDAH comportant les traitements médicamenteux et non pharmacologiques, les méthodes neurocognitives et alternatives.
- Insister sur l'importance de la communication entre les parents et les professionnels pour éviter des malentendus et assurer une prise en charge efficace adaptée et efficace.
- Encourager l'implication de l'enfant et de l'adolescent dans le traitement en tenant compte de son âge et de ses spécificités individuelles.
- Rappeler l'importance de la collaboration entre les professionnels de la santé, de l'éducation et les parents, pour optimiser l'efficacité des interventions.

1 Le modèle multidimensionnel

Depuis les années 1960, les traitements médicamenteux, en particulier les psychostimulants, sont généralement le premier choix pour le TDAH. Cependant, les recommandations internationales et l'expérience clinique préconisent une approche multidimensionnelle pour le traitement du TDAH. En raison de la complexité des facteurs impliqués, de la diversité des profils du TDAH et de la fréquence des troubles associés, il est souvent peu probable qu'un seul traitement convienne à toutes les situations. Il n'existe aucune preuve pour guider la prise de décision concernant les personnes qui répondront le mieux et/ou qui toléreront le mieux telle approche thérapeutique. Il n'est actuellement pas possible de prédire l'évolution et le résultat des prises en charge au niveau individuel. Par conséquent, il est nécessaire d'opter pour approche personnalisée qui tienne compte des particularités de chaque individu et des préférences individuelles et familiales. L'adhésion des parents et des patients au traitement de leur choix est un facteur qui influence les effets cliniques positifs. Il est également important de noter que l'efficacité des approches habituelles du traitement du TDAH varie avec des taux variant entre 60 et 90 %, et qu'elle a un impact significatif sur les évolutions à long terme en matière de santé et de réussite scolaire.

La prise en charge des enfants et des adolescents ayant un TDAH est globale et implique une variété de stratégies. Ces approches, telles un « couteau suisse », vont de l'éducation des personnes concernées et de leurs familles à la mise en place d'aménagements scolaires, en passant par les stratégies de gestion des activités de la vie quotidienne. Elles englobent également des traitements médicamenteux et non pharmacologiques, des méthodes neurocognitives ainsi que des approches alternatives. Selon la situation, le traitement du TDAH peut nécessiter une seule approche ou, plus fréquemment, une combinaison de plusieurs méthodes. Il est essentiel de garder à l'esprit que les stratégies thérapeutiques pour le TDAH s'étendent sur la durée et requièrent une évaluation régulière des options utilisées, en prenant en considération l'évolution de l'enfant et les facteurs environnementaux. Cette approche permet de déterminer si elles doivent être maintenues, modifiées, ou si de nouvelles stratégies doivent être envisagées.

Il est important de prendre en compte la présence de troubles associés qui jouent un rôle significatif dans le choix des approches thérapeutiques. Dans certaines situations, les interventions peuvent être principalement axées sur les comorbidités ou les traiter de manière égale aux symptômes liés au TDAH.

Les interventions doivent être adaptées à l'âge des sujets en prenant en considération leur développement cognitif, émotionnel et relationnel. De plus, elles doivent tenir compte des forces et des faiblesses des enfants et des adolescents, ainsi que de leur environnement familial, scolaire et relationnel, afin de définir les stratégies appropriées et d'intervenir dans les différentes dimensions.

Les recommandations internationales mettent avant les traitements médicamenteux comme étant en général le premier choix, tout en laissant ouverte la possibilité d'autres approches et les séquences des prises en charge. Une étude de référence est la Multimodal Treatment of ADHD study (MTA) qui a examiné sur une période de 24 mois chez des enfants entre 6 ans et 9 ans et 11 mois la prise uniquement de méthylphénidate à action rapide trois fois par jour, avec des interventions comportementales intensives (un entraînement parental, un camp d'été pour les enfants, des interventions ciblées en classe et des interventions individuelles ou de groupe pour certains enfants), la combinaison de ces deux approches, et un suivi standard chez un médecin traitant. Les résultats de cette recherche ont montré que l'association d'un stimulant et d'une approche comportementale intensive est la stratégie la plus efficace au cours des deux premières années du traitement en tenant compte de la présence de troubles associés. Les données de suivi sur 15 ans ont renforcé la notion que le TDAH est un trouble hétérogène, nécessitant des stratégies de prise en charge personnalisées. Avec le temps, les différences entre les groupes de traitement en termes d'efficacité se sont réduites. Les évolutions à l'âge adulte concernant la réussite scolaire, les relations sociales et l'emploi sont meilleures chez les personnes qui ont bénéficié d'interventions durant leur développement jusqu'à l'âge adulte.

Les approches non médicamenteuses comprennent la psychoéducation, les psychothérapies, ainsi que des méthodes « neurocognitives » (remédiation cognitive informatisée, métacognition, neurofeedback) et alternatives (comme la pleine conscience, les modifications alimentaires, etc.). La psychoéducation ou la guidance parentale est une approche qui a été développée pour aider les parents et les enfants depuis les années 1980. Ces stratégies se sont avérées être utiles et efficaces, comme nous l'expliquerons plus loin.

Malgré de nombreuses recherches, des revues systématiques et des méta-analyses de la littérature scientifique, les effets à long terme des approches non médicamenteuses sont difficiles à évaluer méthodologiquement, et ils sont souvent liés au point de vue des parents. Cependant, la pratique clinique montre que ces méthodes sont souvent utilisées et qu'elles peuvent apporter une aide significative aux enfants et aux adolescents atteints de TDAH.

Pour ces raisons, il est difficile de déterminer quelles approches sont les plus efficaces en elles-mêmes ou quelles combinaisons de traitements pourraient être les plus pertinentes. Les professionnels doivent s'appuyer sur leurs expériences cliniques, sur leurs formations et sur le cadre référentiel de leur pratique, tout en devant faire preuve de curiosité et d'esprit critique pour intégrer de nouvelles approches. De plus, les connaissances sur le TDAH et les thérapeutiques utilisées varient considérablement d'un pays à un autre et d'une région à une autre.

Un autre aspect essentiel concerne la collaboration des professionnels impliqués dans la prise en charge du TDAH, ainsi que la coordination de leurs interventions. Bien que les recommandations américaines préconisent une approche de travail en équipe, la pratique courante implique souvent une prise en charge initiale par le médecin pédiatre, le pédopsychiatre ou le neuropédiatre, suivie par l'intervention de professionnels utilisant des approches non médicamenteuses, telles que la psychoéducation et les psychothérapies. De plus, ces professionnels interviennent aussi sur les troubles associés, notamment les troubles des apprentissages (langage oral et écrit, dyscalculie), de la coordination et de la motricité fine.

La collaboration avec l'école et les enseignants revêt également une grande importance, mais cela dépend de ce que les parents souhaitent. En cas de désaccords entre les parents et l'école, les rencontres peuvent aider à comprendre les problèmes et à trouver des solutions. Dans certaines situations, il peut être approprié d'envisager des aménagements scolaires. Dans de rares cas, une prise en charge en milieu thérapeutique de jour est nécessaire, surtout si le TDAH est sévère et s'accompagne d'autres troubles graves qui affectent le développement de l'enfant et sa qualité de vie ainsi que celle de son entourage.

Il est fortement recommandé que les parents puissent discuter en détail avec le médecin des éléments cliniques et diagnostiques, ainsi que des axes et des objectifs des stratégies thérapeutiques, et du calendrier des interventions. Cette communication est essentielle pour éviter les malentendus et les inquiétudes inutiles concernant le diagnostic, l'indication d'évaluations complémentaires, et les options thérapeutiques. Il est également conseillé de recueillir régulièrement les observations des enseignants et les résultats scolaires, ainsi que les rapports des professionnels impliqués, et d'évaluer périodiquement l'évolution de l'enfant. Ces informations peuvent être partagées si nécessaire et servir à constituer un dossier médical et scolaire, en fonction des besoins futurs concernant les traitements, la suite des études et des formations professionnelles. Grâce à leur engagement continu, leur persévérance, leurs connaissances approfondies de leur enfant et la mise en place de stratégies familiales appropriées, les parents deviennent des experts et des ressources inestimables pour le bien-être de leur enfant. Il est également important d'impliquer l'enfant dans ces processus, en tenant compte de son âge, et en le faisant avec tact et patience, sans le mettre « sous pression ».

REMARQUE

Dans la pratique clinique, la prise en charge du TDAH est multidimensionnelle et comprend les stratégies suivantes :

- Information sur le TDAH (« bibliothérapie » : internet, applications en ligne, livres pour le public et les professionnels).
- Participation à des associations de parents.
- Traitement médicamenteux (psychostimulants et non psychostimulants).
- Psychoéducation (adressée aux parents, aux enfants, aux enseignants).
- Psychothérapies (cognitivo-comportementales, psychodynamiques, familiales).
- Approches neurocognitives (neurofeedback, remédiation cognitive informatisée, métacognition, jeux vidéo, réalité virtuelle).

- Approches alternatives (pleine conscience, régimes alimentaires, etc.).
- Prises en charge spécifiques des troubles associés (p. ex. ergothérapie, orthophonie, psychomotricité).
- Collaborations avec des professionnels dans les domaines de la santé, de l'enseignement et de l'éducation.

Il est important de comprendre qu'aucune approche thérapeutique n'est en mesure de faire complètement disparaître tous les symptômes d'inattention, d'hyperactivité et d'impulsivité, ni toutes les difficultés exécutives et tous les problèmes liés aux troubles associés.

La prise d'un médicament et/ou la participation régulière à une thérapie ne sont généralement pas suffisantes en raison de la complexité des facteurs impliqués dans le TDAH et de la présence fréquente de troubles associés.

Les parents sont généralement confrontés à un trouble qui persiste tout au long du développement de leur enfant et nécessite un accompagnement à long terme. Les traitements sont nécessaires pour aider les enfants et prévenir des évolutions défavorables en travaillant sur les objectifs thérapeutiques et en favorisant l'amélioration du fonctionnement de l'enfant. Si un enfant ne montre pas d'améliorations significatives, il est recommandé de faire une évaluation approfondie et, si nécessaire, de réajuster le diagnostic et les approches thérapeutiques.

2 Les médications

Les médicaments reconnus sont généralement considérés comme des traitements sûrs et efficaces pour le TDAH chez les enfants et les adolescents, en complément d'autres approches dans la majorité des cas. Les stimulants sont le choix de traitement le plus couramment prescrit en première intention pour la plupart des enfants et des adolescents atteints de TDAH âgés de 6 ans et plus. Leur efficacité a été fortuitement découverte par le pédopsychiatre américain Charles Bradley en 1937, et leur sécurité est confirmée depuis les années 1960 par des études scientifiques. Les non-stimulants prennent plus de temps à agir et sont prescrits en cas d'efficacité insuffisante, d'effets secondaires gênants ou de contre-indication aux stimulants.

La prise de médicaments peut être comparée à celle du port de lunettes pour corriger un problème de vision comme l'a proposé Thomas Brown. Les médicaments aident à être plus concentré, moins instable et moins dispersé. Mais comme lorsque l'on enlève des lunettes, lorsque les effets de la médication s'estompent, les symptômes du TDAH réapparaissent. Les médicaments peuvent aider votre enfant à améliorer son fonctionnement de manière observable, à se concentrer et à être moins agité, ce qui facilite l'accomplissement de ses tâches, souvent avec votre aide en tant que parent et celle de son enseignant.

Le choix d'utiliser des médicaments pour le TDAH de votre enfant est une décision importante. Il est probable que vos proches vous donnent leur avis, même sans que vous le demandiez. En tant que parent, il est essentiel d'exprimer vos opinions, préoccupations et questions concernant le recours aux médicaments pour votre enfant. Assurez-vous de recevoir des informations claires sur les indications, les objectifs, les modalités des prescriptions et les effets secondaires en fonction du type de médicament. Votre rôle de parent est crucial lors de l'introduction du traitement médicamenteux et pour garantir une prise régulière sur la durée. La qualité de la relation de confiance entre les parents et le médecin est essentielle pour éviter les malentendus, les oublis ou l'arrêt inapproprié du traitement.

Les médicaments utilisés pour traiter le TDAH sont généralement efficaces sur le plan clinique et bien tolérés par environ 70 à 80 % des patients. Il existe rarement des situations où l'utilisation de médicaments pour le TDAH ne serait pas possible. Seul un petit nombre d'enfants ont des effets secondaires graves lorsque les médicaments sont pris à des doses appropriées.

Prendre la décision de donner un médicament à votre enfant n'est pas facile et a des répercussions significatives sur toute la famille et sur votre enfant. Vous et votre famille pouvez évaluer les avantages et les inconvénients d'un médicament dans le cadre du traitement du TDAH de votre enfant ou de votre adolescent. Bien sûr, vous êtes entièrement libre de choisir de ne pas opter pour une médication pour votre enfant. Pour vous aider à prendre cette décision importante, nous allons aborder les questions suivantes :

- Quels médicaments sont approuvés par les autorités sanitaires pour le traitement du TDAH (tableau 8.1) ?
- Comment la dose et la prise de médicaments de votre enfant seront-elles déterminées, surveillées et ajustées ?
- Quel type de médicaments est disponible pour les enfants et les adolescents atteints de TDAH ?
- Comment aborder le sujet des médicaments avec votre enfant ou adolescent pour l'aider à gérer son TDAH ?

- Comment optimiser les avantages des médicaments dans le traitement du TDAH ?

Tableau 8.1. Médicaments approuvés par les autorités sanitaires pour le traitement du TDAH

Médicament	Nom commercial	Pays francophones	Effets secondaires
Méthylphénidate	Ritaline®	France, Belgique, Canada, Maroc (autorisation temporaire d'utilisation), Suisse, Tunisie	*Courants* • Diminution de l'appétit • Perte de poids • Insomnie ou difficulté de s'endormir • Maux de tête • Augmentation de la tension artérielle et de la fréquence cardiaque • Sentiment de nervosité ou d'anxiété *Moins fréquents* • Trouble de l'estomac ou nausées • Bouche sèche • Tics (mouvements ou sons involontaires) • Irritabilité ou changement d'humeur
	Concerta®	France	
	Medikinet®	Belgique, France, Suisse	
	Quazym®	France	
	Equazym®	Belgique, Suisse	
	Focalin®	Suisse	
Dextroamphétamine	Attentin®	Suisse	
	Adderall®	Canada	
Lisdexamfétamine	Elvanse®	Canada, Suisse	
Atomoxétine	Strattera®	Canada, Suisse	*Courants* • Maux de tête • Vertiges • Nausées, douleurs abdominales, vomissements, constipation • Diminution de l'appétit • Bouche sèche • Augmentation de la fréquence cardiaque et de la tension artérielle • Somnolence • Irritabilité, hostilité, sautes d'humeur, dépression *Moins fréquents* • Labilité émotionnelle, augmentation des pensées suicidaires • Sensation de fatigue, léthargie • Réactions allergiques, prurit, urticaire • Bilirubine sanguine élevée, taux d'enzymes hépatiques élevés (très rare)
Guanfacine	Intuniv®	Belgique, Canada, Suisse	*Courants* • Fatigue ou somnolence importante • Hypotension • Maux de tête • Douleurs abdominales • Diminution de l'appétit *Moins fréquents* • Sensations vertigineuses • Vomissement, diarrhée, nausée • Sécheresse buccale • Bradycardie • Dépression, anxiété • Insomnie, cauchemars • Prise de poids

Les psychostimulants

Les psychostimulants agissent sur le cerveau en modifiant légèrement la disponibilité de deux neurotransmetteurs dans le cerveau, principalement la dopamine et, dans une moindre mesure, la noradrénaline. Ces neurotransmetteurs aident les cellules cérébrales à communiquer plus efficacement, ce qui permet aux personnes atteintes de TDAH de mieux se concentrer, de contrôler leurs comportements et leurs émotions, d'organiser, de planifier et de suivre des routines. Les stimulants réduisent généralement les symptômes centraux du TDAH rapidement.

À la maison et à l'école, les améliorations des comportements et des performances scolaires peuvent être significatives, au point de ne pas être très différents de ceux des camarades. Vous pourriez également observer une amélioration des relations sociales à mesure que l'impulsivité et l'hyperactivité diminuent. Votre enfant peut réagir de manière plus positive envers les autres et communiquer de manière plus efficace. Cette évolution est gratifiante pour la plupart des enfants et de leurs familles.

Les stimulants sont généralement efficaces et sûrs. Bien qu'ils soient approuvés pour un usage médical dans le TDAH, les autorités sanitaires imposent des règles de prescription en raison du risque d'usage abusif par des adultes, qui peuvent varier d'un pays à un autre. Les stimulants ne produisent pas de stimulations excessives ou d'effets euphoriques chez les enfants et les adolescents lorsqu'ils sont utilisés correctement et conformément aux doses recommandées.

Il est important de souligner que l'utilisation de stimulants chez les enfants atteints de TDAH n'est pas associée à un risque de consommation de drogues illicites ou d'abus à l'adolescence. Des études indiquent que le traitement approprié du TDAH, y compris l'utilisation de médicaments chez les enfants, réduit le risque ultérieur de consommation de drogue.

Les stimulants peuvent être désignés par les noms des substances actives, mais en tant que parent, vous les connaissez le plus souvent sous leurs noms de marques. Les noms des deux substances actives actuellement efficaces pour le traitement du TDAH sont le méthylphénidate et les amphétamines qui comprennent en particulier la dextroamphétamine en Europe. Ces substances ont une efficacité et des effets secondaires similaires. Environ 40 % des patients répondent bien à la fois à la dextroamphétamine et au méthylphénidate, tandis que 40 % répondent bien à seulement l'un des deux. Les différentes formulations des médicaments ont des durées d'action variables.

Il est à noter que les stimulants ne sont pas le premier choix chez les enfants d'âge préscolaire. Dans un premier temps, ces enfants devraient bénéficier d'approches non médicamenteuses telles que des consultations thérapeutiques, une guidance parentale, une psychothérapie individuelle et une thérapie familiale. Dans des situations cliniques particulières, l'utilisation de stimulants peut être envisagée de manière exceptionnelle. Cela devrait être décidé par des pédopsychiatres expérimentés dans le TDAH, en collaboration avec un pédiatre. Cette démarche doit s'inscrire dans le cadre d'une alliance thérapeutique solide avec les parents.

Les réponses aux stimulants varient considérablement d'une personne à l'autre, quel que soit le degré de gravité des symptômes. Certains enfants présentant des symptômes légers peuvent avoir besoin de doses plus élevées de médicaments, tandis que d'autres ayant des symptômes plus importants peuvent avoir besoin de doses plus faibles. Le fait que votre enfant ait besoin d'une posologie élevée ne signifie pas nécessairement que les symptômes de son TDAH sont plus graves. De plus, la réponse aux stimulants n'est pas directement liée à la taille ou au poids de l'enfant ou de l'adolescent.

Il est important de noter que chaque enfant peut réagir différemment à un stimulant spécifique. Par conséquent, il est recommandé de commencer par une faible dose d'un stimulant à courte durée d'action et d'augmenter progressivement tout en surveillant la réponse clinique pour déterminer la dose efficace. Les effets se manifestent généralement rapidement en l'espace d'une semaine. Les ajustements du dosage peuvent être effectués lors de consultations, d'appels téléphoniques hebdomadaires ou par des messages électroniques. L'objectif est de trouver la dose la plus efficace tout en minimisant les effets secondaires, voire en les évitant complètement. Si l'efficacité du traitement est insuffisante et/ou si les effets secondaires sont désagréables, il peut être envisagé de changer de stimulant.

Les stimulants peuvent être habituellement interrompus soudainement, et certains parents et adolescents préfèrent ne pas prendre de médicament pendant le week-end ou les vacances. Cette décision devrait prendre en compte le comportement de votre enfant sous médication ou sans médication, ses besoins en termes de contrôle et de performances dans différents contextes, ainsi que la présence d'effets secondaires.

Il est recommandé de faire un bilan auprès du médecin pédiatre, notamment des informations générales telles que la taille, le poids et les paramètres cardiovasculaires. Aucun test de laboratoire ni électrocardiogramme ne sont généralement nécessaires pour surveiller l'utilisation des stimulants. Il est recommandé d'informer le médecin pédiatre, le pédopsychiatre ou le neuropédiatre de la présence d'antécédents de maladie cardiaque chez votre enfant, d'antécédents familiaux de maladie cardiaque ou de troubles du rythme cardiaque, notamment le syndrome du QT long ou le syndrome de Wolff-Parkinson-White. Dans ces situations, il est conseillé de consulter un cardiologue pédiatrique avant de commencer la médication.

Stimulants à courte durée d'action

Leur durée d'action est généralement de 3 à 4 heures, ce qui permet une prise le matin, une autre après le repas de midi et, dans certaines situations, une troisième prise vers 16-17 h, souvent au moment des devoirs scolaires.

Les préparations à courte durée d'action permettent de mieux évaluer la dose efficace chez un enfant ou un adolescent au début du traitement. Chez les jeunes enfants, le métabolisme peut être un peu plus lent, ce qui peut entraîner des effets légèrement prolongés.

Cependant, un problème pratique se pose souvent en ce qui concerne le temps de midi de l'enfant si l'enfant ne revient pas au domicile. Il a tendance à oublier de le reprendre durant la pause du déjeuner à l'heure prévue. Si ce moment se déroule en dehors du cadre familial, le passage à une préparation à action prolongée est souvent indiqué pour des raisons pratiques.

Les préparations à courte durée d'action peuvent également être prises au début ou à la fin de la journée pour provoquer une action plus rapide ou prolonger l'effet, en fonction des caractéristiques de pharmacocinétique des formulations à action prolongée. Les stimulants à courte durée d'action disponibles en Europe sont le méthylphénidate (Ritaline®, Medikinet®) et la dextroamphétamine (Attentin®).

Stimulants à durée d'action prolongée

Les stimulants à action prolongée, ou de longue durée, ou à libération prolongée (LP) sont tout aussi efficaces que ceux à courte durée d'action et ils réduisent la nécessité de plusieurs prises pendant la journée. Pour de nombreux enfants, cela évite la gêne potentielle de devoir prendre des médicaments à l'école ou dans une structure d'accueil pendant la pause de midi, ainsi que le risque fréquent d'oubli.

Il est important de noter que tous les stimulants à action prolongée ne se ressemblent pas dans leur pharmacocinétique, et ils peuvent avoir des différences dans le début et la durée de leur action.

Certaines formulations utilisant des « microbilles » de médicament contiennent généralement une moitié à libération rapide et de l'autre moitié à libération prolongée, comme c'est le cas avec le méthylphénidate, par exemple les médicaments Ritaline LA® et Medikinet MR®. Le Focalin XR® a une durée d'action plus longue, de 10 à 12 heures.

La préparation de méthylphénidate à action prolongée, Concerta®, se présente sous forme d'une capsule dotée d'une technologie de pompe osmotique. Cette capsule délivre la médication en deux phases : environ 22 % agissent rapidement, et 78 % ont un effet prolongé. En pratique, cela correspond à une administration un peu plus de deux fois par jour de préparations à action rapide. Il est important de noter que les capsules ne se dissolvent pas et peuvent être retrouvées vides dans les selles des enfants. Le Concerta® ne devrait pas être utilisé chez les enfants ayant eu une chirurgie abdominale comportant le risque d'obstruction.

La lisdexamfétamine (Elvanse®) est un « promédicament » qui nécessite une ingestion par voie orale pour être converti en médicament actif par l'action d'une enzyme présente dans les globules rouges du sang. Ce médicament a une action régulière d'une durée de 11 à 12 heures chez les enfants et les adolescents. Le contenu de la capsule peut être ouvert et versé dans un verre d'eau ou dispersé sur de la nourriture.

Aux États-Unis, il existe des formulations de méthylphénidate à action prolongée sous forme liquide, de patchs cutanés et de comprimés à mâcher qui ne sont pas disponibles en Europe. L'Adderall XR® contient de l'amphétamine et de la dextroamphétamine et n'est également pas disponible en Europe.

ZOOM

Comment le traitement avec un stimulant sera-t-il décidé ?

En tant que parent, vous pouvez avec le médecin prescripteur prendre en compte trois critères pour déterminer le meilleur choix de stimulant pour votre enfant : le type de médicament, la posologie et les horaires des prises. D'autres facteurs à prendre en considération incluent le moment où les devoirs sont généralement faits, la possibilité que la médication entraîne une perte importante de l'appétit pendant son action ou rende difficile l'endormissement de votre enfant. De plus, il est conseillé d'informer le médecin si vous ou d'autres membres de la famille avez pris des stimulants ou d'autres médicaments, ainsi que les effets observés. Ces informations pourraient être utiles pour aider votre médecin à décider du premier médicament à essayer.

Les stimulants sont le choix de traitement le plus couramment prescrit en première intention. Les non-stimulants prennent plus de temps pour produire leurs effets et sont prescrits généralement en cas d'efficacité insuffisante, d'effets secondaires gênants ou de contre-indication aux stimulants comme nous le développerons plus loin.

Horaires de prise du médicament

Comme indiqué dans le tableau 8.1, les stimulants sont disponibles sous forme de formulations à action courte (environ 3 à 4 heures), à action prolongée (6 à 8 heures ou 10 à 12 heures). L'horaire de prise du médicament de votre enfant peut être décidé en fonction de sa journée. Vous et votre enfant pouvez également choisir de combiner des stimulants à action prolongée avec des stimulants à durée d'action courte pour avoir des effets qui lui conviennent le mieux tout au long de la journée.

En tant que parent, vous avez la liberté de décider avec votre enfant des horaires de prises des médicaments pendant les jours d'école, le week-end et les vacances. Lorsque votre enfant a des devoirs et prépare des tests durant le week-end, il peut prendre une forme à action rapide pour améliorer son efficacité durant ces tâches. Les pauses durant les vacances sont courantes, mais elles ne sont généralement pas indispensables, sauf dans des situations particulières (par exemple, si les courbes de croissance indiquent la nécessité d'une interruption temporaire ou en cas d'effets secondaires gênants). Les prises ponctuelles peuvent aussi être envisagées dans des contextes où votre enfant pourrait avoir des difficultés à gérer les situations sociales, comme lors de rencontres avec des camarades ou lors de certaines activités.

Effets secondaires

La dose du médicament de votre enfant sera progressivement augmentée jusqu'à ce que des résultats optimaux soient obtenus sans effets secondaires significatifs. Seul un petit nombre d'enfants prenant un stimulant avec un dosage faible connaissent des effets secondaires indésirables. Les effets secondaires sont souvent légers et peuvent être réduits ou éliminés en ajustant la dose, l'heure de la prise ou en changeant de médicament.

Bien que tout médicament puisse potentiellement entraîner des effets secondaires chez certains enfants, il est impossible de prédire lesquels présenteront des effets secondaires avec un médicament particulier. Par exemple, un enfant peut ressentir des effets secondaires en prenant de la dextroamphétamine mais pas avec le méthylphénidate, tandis qu'un autre enfant peut signaler des effets inverses. Une introduction prudente des stimulants et la surveillance des effets des changements de dosage constituent la meilleure et la plus sûre façon de gérer les effets secondaires potentiels.

Les effets secondaires causés par les stimulants apparaissent généralement en début de traitement et sont habituellement légers ou modérés. Les plus courants chez les enfants et les adolescents comprennent une diminution de l'appétit, une réduction du poids, des difficultés à s'endormir, des maux de tête, une sensation de nervosité ou d'anxiété, une augmentation de la tension artérielle et de la fréquence cardiaque. Ces symptômes diminuent ou disparaissent souvent dans les premières semaines à mesure que le corps de votre enfant s'habitue au médicament. Les effets secondaires moins fréquents comprennent des troubles de l'estomac ou des nausées, une bouche sèche, des tics, une irritabilité ou un changement de l'humeur. Dans certains cas, votre enfant peut devenir excessivement concentré, hyperfocalisé, et donne l'impression d'être apathique, amorphe, renfermé sur lui. Si cela se produit, il est important de consulter rapidement votre médecin pour ajuster le traitement afin de réduire ou d'éliminer cet effet secondaire désagréable.

Parfois, en fin de journée lorsque l'effet du stimulant diminue, votre enfant peut présenter une augmentation de l'activité et de l'irritabilité, ce que l'on appelle un « effet rebond ». Lorsque les effets du stimulant diminuent et que la sensation de faim revient, votre enfant peut ressentir une brève période de « fringale ». Cette fringale peut être anticipée en donnant une collation environ 15 minutes avant qu'elle ne se manifeste ou à moment approprié en fonction du contexte.

Un autre effet secondaire moins fréquent est l'apparition temporaire de tics, tels que des clignements répétitifs des yeux ou des haussements d'épaules. Elle survient généralement au début du traitement par un nouveau stimulant et se résout habituellement rapidement, souvent en ajustant le dosage. Il est important de noter que chez certains enfants atteints du syndrome de Gilles de la Tourette, les stimulants peuvent aggraver leurs tics et nécessiter l'arrêt de la médication.

Suivi du traitement médicamenteux

En général, il est recommandé de planifier une consultation de suivi vers la 4e semaine du traitement. Lors de cette consultation, les effets sur les symptômes cibles et les éventuels effets secondaires sont passés en revue, ainsi que l'évolution de votre enfant. Il est recommandé que le médecin pédiatre effectue régulièrement des contrôles de la tension artérielle, de la fréquence cardiaque, de la taille et du poids de votre enfant.

Lorsque les stimulants sont progressivement introduits pour atteindre un dosage efficace, environ 70-80 % des enfants répondent favorablement au traitement. Les ajustements de dosage peuvent reposer sur vos observations en tant que parent, ainsi que de celles de l'enseignant de votre enfant, si cela est possible.

Dans certains cas, le médicament, que ce soit le méthylphénidate ou une amphétamine comme la dextroamphétamine, peut ne pas avoir les effets attendus ou provoquer des effets secondaires gênants. L'autre stimulant est alors généralement essayé. Il est assez rare que les deux médicaments ne soient ni efficaces ni bien tolérés mais, le cas échéant, le passage à un médicament non stimulant peut être envisagé, comme nous allons le décrire plus loin.

REMARQUE

Conseils lors du début de la prise de médicaments stimulants

- Les stimulants sont généralement considérés comme sûrs et efficaces pour le traitement du TDAH.
- Assurez-vous de surveiller régulièrement la croissance de votre enfant, en termes de taille et de poids. Les enfants prenant des stimulants peuvent parfois avoir un léger ralentissement de leur croissance staturale et de leur prise de poids, en particulier au cours des deux premières années, surtout s'ils utilisent des doses élevées de stimulants sur de longues périodes.
- La mesure de la tension artérielle et de la fréquence cardiaque de votre enfant par le médecin traitant est conseillée avant l'instauration des médicaments stimulants, puis régulièrement tout au long du traitement[1].
- Si des antécédents familiaux incluent un décès subit et inexpliqué, en particulier chez de jeunes adultes, informez-en votre médecin pédiatre. Dans ce cas, ou si votre enfant présente des antécédents de palpitations, de problèmes cardiaques graves, d'intolérance à l'effort physique, de perte de connaissance ou de douleurs thoraciques, votre médecin pédiatre effectuera un examen physique approfondi, y compris un électrocardiogramme, et envisagera, si nécessaire, une consultation chez un cardiologue avant de commencer le traitement par des stimulants.

1. Les données ne mettent pas en évidence d'augmentation du risque d'événements cardiovasculaires dans la population des patients traités par un stimulant par rapport aux personnes jamais traitées.

Les non-stimulants recommandés[2]

Si votre enfant a essayé les deux types de médicaments stimulants disponibles dans certains pays en Europe sans succès, ou s'ils ont provoqué des effets secondaires gênants difficiles à contrôler, ou encore si vous avez des raisons de ne pas vouloir opter pour un stimulant, il existe d'autres options médicamenteuses à envisager. Vous devriez discuter de ces alternatives avec le médecin de votre enfant. Par ailleurs, comme mentionné plus haut, les stimulants peuvent ne pas être appropriés pour des enfants qui prennent certains autres médicaments ou qui présentent des affections médicales particulières.

Les non-stimulants ont un rôle important lorsque la réponse ou la tolérabilité aux stimulants est faible, lorsque des troubles associés sont présents, ou si les parents et les patients préfèrent utiliser des non-stimulants. Leur longue durée d'action peut aussi comporter des avantages. Les alternatives recommandées aux stimulants comprennent l'atomoxétine (Strattera®) et la guanfacine (Intuniv®) en Europe. Ces médicaments sont généralement un peu moins efficaces et n'ont pas fait l'objet d'études aussi approfondies que les stimulants, ce qui les classe en tant que traitements de deuxième choix. Dans certaines situations cliniques, il peut être envisagé que les non-stimulants soient prescrits en première intention pour les enfants et les adolescents diagnostiqués avec le TDAH, en particulier le Strattera®. Dans de rares cas, il est possible de combiner un non-stimulant avec un stimulant en ajustant les doses respectives des deux médicaments.

Atomoxétine

L'atomoxétine (Strattera®) est un médicament non stimulant approuvé dans plusieurs pays pour le traitement du TDAH. Il agit en augmentant la durée d'action de la noradrénaline dans l'espace synaptique entre les cellules nerveuses des circuits neuronaux impliqués dans le TDAH tout en ayant aussi un léger effet similaire sur la dopamine dans le cortex préfrontal. Comme l'atomoxétine n'a pas de potentiel d'abus en raison de son mode d'action centré sur la noradrénaline, elle n'est pas soumise au même contrôle des autorités sanitaires que les stimulants. Elle peut aussi être prescrite chez certains enfants ou adolescents qui souffrent à la fois de TDAH et d'anxiété.

2. Des médicaments sont en cours d'évaluation dans le TDAH (par exemple, centanafadine, dasotraline, mazindol, viloxazine). Ils nécessitent des études supplémentaires chez les enfants, les adolescents et les adultes pour déterminer leur efficacité et leur tolérance, et les comparer aux médications déjà disponibles.

Contrairement aux stimulants, l'atomoxétine a une action continue pendant 24 heures. Ce médicament est efficace pour certains patients avec un TDAH, mais environ de deux tiers par rapport aux stimulants. Lors de l'introduction de l'atomoxétine, il faut généralement attendre 4 à 6 semaines avant qu'elle atteigne son efficacité maximale.

L'atomoxétine peut, dans de rares cas, augmenter la réactivité émotionnelle et éventuellement entraîner des pensées suicidaires durant les premières semaines de traitement. Les effets secondaires habituels comprennent des maux de tête, des vertiges, des nausées, des douleurs abdominales, une diminution de l'appétit, une bouche sèche, une irritabilité, des fluctuations de l'humeur, une dépression, et une augmentation de la fréquence cardiaque et de la tension artérielle. La jaunisse est mentionnée comme un avertissement potentiel, mais le risque est extrêmement rare et lié à une particularité génétique. Pour réduire les effets secondaires au début du traitement, la posologie débutera par une faible dose qui sera progressivement augmentée sur une période de 4 à 6 semaines. Prendre de l'atomoxétine avec de la nourriture et répartir les doses entre le matin et le soir peuvent réduire les effets secondaires.

Pour être efficace, l'atomoxétine doit être prise quotidiennement de manière régulière pendant toute la durée du traitement. Des pauses ponctuelles peuvent être envisagées lors de longues vacances en fonction des situations cliniques en diminuant progressivement le dosage.

Guanfacine

La guanfacine à action prolongée (Intuniv®) fait partie du groupe de médicaments appelés α-agonistes et a une durée d'action prolongée de 24 heures. Ce médicament agit sur les neurotransmetteurs noradrénaline et glutamate en influençant le contrôle de l'attention, du comportement et des émotions. Bien que les α-agonistes, comme la clonidine, aient été initialement développés pour traiter l'hypertension artérielle, ils ont parfois été utilisés pour les enfants atteints de TDAH, surtout s'ils ont des tics, des problèmes de sommeil et/ou de l'agressivité sans avoir obtenu l'approbation des autorités sanitaires (Food and Drug Administration : FDA) aux États-Unis.

Récemment, aux États-Unis et dans certains pays européens, la guanfacine a été approuvée pour le traitement du TDAH chez les enfants. Ce médicament se présente sous forme de comprimés qui ne doivent jamais être écrasés, mâchés ou cassés, mais avalés entiers. Généralement, la prescription de la guanfacine implique une augmentation progressive de la dose chaque semaine ou toutes les 2 semaines pendant 3 à 4 semaines jusqu'à atteindre la dose efficace. Il est essentiel de prendre ce type de médicament régulièrement chaque jour, car un arrêt soudain peut entraîner une augmentation rapide de la tension artérielle. Si cela se produit, il faut reprendre le processus d'augmentation progressive du dosage en commençant par la dose initiale. L'arrêt de ces médicaments doit se faire progressivement tout en surveillant la fréquence cardiaque et la tension artérielle.

Comme la guanfacine n'affecte généralement pas l'appétit, elle peut représenter une option pour les rares enfants qui ont perdu une quantité significative de poids en prenant un stimulant. Elle peut aussi améliorer les troubles du sommeil associés au TDAH ou à la prise de stimulants.

Les effets secondaires peuvent comprendre de la somnolence ou/et de la fatigue qui peuvent être importantes, des maux de tête, des douleurs abdominales, une diminution de l'appétit et une baisse de la tension artérielle. Bien que la somnolence survienne chez un grand nombre d'enfants lorsqu'ils prennent de la guanfacine à action prolongée, elle s'améliore généralement après la 1re semaine du traitement. Les effets secondaires moins fréquents comportent des sensations vertigineuses, des vomissements, une diarrhée, des nausées, une bouche sèche, une hypotension, une bradycardie, une dépression, une anxiété, des insomnies, des cauchemars et une prise de poids.

REMARQUE

- L'atomoxétine (Strattera®) et la guanfacine XR (Intuniv®) sont des alternatives à considérer lorsque les stimulants ne sont pas appropriés.
- Ces deux médicaments sont généralement légèrement moins efficaces, sont classés en tant que traitement de deuxième choix, et ils ne présentent pas de potentiels d'abus.
- L'efficacité de ces deux médicaments nécessite généralement 4 à 6 semaines pour se manifester pleinement, et ils doivent être pris quotidiennement de manière régulière.
- La décision d'utiliser l'un de ces médicaments devrait être prise lors de discussions entre le médecin de l'enfant, les parents et l'enfant, tout en prenant en considération la situation clinique spécifique.

Ce que vous pouvez dire à votre enfant concernant la médication

Le médecin de votre enfant expliquera les caractéristiques du TDAH à vous et à votre enfant une fois le diagnostic confirmé. Cette discussion permettra de comprendre les problèmes de votre enfant, les différentes thérapies disponibles et leurs objectifs. Le médecin expliquera l'action et les effets des médicaments, comment ils sont prescrits en fonction de leur catégorie et de leur préparation. Ces discussions visent à établir une relation de confiance entre vous, votre enfant et le médecin. Il est important de noter que la plupart des enfants atteints de TDAH sont conscients de leurs difficultés et souhaitent obtenir de l'aide.

Au cours de cette discussion, le médecin pourrait expliquer que l'hyperactivité, l'impulsivité et l'inattention de votre enfant sont liées au fonctionnement de son cerveau. Les différentes approches thérapeutiques peuvent lui permettre d'être un peu plus calme, de réfléchir avant d'agir et de mieux se concentrer. Les médecins disent souvent aux enfants et aux parents que le médicament n'est pas une « pilule magique », mais plutôt des « lunettes » qui aident à être plus calme, à mieux se contrôler, à montrer son intelligence, à réfléchir avant d'agir et à prendre de meilleures décisions. Il est important de discuter des effets attendus, de la durée du traitement, des horaires de prise du médicament et des pauses possibles.

Plus vous pouvez donner d'informations à votre enfant sur le médicament et les autres approches, plus il pourra participer activement et efficacement au traitement en fonction de son âge.

Il est courant que les enfants atteints de TDAH ne remarquent pas de changements en eux-mêmes, mais ils peuvent avoir moins de problèmes à la maison et avec leurs amis, et obtenir de meilleurs résultats scolaires. Il est important de souligner ces améliorations en mettant en avant le rôle actif de votre enfant dans son traitement, en plus des effets du médicament.

Il est conseillé de discuter les points suivants avec votre enfant :

- Il n'est pas nécessaire qu'il parle de ses médicaments pour le TDAH avec ses camarades.
- Au début du traitement et par la suite, il est important d'observer les effets du médicament sur votre enfant et d'écouter attentivement ce qu'il vous dit en tenant compte de son âge.
- Le médicament ne change pas sa personnalité, mais il l'aide à se concentrer, à réfléchir et à mieux se contrôler.

À mesure que votre enfant grandit et se rapproche de l'adolescence, il peut être approprié de lui donner progressivement plus de responsabilité en ce qui concerne son traitement. Plus il se sentira impliqué dans son traitement, plus il participera activement. Cependant, il est important de noter que certains adolescents peuvent avoir des difficultés à prendre des médicaments. Dans leur désir d'indépendance, ils peuvent être moins enclins à suivre les conseils des adultes. D'autres adolescents peuvent devenir plus conscients des effets secondaires et exprimer des réticences légitimes quant à la poursuite de la médication. Dans de telles situations, il est recommandé de discuter avec votre médecin. Il pourra évaluer avec votre adolescent et avec vous les avantages et les inconvénients de la médication. Dans certains cas, il peut être préférable de faire une pause dans le traitement, et le cas échéant convenir d'une prise de médicament seulement dans des situations spécifiques, comme des tests importants, des périodes d'examens, ou des journées de cours exigeants.

Résumé

- Les médicaments ne constituent qu'une partie du traitement pour les enfants et adolescents atteints de TDAH dans la plupart des cas.
- Les médicaments pour le TDAH peuvent aider votre enfant à mieux utiliser ses compétences sur le plan scolaire, dans les relations familiales et avec son entourage.
- Même si la prise du médicament peut sembler compliquée au début, vous et votre enfant vous y habituerez rapidement.
- Vous, votre enfant et son enseignant pouvez observer les effets du médicament et en parler avec le médecin.
- D'autres approches thérapeutiques pour le TDAH de votre enfant ou de votre adolescent sont souvent indiquées et agissent sur les différents aspects de ses difficultés et de ses compétences.
- Votre engagement actif en tant que parent dans le traitement de votre enfant ou adolescent requiert beaucoup d'énergie et de temps, mais il peut être très gratifiant en observant les progrès dans sa vie quotidienne, ses performances, son estime de soi et son bien-être.

3 Les approches non médicamenteuses[3]

Les approches non médicamenteuses du TDAH sont complémentaires aux traitements médicamenteux. Les stimulants sont utilisés depuis 1937 chez les enfants avec un TDAH, et depuis le milieu des années 1950, ils jouent un rôle majeur dans les approches thérapeutiques de ce trouble. De nombreuses études

3. Notre propos ne nous permet pas de développer les collaborations et les formations avec les enseignants, ni les adaptations pédagogiques et les aménagements scolaires qui sont appropriés pour les enfants et les adolescents atteints d'un TDAH.

ont confirmé leur efficacité et leur sécurité. Au fil des recherches menées depuis plus de 60 ans, il est devenu évident que le TDAH est complexe et que, dans la plupart des cas, d'autres approches sont également indiquées. Le choix des stratégies thérapeutiques doit être adapté à chaque situation en fonction de ses caractéristiques.

Il est important d'exercer un esprit critique lorsqu'on entend parler de nouveaux traitements du TDAH dans les médias et sur internet. Étant donné l'absence de marqueurs biologiques de ce trouble, il est difficile de mesurer scientifiquement les effets des différentes approches et de les comparer de manière précise.

Les effets des approches non médicamenteuses sont plus complexes que ceux des médicaments, ce qui les rend difficiles à quantifier et à évaluer de manière objective. Cependant, la pratique clinique souligne l'intérêt des approches non médicamenteuses telles que les programmes éducatifs pour les parents, les différentes formes de psychothérapie, en fonction des indications, de la présence de troubles associés et de l'expérience des professionnels. Les nouvelles approches « neurocognitives », comme la remédiation cognitive informatisée, le neurofeedback, la métacognition, les jeux vidéo et la réalité virtuelle, ainsi que les approches alternatives comme la pleine conscience et les régimes alimentaires nécessitent encore des études rigoureuses comportant des cohortes cliniques et des populations générales pour évaluer leur efficacité.

Nous allons présenter les caractéristiques des différentes approches sans pouvoir les développer davantage en raison de l'espace limité de cet ouvrage.

« Bibliothérapie »

En tenant compte des transformations sociétales et de l'avènement des nouvelles technologies informatiques, les informations provenant des livres destinés au grand public et aux professionnels, rédigés par des parents et des patients adultes, ainsi que celles disponibles sur internet, les livres électroniques, les applications en ligne et les réseaux sociaux, constituent la « bibliothérapie ».

L'accès facile à des informations sur le TDAH est bénéfique pour les parents, les adolescents, les patients adultes et les professionnels. En tant que parent, vous pouvez vous renseigner sur les caractéristiques de ce trouble, le processus diagnostique et les traitements disponibles. Ces informations vous permettent de participer activement aux consultations médicales de votre enfant et aux décisions thérapeutiques en fonction de la situation. Cependant, il est essentiel de veiller à la qualité et à la pertinence des informations que vous consultez.

Pour cela, il est important de faire preuve de discernement et de rechercher des conseils auprès de personnes bien informées sur le TDAH, ainsi que sur des sources fiables non influencées par des préjugés idéologiques, des controverses ou des intérêts commerciaux.

Associations de parents

Après une période de financements d'entreprises pharmaceutiques aux États-Unis dans les années 1990, les associations de parents tels qu'Asbl TDA/H en Belgique, CADRA au Canada, Superhyperplus en France et ASPEDAH en Suisse romande apportent une aide précieuse aux parents et aux adultes atteints de TDAH. Ces associations fournissent des informations sur le TDAH et offrent aux parents et aux adultes la possibilité de se sentir compris dans leurs difficultés. Ils sont également une aide pour comprendre la nature de leurs problèmes, ainsi que ceux de leurs enfants, et pour entreprendre les démarches appropriées.

Les séances d'information et les groupes de parole sont également d'importantes ressources qui vous permettent de partager vos expériences avec d'autres familles se trouvant dans la même situation. Ces rencontres peuvent vous apporter la validation de ce que vous vivez et de votre engagement pour votre enfant, ainsi que des conseils pratiques pour faire face aux moments difficiles. Comme vous le découvrirez, de nombreuses familles ont traversé des expériences similaires aux vôtres. La plupart vous diront à quel point elles ont été aidées en comprenant mieux les caractéristiques de leur enfant avec un TDAH et en s'impliquant dans les différentes approches de ce trouble, ce qui est essentiel pour l'avenir de ces enfants.

Cependant, il est indispensable de consulter des professionnels expérimentés pour préciser la présence ou l'absence d'un TDAH chez votre enfant ou adolescent, détecter d'autres troubles associés, évaluer les caractéristiques cliniques et choisir les meilleures approches adaptées à chaque cas.

Stratégies psychoéducatives parentales

En tant que parent, vous jouez un rôle constant et crucial dans l'éducation de votre enfant, dans le processus de diagnostic du TDAH, dans les décisions thérapeutiques au fil du temps, et dans sa défense lors de situations difficiles.

Les enfants et les adolescents atteints de TDAH ont un impact important sur leurs parents, leurs frères et sœurs, ainsi que sur la qualité de la vie familiale. Les parents sont plus susceptibles de présenter des comportements parentaux inappropriés, tels que l'inconstance, l'incohérence, le laxisme, la réactivité excessive ou insuffisante, l'autoritarisme exagéré ou insuffisant, ou la punition excessive. Ils ont aussi tendance à avoir une vision plus négative de leur enfant.

Les séances de guidance parentale vous offrent, en tant que parent d'un enfant atteint de TDAH, l'opportunité de mieux comprendre celui-ci, les interactions avec lui, de réfléchir aux stratégies parentales appropriées et d'établir une communication claire avec lui. Ces approches peuvent également aider à réduire vos sentiments de culpabilité, à vous sentir plus compétent face aux défis, moins démuni face aux difficultés de votre enfant et de mettre en œuvre des stratégies efficaces.

Lors de ces séances, vous travaillez avec des professionnels pour identifier les difficultés éducatives, les enjeux et les décisions les plus importantes liées à votre enfant et à votre famille. Vous recevez également un soutien pour élaborer des stratégies de résolution de problèmes et améliorer la communication avec votre enfant, ainsi qu'avec d'autres personnes impliquées, comme les médecins, les thérapeutes et les enseignants.

Nous développerons cette approche centrée sur la participation des parents dans les chapitres 9 et 10.

Psychothérapies

La thérapie cognitive et comportementale est généralement mise en avant dans le traitement des enfants et des adolescents atteints de TDAH, bien que son efficacité soit surtout démontrée chez les patients adultes. Cependant, dans notre pratique, nous constatons que les psychothérapies psychodynamiques et familiales peuvent également être appropriées dans certaines situations même si elles ont fait l'objet de moins de recherches. Ces approches sont souvent combinées à un traitement médicamenteux et agissent de manière complémentaire en fonction des particularités de chaque cas.

Thérapie cognitive et comportementale (TCC)

Cette approche se concentre sur les situations de la vie quotidienne dans le but de modifier les comportements qui posent des problèmes pour la personne et son entourage. Elle comprend également une éducation des parents sur la nature du TDAH, les facteurs de risque individuels liés au développement et à la persistance de ce trouble, ainsi que sur les différentes interventions.

Les stratégies visent à transformer les pensées, les émotions et les comportements pour résoudre des problèmes psychologiques et émotionnels. La TCC est généralement de courte durée et utilise des techniques structurées qui se focalisent sur la compréhension et la modification des aspects cognitifs, comportementaux et émotionnels du TDAH, ainsi que des troubles associés le cas échéant. Cette approche repose sur l'idée que l'activité cognitive peut être régulée et modifiée en apportant des changements dans les comportements et les états émotionnels. Les schémas de pensées et les relations problématiques sont discutés afin de mettre en place des techniques et des stratégies visant à apporter des changements qui améliorent les situations difficiles.

La TCC comporte le processus suivant :

- Identification des problèmes et des ressources.
- Analyse des conséquences positives et négatives.
- Auto-instructions pour développer des compétences spécifiques.
- Amélioration des capacités de contrôle de soi.
- Résolution de problèmes.
- Auto-renforcements et auto-corrections.

Les stratégies de TCC se concentrent souvent sur les compétences sociales et les problèmes d'organisation et de planification des jeunes atteints de TDAH qui sont fréquemment à l'origine de problèmes importants. Des approches récentes tiennent compte de l'âge des sujets avec des ajustements pour les enfants et pour les adolescents, et elles impliquent de plus en plus également les parents, voire les enseignants selon les contextes.

La TCC est efficace pour traiter l'anxiété et la dépression chez les enfants plus âgés et chez les adolescents. Cependant, selon les données des recherches, elle semble moins efficace que les programmes éducatifs parentaux pour le TDAH chez les enfants et adolescents. Cependant, cette approche peut s'avérer intéressante chez les adolescents en fonction des programmes, et elle est actuellement surtout efficace chez les adultes atteints de TDAH.

Psychothérapie psychodynamique

L'approche psychodynamique d'inspiration psychanalytique est peu décrite dans la littérature scientifique et dans les livres sur le TDAH, principalement en raison de la prédominance de l'orientation cognitive et comportementale des experts. Cependant, l'expérience clinique montre son intérêt dans des situations cliniques comportant également d'importantes angoisses, des souffrances émotionnelles, des problèmes d'attachement aux figures parentales, des difficultés majeures à gérer l'impulsivité émotionnelle et comportementale, ainsi que des inhibitions psychologiques des apprentissages.

Le cadre thérapeutique comporte généralement des consultations avec les parents, soit en présence de l'enfant, soit en leur absence, ainsi que des séances individuelles régulières avec l'enfant ou l'adolescent, sur une période de plusieurs mois, voire plus longue selon les situations. Les psychothérapies de groupe sont moins fréquentes.

Les objectifs visent à favoriser un fonctionnement plus harmonieux, à renforcer l'estime de soi, à promouvoir le bien-être intérieur, à améliorer l'utilisation des compétences cognitives, émotionnelles et relationnelles, ainsi qu'à encourager l'exploitation des ressources personnelles et l'engagement dans les apprentissages. Ces objectifs ont également un effet indirect sur l'amélioration des compétences émotionnelles et relationnelles, ce qui contribue à améliorer les relations familiales et sociales.

Dans une perspective psychanalytique, les stratégies impliquent la compréhension et l'interprétation des conflits psychiques conscients et inconscients au sein d'une relation thérapeutique qui comprend des processus de transfert et de contre-transfert. Ces processus permettent d'explorer avec l'enfant sa vie imaginaire et la nature de ses conflits psychiques, conduisant ainsi à des modifications significatives du fonctionnement psychique, cognitif, émotionnel, comportemental et relationnel.

Malgré le manque de publications centrées sur le TDAH, la pratique démontre l'efficacité de cette approche psychodynamique dans des situations spécifiques, souvent en complément d'un traitement médicamenteux.

Thérapie familiale

La thérapie familiale se concentre sur les relations et les dynamiques au sein d'une famille. Elle a l'objectif d'aider les membres de la famille à comprendre et à résoudre les problèmes de communication, les conflits et les défis auxquels ils sont confrontés en changeant le fonctionnement familial.

Le modèle systémique considère la famille dans son ensemble comme un système global en étudiant et commentant les actions et les comportements des membres de la famille entre eux. Cette approche prend en compte les interactions complexes entre les membres de la famille plutôt que de se focaliser exclusivement sur un individu, comme celui avec un TDAH. Elle vise notamment à relever les modèles de pouvoir et de contrôle et frontières entre les membres de la famille, et à identifier les schémas de communication et de régulation émotionnelle problématiques. L'objectif est d'aider les membres de la famille à prendre conscience des difficultés et à mettre en place des changements pour améliorer les relations familiales.

Dans cette perspective, cette approche thérapeutique familiale peut aborder diverses problématiques comme :

- L'impact des caractéristiques de l'enfant ou de l'adolescent atteint de TDAH.
- Les relations tendues entre parents et enfant.
- Les souffrances psychologiques vécues par les parents, telles que l'épuisement parental, le sentiment d'impuissance, de culpabilité et d'échec.
- Les dysfonctionnements des rôles parentaux.
- Les conflits conjugaux et les séparations des parents.
- Les familles recomposées.
- Les situations comportant un parent atteint de TDAH.

La durée de la thérapie familiale peut varier en fonction des problèmes spécifiques de la famille et des caractéristiques de sa structure et de ses dynamiques. Les membres de la famille sont encouragés à s'exprimer librement, à partager leurs émotions, leurs inquiétudes et leurs attentes, tout en écoutant attentivement les uns et les autres.

La thérapie familiale peut être une approche efficace pour comprendre et résoudre des problèmes au sein d'une famille liés au TDAH d'un des membres, ainsi qu'à d'autres facteurs spécifiques à chaque situation. Elle ne se concentre pas exclusivement sur l'enfant ou l'adolescent atteint de TDAH, mais vise à créer un environnement familial plus agréable et harmonieux.

Approches neurocognitives

Les enfants avec un TDAH ont accès à de nouvelles approches en plus des traitements médicamenteux et des psychothérapies. Les progrès dans les neurosciences et dans les technologies informatiques depuis la fin des années 1990 ont permis de mieux comprendre le fonctionnement du cerveau et les processus de plasticité cérébrale. Cela a conduit à la création de programmes d'entraînements informatisés cognitifs. Ces nouvelles approches appelées « neurocognitives » reposent sur la capacité du cerveau à s'adapter en fonction de l'expérience, de l'apprentissage et de l'environnement. Cette capacité est importante pour le développement et l'acquisition de nouvelles compétences tout au long de la vie, la récupération de compétences après des lésions cérébrales. La plasticité cérébrale comporte deux types principaux :

- La plasticité synaptique qui implique des changements dans la structure du cerveau avec la formation de nouvelles connexions entre les neurones et la croissance des dendrites.
- La plasticité structurelle qui concerne la réorganisation physique des fonctions cérébrales pour compenser dans la mesure du possible des pertes lors de lésions cérébrales.

Dans ce contexte, des programmes de training cognitif informatisé et de neurofeedback ont été développés pour les jeunes atteints de TDAH. Leur objectif est d'agir sur les processus cérébraux sous-jacents aux difficultés rencontrées par les jeunes atteints de TDAH, dans le but de réduire les symptômes et/ou d'améliorer leur fonctionnement dans la vie quotidienne. Ces approches se concentrent notamment sur l'attention, la mémoire de travail, l'inhibition cognitive et la capacité à passer d'une tâche à une autre chez les personnes avec un TDAH.

Les avancées dans la compréhension du fonctionnement du cerveau et des caractéristiques du TDAH et des difficultés exécutives ont conduit au développement de stratégies exécutives ou de métacognition. Comme pour les programmes éducatifs parentaux et les psychothérapies, l'évaluation de l'efficacité de ces interventions est confrontée à des difficultés méthodologiques importantes et nécessite la poursuite de recherches rigoureuses pour préciser leurs avantages et leurs limites.

Neurofeedback

La technique de l'électroencéphalogramme (EEG) permet de mesurer et d'enregistrer l'activité électrique du cerveau qui comporte différents rythmes cérébraux classifiés en fonction de leur fréquence et dépendant de différents états de vigilance et de processus cognitifs.

- Ondes delta : rythme très bas (0,5-4 hertz), associées à un sommeil profond.
- Ondes thêta : rythme lent (4-8 hertz), associées à des états de relaxation profonde et lors de sommeil léger.
- Ondes alpha (8-12 hertz), associées à des états de détente, de calme et de relaxation.
- Ondes bêta (13-30 hertz), associées à un état de vigilance et d'activité mentale consciente typique d'un état de veille et d'attention.
- Ondes gamma (supérieures à 30 hertz), associées à une activité mentale intense telle qu'une concentration maximale, le traitement

d'informations, la résolution de problèmes (par exemple, partie d'échecs, calculs mathématiques complexes).

Le neurofeedback a commencé à être utilisé au milieu du XXe siècle et enregistre en temps réel les effets de stimulations cognitives sur l'activité électrique cérébrale permettant d'accéder et de contrôler des processus cérébraux. Cette approche utilise une stratégie cognitivo-comportementale pour accéder et agir sur l'autorégulation des activités EEG cérébrales chez les sujets atteints de TDAH avec les objectifs suivants :

- Une réduction des activités EEG cérébrales lentes et/ou une augmentation des activités EEG cérébrales rapides.
- Une diminution des symptômes liés au TDAH en particulier sur les troubles de l'attention et de l'impulsivité.

Dans une perspective d'apprentissage, des activités cérébrales spécifiques sont transmises par l'intermédiaire de signaux visuels ou acoustiques, généralement sous forme d'animations, de vidéos ou de musique, qui peuvent apparaître ou non. Le participant voit son activité cérébrale en temps réel et doit s'efforcer d'augmenter le signal avec la présence de feedback afin de réguler son fonctionnement cognitif.

L'entraînement comporte des séances d'environ une heure, durant lesquelles le patient est assis devant un écran d'ordinateur et porte des électrodes sur le crâne qui enregistrent les activités EEG des processus neuronaux. Ces données sont analysées par un logiciel qui décrit les variations des amplitudes des différents rythmes cérébraux. Un spécialiste accompagne le patient tout au long du processus qui peut comporter un nombre important de séances dont la durée varie selon les protocoles.

Les études récentes ne permettent pas de prendre une position scientifique définitive sur les effets positifs et spécifiques du neurofeedback chez les patients atteints de TDAH. Les données actuelles suggèrent que les niveaux élevés d'activité thêta ou d'activité thêta/bêta au repos ne sont pas directement liés au TDAH, mais plutôt à des difficultés d'activation face aux exigences des tâches. De nouvelles études doivent être réalisées en comportant des cohortes importantes et utilisant des procédures de type double aveugle ainsi que des mesures sensibles pour évaluer les effets mesurés, nécessaires pour démontrer l'acquisition de capacités d'autorégulation et des effets cliniques spécifiques chez les sujets atteints de TDAH.

Le neurofeedback est de plus en plus proposé par des professionnels et des cabinets médicaux. La qualité de cette approche varie considérablement en fonction de la formation des professionnels et de la qualité des protocoles utilisés. Pour éviter d'engager un enfant dans un cadre chronophage et coûteux, il est également recommandé de vérifier au moins toutes les dix séances si des effets cliniques pertinents sont observés.

▶ Entraînement cognitif informatisé

Des chercheurs en neurosciences ont développé des entraînements cognitifs informatisés pour des sujets atteints de TDAH. Les plus connus de ces programmes ciblent les fonctions attentionnelles et la mémoire de travail (par exemple, Captain's Log®, Cogmed®, CPAT®, MindPower®).

Le programme « Computerized Progressive Attentional Training (CPAT®) » comprend des exercices visant à améliorer l'attention soutenue, l'attention sélective et l'orientation de l'attention. Le principe est la répétition des exercices au cours de séances quotidiennes de 60 minutes pendant 16 semaines, qui a été associée à une réduction des symptômes d'inattention chez des enfants atteints de TDAH.

De son côté, le programme suédois Cogmed® se concentre sur la mémoire de travail verbale et visuospatiale. Il implique la répétition d'exercices dont la difficulté augmente au fur et à mesure des progrès des participants pendant cinq séances hebdomadaires sur une période de 6 semaines. Des études ont montré une amélioration de la mémoire de travail, évaluée par des tests neuropsychologiques, une diminution modérée des symptômes d'inattention sans effets significatifs sur l'hyperactivité et l'impulsivité, ainsi qu'une amélioration du fonctionnement exécutif selon les observations des parents.

Un programme hollandais d'entraînement sur la mémoire de travail visuospatiale, le contrôle de l'inhibition et la flexibilité cognitive, Braingame Brian®, a inclus des animations et une structure narrative plus dynamique que celle de Cogmed® avec une augmentation des composantes ludiques au cours de l'entraînement qui comporte 25 séances d'environ 40 minutes, et une augmentation progressive des difficultés. Les données signalent une diminution significative des symptômes liés au TDAH et une amélioration du fonctionnement exécutif dont la mémoire de travail des enfants atteints de TDAH selon les observations des parents. Des tests neuropsychologiques observent une amélioration de la mémoire visuospatiale à court terme, et de la mémoire de travail verbale et visuospatiale plus durable, sans observation de transfert de compétences cognitives. Les résultats cliniques semblent se limiter à de petits effets à court terme sur les symptômes d'inattention. Cela signifie que bien que des améliorations puissent se manifester dans des tâches spécifiques comme celles liées à la mémoire de travail, elles ne se traduisent pas par une amélioration significative des compétences cognitives dans d'autres domaines, telles que les performances non verbales, la compréhension de la lecture et des mathématiques, et des tâches similaires à des activités quotidiennes.

Les études ne prennent pas suffisamment en compte les effets psychologiques de la participation à ces entraînements cognitifs informatisés. Dans notre pratique clinique, nous avons observé un impact positif du programme Cogmed® sur l'estime de soi, l'autonomie, l'expérience de la persévérance, ainsi que la prise de conscience des limites des performances cognitives liées à la fatigue, aux stratégies pas assez efficaces et aux limites physiologiques. Le fait que cet entraînement se déroule en dehors de l'environnement scolaire, avec l'accompagnement d'un coach compréhensif et soutenant, est un autre élément positif non spécifique chez les enfants atteints d'un TDAH. Mais ces entraînements cognitifs ne tiennent pas avec le recul les promesses très optimistes qui avaient été mises en avant lors de leur introduction au début du XXIe siècle.

Une nouvelle étape des entraînements cognitifs comporte une association avec une approche axée sur la prise de conscience des stratégies cognitives (« métacognition »/métacognitive) centrée sur le profil clinique et les difficultés spécifiques d'un enfant dans sa vie quotidienne. Les séances de remédiation cognitive peuvent également inclure une réflexion avec un professionnel expérimenté sur les stratégies d'identification et de résolution des problèmes dans un contexte non scolaire et sans la présence des parents.

Il est important de noter que la grande majorité des études recueillent des informations auprès des parents. Leurs observations peuvent être influencées par la connaissance de la participation de leurs enfants à ces entraînements et par leurs attentes de résultats, en particulier dans le contexte d'une approche non médicamenteuse.

Malgré des données qui décrivent la persistance d'effets sur des composantes de l'attention, de la mémoire de travail et de la mémoire à court terme, les données actuelles ne prouvent pas la persistance à long terme ni leur impact sur les problèmes liés au TDAH et aux difficultés exécutives dans la vie quotidienne. D'autre part, les entraînements cognitifs centrés sur certaines capacités cognitives telles que l'attention, la mémoire de travail, l'inhibition, la flexibilité mentale ne comportent pas de processus de transfert vers d'autres capacités cognitives. De plus, les dysfonctionnements cognitifs ne se chevauchent pas directement avec les symptômes du TDAH, bien qu'ils puissent avoir des conséquences sur le fonctionnement quotidien. Les modèles actuels du TDAH prennent en considération la participation de nombreux déficits cognitifs et motivationnels, ainsi que des perturbations de multiples réseaux cérébraux qui ne se limitent pas aux fonctions ciblées par ces programmes d'entraînement cognitif informatisé. La méta-analyse de référence actuelle conclut à des preuves limitées de la valeur clinique de ces programmes pour les enfants et les adolescents atteints de TDAH en dehors du cadre des processus neuropsychologiques spécifiques ciblés.

Métacognition

Dans le prolongement des connaissances depuis les années 1990 sur les dimensions neuropsychologiques du TDAH concernant les fonctions attentionnelles et exécutives, des programmes ont été développés en postulant le rôle d'un « administrateur central » qui gère les processus cognitifs impliqués en particulier dans l'attention et la mémoire de travail. Dans cette perspective, les dysfonctionnements attentionnels et exécutifs sont liés à des problèmes de gestion des ressources cognitives plutôt qu'à des troubles des capacités attentionnelles et exécutives. Le modèle d'intervention s'articule autour de la plasticité cérébrale et de l'entraînement de capacités cognitives axé sur la prise de conscience des mécanismes cognitifs et des difficultés, ainsi que le développement des capacités d'autorégulation par l'apprentissage de stratégies efficaces.

Le Programme d'Intervention sur les Fonctions Attentionnelles et Métacognitives (PIFAM) canadien[4], élaboré conjointement par le Centre d'évaluation neuropsychologique et d'orientation pédagogique (CENOP) et le Centre de rééducation d'approche neuropsychologique (CRAN), vise à promouvoir le développement de compétences d'autorégulation comportementale et cognitive, ainsi que des stratégies d'apprentissage applicables dans diverses situations et contextes. Cette approche se réalise dans le cadre d'ateliers de 90 minutes durant 12 semaines avec des petits groupes de quatre à six jeunes âgés de 10 à 14 ans, encadrés par deux intervenants (psychologue, neuropsychologue, orthophoniste, ergothérapeute, éducateur). Les professionnels utilisent plusieurs méthodes, telles que les stratégies d'auto-instruction et l'enseignement par modèle, tout en intégrant des éléments de renforcement positif, d'encouragement mutuel entre pairs, ainsi que des systèmes de récompense.

4. Notre expérience nous a permis de constater l'utilité clinique de petits groupes de remédiation cognitive incluant des stratégies émotionnelles et relationnelles chez des jeunes adolescents avec un TDAH animés par des neuropsychologues expérimentés.

En suivant le modèle des programmes parentaux, notamment celui développé par Russell Barkley, les ateliers abordent progressivement les caractéristiques du TDAH en utilisant des métaphores, des informations visuelles, des personnages et des activités ludiques. Les participants sont encouragés à identifier leurs points forts et leurs faiblesses, et à élaborer progressivement des stratégies pour faire face à leurs difficultés et appliquer des solutions appropriées. Les fonctions particulièrement ciblées comprennent la gestion du temps et des ressources personnelles, la classification et la catégorisation à l'aide de stratégies mnémotechniques, la flexibilité cognitive et la créativité, la planification et l'anticipation, le traitement séquentiel des informations, la coordination et la réalisation des objectifs, et les mécanismes d'inhibition comportementale et cognitive. Les ateliers favorisent aussi l'établissement de liens concrets entre ces fonctions, les comportements, les processus d'apprentissage et les interactions sociales. Enfin, le dernier atelier est centré sur la généralisation des stratégies acquises au cours du programme, et il inclut un projet collectif axé sur le travail d'équipe et le développement des compétences.

Cette approche correspond aux caractéristiques des enfants et adolescents atteints de TDAH, tout en impliquant également les parents dans les processus, afin d'assurer la cohérence, la continuité et l'assiduité de leurs enfants dans l'application des stratégies dans la vie quotidienne. Il est important de noter que les parents ont aussi accès à des sources d'information concernant le TDAH et les objectifs de ce programme d'intervention. Des études sont en cours pour évaluer l'impact de cette approche qui comporte des effets positifs sur les enfants et indirectement sur les parents selon notre expérience.

Jeux vidéo et réalité virtuelle

Les jeux vidéo représentent une nouvelle approche numérique dont les caractéristiques correspondent fréquemment aux besoins des personnes atteintes de TDAH comme nous le verrons dans le chapitre 12. Parmi ces caractéristiques, on retrouve un engagement stimulant et ludique, des performances rapides en temps réel avec des objectifs clairs, des niveaux de charge cognitive et des défis multitâches adaptés et progressifs, un feedback régulier sur les performances, des récompenses immédiates, un sentiment de contrôle, ainsi qu'une expérience immersive permettant de s'évader des contraintes de la vie quotidienne avec une perte de la notion du temps.

Le jeu vidéo EndeavorRx®[5] a été spécifiquement développé par la compagnie Akili pour les caractéristiques du TDAH avec la participation de spécialistes des neurosciences. En 2020, ce jeu a été approuvé par la FDA pour une utilisation chez les enfants de 8 à 12 ans atteints d'un trouble de l'attention prédominant ou d'un TDAH combiné sur la base de cinq études. Il est conçu pour des jeunes atteints d'un TDAH et comporte des tâches impliquant des circuits cérébraux liés à l'attention. Selon les descriptions des concepteurs, les participants sont encouragés à découvrir de nouveaux mondes numériques, à construire leur univers, à créer des « créatures mystiques », à surmonter les défis passés et à débloquer de nouveaux personnages pour créer un changement positif. Comme les programmes d'entraînement cognitif informatisé, le jeu vidéo s'adapte aux capacités individuelles et aux processus de progression en temps réel qui varient selon chaque enfant.

Des études cliniques ont été menées avec des enfants atteints d'un TDAH âgés de 8 à 12 ans, dont la moitié jouaient à ce jeu et l'autre moitié à un jeu « placebo » spécialement conçu pour cette recherche. Tous les participants ont joué pendant 25 minutes par jour, 5 jours par semaine pendant 4 semaines. Les analyses ont montré une amélioration significativement plus importante des performances à un test informatique d'attention chez les enfants ayant utilisé ce jeu par rapport au groupe témoin. La combinaison de l'utilisation de ce jeu vidéo et de la prescription d'un psychostimulant augmenterait légèrement les effets sur l'attention et améliorerait le fonctionnement des participants.

Par ailleurs, le développement de la réalité virtuelle ouvre de nouvelles perspectives pour intégrer des contextes particuliers et offrir des expériences d'immersion dynamiques. Ces environnements peuvent cibler les fonctions cognitives et exécutives liées aux difficultés des enfants atteints de TDAH, et comporter des tâches mobilisant diverses ressources cognitives et motivationnelles.

Cependant, la promesse des nouvelles approches « thérapeutiques digitales », selon lesquelles l'augmentation des capacités cognitives aurait des effets significatifs sur le TDAH et dans la vie quotidienne, n'est pas actuellement confirmée sur le plan scientifique. Des recherches rigoureuses devront être menées à l'avenir afin de préciser les caractéristiques de ces approches numériques, les processus impliqués, ainsi que les effets à court et à long terme sur les symptômes liés au TDAH et sur le fonctionnement dans la vie quotidienne.

5. La mention de ce jeu vidéo n'exclut pas l'existence d'autres jeux qui ont été spécifiquement développés pour les personnes atteintes d'un TDAH.

4 Les approches alternatives

Comme les patients adultes ayant des problèmes neuropsychiatriques, les familles ayant un enfant atteint de TDAH ont souvent recours à diverses approches alternatives et complémentaires depuis plusieurs décennies. Ces stratégies alternatives reflètent la complexité du concept de TDAH, qui présente des symptômes multiformes et une étiologie difficilement identifiable. Cette complexité suscite des incertitudes sur les approches à entreprendre, ainsi que des réticences à prescrire des médicaments à des enfants, en particulier des stimulants. Les stratégies alternatives sont aussi utilisées par des parents pour améliorer la santé globale de leur enfant tout en le traitant avec d'autres approches pour le TDAH. Elles peuvent également être envisagées lorsque les parents estiment que les traitements ne sont pas suffisamment efficaces sur les symptômes liés au TDAH de leur enfant et sur ses difficultés dans différents aspects de la vie quotidienne.

Les approches alternatives les plus fréquentes chez des jeunes atteints de TDAH comportent les diètes et les suppléments alimentaires, l'homéopathie, les massages, la chiropraxie, la relaxation et, plus récemment, la pleine conscience (*mindfulness*). Des familles peuvent se tourner vers des pratiques spirituelles ou religieuses en vue de trouver un soulagement ou une guérison par la foi.

Il est important de vous sentir libre en tant que parent d'entreprendre des approches alternatives avec la recommandation d'évaluer leur pertinence, leurs contraintes et leurs coûts. Il est conseillé d'en parler avec le médecin de votre enfant pour le tenir informé.

Diètes alimentaires

Durant les années 1970 aux États-Unis, la société américaine a été confrontée à une crise spirituelle et à un intérêt croissant pour la qualité de vie, la santé et les aliments naturels. Dans ce contexte, les causes biologiques de l'hyperactivité des enfants ont été remises en question par le pédiatre Benjamin Feingold. Il suggérait que l'hyperactivité était causée par des réactions allergiques ou toxiques à des additifs alimentaires. Son régime alimentaire comportant l'élimination des colorants alimentaires et des édulcorants artificiels, ainsi que la limitation des salicylates et de certains conservateurs alimentaires, a eu beaucoup de succès auprès de parents. Un comité national américain et une revue de la littérature de Keith Conners ont réfuté à l'époque les thèses de Feingold.

Ces questionnements concernant les facteurs alimentaires et l'exposition à certaines substances continuent de susciter des débats sur le TDAH jusqu'à nos jours. Des travaux récents ont examiné les effets des colorants alimentaires et des conservateurs alimentaires artificiels chez des enfants atteints de TDAH. Cependant, il est important de noter que ces études présentent de nombreuses lacunes méthodologiques, ce qui limite notre compréhension des mécanismes sous-jacents et les facteurs prédictifs des effets, s'ils jouent effectivement un rôle dans le TDAH.

Bien que les régimes d'exclusion alimentaire puissent avoir des effets cliniques limités, ils soulèvent une question cruciale concernant la qualité de l'alimentation. En l'absence de preuves scientifiques solides quant à leurs bienfaits sur la santé, il est préférable d'éviter autant que possible les aliments contenant des colorants alimentaires et des agents d'aromatisation alimentaires. Ces additifs sont couramment utilisés par les fabricants pour des raisons de marketing pour inciter les enfants à consommer davantage d'aliments. Les couleurs vives et variées des colorants alimentaires peuvent rendre les produits plus attractifs pour les enfants, et aider à reconnaître les saveurs préférées (par exemple, la couleur rouge peut être associée à la saveur de fraise). Les agents d'aromatisation sont des produits chimiques qui confèrent des arômes ou des parfums ajoutés aux aliments pour en modifier la saveur ou le goût. Il en existe des centaines de variétés qui sont utilisées dans des aliments tels que les confiseries, les boissons sucrées, les gâteaux et les yaourts.

Des régimes comportant des suppléments de vitamines, de minéraux et d'oligoéléments sont proposés depuis plusieurs décennies. Cependant, les études ne montrent pas des différences significatives chez des enfants atteints de TDAH et ceux qui ne le sont pas, et aucune amélioration observable notoire n'a été observée lors de la prise de ces suppléments.

D'autres compléments alimentaires sont aussi proposés comme les nootropiques, souvent désignés comme des *smart drugs*, qui sont décrits comme pouvant stimuler les performances cérébrales. Ces produits vont des composés chimiques synthétiques aux extraits de plantes et aux acides aminés.

Les antioxydants sont également mis en avant, ainsi que des herbes et plantes comme compléments alimentaires naturels tels que le ginkgo biloba, le ginseng, le bacopa monnieri, la rhodiola rosea, la camomille, la valériane et la fleur de la passion.

Certains parents décrivent une augmentation de l'hyperactivité de leur enfant après la consommation du sucre. Cependant, jusqu'à présent, les études n'ont pas confirmé cette observation, ni identifié d'effets significatifs résultant d'une restriction drastique du sucre chez des enfants atteints de TDAH, sauf dans le contexte d'un régime alimentaire sous contrôle médical pour d'autres problèmes de santé. Il est bien sûr recommandé que tous les enfants et adolescents consomment du sucre avec modération.

Certaines recherches signalent que les acides gras polyinsaturés essentiels (oméga-3 et oméga-6) pourraient avoir des effets modestes chez certains enfants et adolescents atteints de TDAH, sans pouvoir identifier leurs caractéristiques cliniques de manière suffisante. Étant donné que ces acides gras sont généralement très bien tolérés, il est envisageable de tenter un essai de suppléments en particulier d'oméga-3, ou d'oméga-3 et d'oméga-6, sur une période de 3 mois, à condition que l'alimentation des enfants ne comporte pas plus de trois portions de poissons gras d'océan par semaine (par exemple, maquereau, sardine, saumon, hareng, thon). La consommation alimentaire excessive de poissons contenant des acides gras oméga-3 peut entraîner une ingestion exagérée du mercure des rivières, des mers et des océans. Il est recommandé de maintenir un équilibre approprié entre les oméga-3 et les oméga-6 dans l'alimentation. Il est nécessaire que des études scientifiques rigoureuses démontrent clairement des effets bénéfiques avant de pouvoir recommander les oméga-3 pour les enfants atteints de TDAH.

Après plus de 40 années d'observation, il n'y a aucune preuve scientifique évidente à ce jour que ces régimes alimentaires soient la cause du TDAH ou qu'ils puissent être significativement efficaces sur les symptômes liés au TDAH. Il est bien sûr recommandé que votre enfant bénéficie d'une alimentation équilibrée et saine pour sa croissance et sa santé, associée à une activité physique régulière. Vous êtes en tant que parent libre de décider si votre enfant entreprend un régime alimentaire tout en faisant attention à ses effets et à ses contraintes.

Pleine conscience

Les programmes de pleine conscience (*mindfulness*) dans le contexte du TDAH se concentrent sur le développement de méthodes d'autorégulation visant à renforcer les processus attentionnels liés à l'orientation, l'alerte et l'attention exécutive.

La pleine conscience vise à exercer un état de conscience centré sur une attitude d'attention, de présence et de vigilance sans jugement. Cette approche s'inspire de techniques de méditation bouddhiste, mais elle est pratiquée de manière laïque et thérapeutique dans le but de réduire le stress.

Les entraînements de pleine conscience enseignent aux participants à focaliser leur attention sur l'expérience du moment présent, sans jugement, en observant les émotions, les pensées, les sensations corporelles et les perceptions sensorielles au fur et à mesure qu'elles surviennent, en adoptant une attitude de spectateur. La pleine conscience ne repose pas sur une idéologie ni sur une philosophie, mais elle représente une description phénoménologique d'une caractéristique universelle de l'âme et des émotions. Les approches de pleine conscience peuvent être réalisées individuellement ou/et en groupe, avec la recommandation d'une pratique quotidienne pour développer les capacités d'observation de ce qui se passe en soi et de prise de recul par rapport à ses propres expériences. De nombreux programmes ont été développés en tenant compte des besoins spécifiques des populations cibles.

Des recherches neuropsychologiques sur le TDAH apportent des arguments en faveur de l'intérêt des programmes de pleine conscience en tant que traitement potentiel des enfants ayant un TDAH, dans le but d'améliorer la régulation de l'attention et le contrôle des comportements et des émotions liés à l'hyperactivité et à l'impulsivité. Des études observent que la pratique de la pleine conscience peut améliorer des performances exécutives telles que l'attention, la mémoire de travail et le contrôle cognitif. De plus, les programmes de pleine conscience impliquant à la fois les parents et les jeunes ayant un TDAH représentent une approche intéressante, visant à réduire le stress chez les parents et les difficultés chez les enfants et les adolescents atteints de TDAH. Des recherches observent que la pleine conscience peut contribuer à réduire l'hyperactivité, les problèmes d'attention et les symptômes liés au TDAH. En outre, certaines études menées auprès de patients adultes atteints de TDAH signalent l'intérêt des programmes de pleine conscience qui intègrent des stratégies issues des thérapies cognitivo-comportementales.

Cependant, les données actuelles ne permettent pas de confirmer de manière concluante l'impact réel des programmes de pleine conscience chez les enfants et les adolescents atteints de TDAH ainsi que chez leurs parents, en raison du manque d'études utilisant une méthodologie rigoureuse. L'efficacité de cette approche doit encore être confirmée par des recherches répondant aux exigences scientifiques, notamment en utilisant des cohortes cliniques et de la population générale.

La diversité des profils cliniques, la complexité des processus concernés et la variété des contextes posent des problèmes méthodologiques et représentent un défi pour les recherches visant à identifier les facteurs spécifiques ayant un impact sur l'efficacité des approches de la pleine conscience chez des populations cliniques telles que celles des enfants et des adolescents atteints de TDAH.

Résumé

- Les effets des approches non médicamenteuses sont plus complexes que ceux des médicaments, ce qui les rend difficiles à quantifier et à évaluer de manière objective.
- L'expérience clinique souligne l'intérêt des approches non médicamenteuses, telles que les programmes éducatifs pour les parents, les différentes formes de psychothérapie, en fonction des indications, de la présence de troubles associés et de l'expérience des professionnels.
- La bibliothérapie consiste en l'accès à des informations provenant de livres, d'internet, de livres électroniques et de réseaux sociaux pour mieux comprendre le TDAH. Cependant, il est essentiel de vérifier la source, la qualité et la pertinence des informations consultées.
- Les associations de parents fournissent un soutien précieux aux parents et aux adultes atteints de TDAH. Elles offrent des informations, des groupes de parole, et des partages d'expériences pour aider les personnes à mieux comprendre et à faire face aux défis liés au TDAH.
- Les nouvelles approches « neurocognitives », comme la remédiation cognitive informatisée, le neurofeedback, la métacognition, les jeux vidéo et la réalité virtuelle, ainsi que les approches alternatives comme la pleine conscience et les régimes alimentaires nécessitent encore des études rigoureuses portant sur des cohortes cliniques et sur la population générale pour évaluer leur réelle efficacité.

Bibliographie

Antshel, K. M., Hargrave, T. M., Simonescu, M., Kaul, P., Hendricks, K., & Faraone, S. V. (2011). Advances in understanding and treating ADHD. *BMC Medicine*, *9*, 72.

Bader, M. (2016). Perspectives psychanalytiques du TDAH. In B. Cyrulnik (Ed.), *Est-il hyperactif ?* (p. 147-156). Édition Philippe Duval.

Banaschweski, T., Coghill, D., & Zuddas, A. (2019). *Oxford Textbook of Attention Deficit Hyperactivity Disorder.* Oxford University Press.

Barkley, R. (2015). *Attention-Deficit Hyperactivity Disorder. A Handbook for Diagnosis & Treatment* (4th ed.). The Guilford Press.

Becker, S. P. (2020). *ADHD in Adolescents.* The Guilford Press.

Catalá-López, F., Hutton, B., Núñez-Beltrán, A., Page, M. J., Ridao, M., Macías Saint-Gerons, D., … Moher, D. (2017). The pharmacological and non-pharmacological treatment of attention deficit hyperactivity disorder in children and adolescents : A systematic review with network meta-analyses of randomised trials. *Plos One*, *12*(7), e0180355.

Corrigan, N., Păsărelu, C. R., & Volnescu, A. (2023). Immersive virtual reality for improving cognitive deficits in children with ADHD : a systematic review and meta-analysis. *Virtual Reality*, 1-20.

Cortese, S. (2023). Evidence-based prescribing of medications for ADHD : where are we in 2023 ? *Expert Opinion on Pharmacotherapy*, *24*(4), 425-434.

Daley, D., Van Der Oord, S., Ferrin, M., Cortese, S., Danckaerts, M., Doepfner, M., … Sonuga-Barke, E. J. (2018). Practitioner Review : Current best practice in the use of parent training and other behavioural interventions in the treatment of children and adolescents with attention deficit hyperactivity disorder. *Journal of Child Psychology and Psychiatry*, *59*(9), 932-947.

Dentz, A., Martin Soelch, C., Fahim, C., Torsello, A., Parent, V., Ponsioen, A., … Romo, L. Reseaerch consortium for non-pharmacological interventions on ADHD. (2024). Prise en charge non pharmacologique du trouble déficit de l'attention avec ou sans hyperactivité (TDAH). État des lieux et compte rendu du premier symposium international sur la prise en charge non pharmacologique du TDAH. *L'Encéphale*, sous presse.

Evans, S. W., Owens, J. S., Wymbs, B. T., & Ray, R. (2018). Evidence-Based Psychosocial Treatments for Children and Adolescents With Attention Deficit/Hyperactivity Disorder. *Journal of Clinical Child & Adolescent Psychology*, *47*(2),157-198.

Groenman, A. P., Hornstra, R., Hoekstra, P. J., Steenhuis, L., Aghebati, A., Boyer, B. E., … van den Hoofdakker, B. J. (2022). An Individual Participant Data Meta-Analysis : Behavioral Treatment for Children and Adolescents With Attention-Deficit/Hyperactivity Disorder. *Journal of the American Academy of Child and Adolescent Psychiatry*, *61*(2), 144-158.

Günter, M. (2014) Attention deficit hyperactivity disorder (ADHD) : an affect-processing and thought disorder ? *International Journal of Psychoanalysis*, 2014, *95*(1), 43-66.

Kabat-Zinn, J. (2023). *Méditations guidées : Programme MBSR : la réduction du stress basée sur la pleine conscience.* De Boeck Sup.

Mishra, J., Anguera, J.A., & Gazzaley, A. (2016). Video Games for Neuro-Cognitive Optimization. *Neuron*, *90*, 214-217.

O'Connor, L., Carbone, S., Gobbo, A., Gamble, H., & Faraone, S. V. (2023). Pediatric attention deficit hyperactivity disorder (ADHD): 2022 updates on pharmacological treatment. *Expert Review of Clinical Pharmacology*, *16*(9), 799-812.

Powell, L., Parker, J., & Harpin, V. (2018). What is the level of evidence for the use of currently available technologies in facilitating the self-management of difficulties associated with ADHD in children and young people ? A systematic review. *European Child & Adolescent Psychiatry*, *27*, 1391-1412.

Robin, A. L. (2014). Family Therapy for Adolescents with ADHD. *Child and Adolescent Psychiatric Clinics of North America*, *23*, 747-756.

Simons, D. J., Boot, W. R., Charness, N., Gathercole, S. E., Chabris, C. F., Hambrick, D. Z., & Stine-Morrow, E. A. (2016). Do "brain training" programs work ? *Psychological Science in the Public Interest*, *17*, 103-186.

Wolraich, M. L., & Hagan J. F. (2019). *What Every Parent Needs to Know. ADHD.* American Academy of Pediatrics.

Chapitre 9

Les stratégies éducatives parentales

Objectifs

- Décrire le rôle de la famille dans le développement des enfants avec un TDAH.
- Décrire les caractéristiques de l'impact du TDAH d'un enfant sur la famille.
- Décrire les principes des programmes de stratégies éducatives parentales.

La famille joue un rôle primordial dans le développement des enfants et elle est exposée en première ligne aux difficultés des enfants avec un TDAH et aux troubles associés qui ont des répercussions considérables sur la qualité de vie des familles et les relations familiales. Comme nous l'avons vu plus haut, les enfants avec un TDAH ont des difficultés à contrôler leurs comportements et leurs émotions, à suivre les règles familiales, à se comporter de manière appropriée dans différents contextes et avoir des relations sociales constructives. Ils ont tendance à interrompre leur entourage à des moments inopportuns, à oublier ce qu'ils doivent faire, à « décrocher » lors d'activités contraignantes et ennuyeuses, et à se plonger dans des occupations qui accaparent leurs intérêts en supportant difficilement les interruptions et les frustrations. Ils ne se rendent pas suffisamment compte des conséquences de leurs attitudes et de leurs comportements.

L'identification de ces enfants, de leurs difficultés liées au TDAH et de leurs conséquences négatives représente un objectif du processus diagnostique. La réalisation de stratégies appropriées est un but essentiel des interventions. La prise de conscience de la nature de leurs problèmes et de leurs ressources est un autre objectif important aux cours de leur développement et de leur prise en charge.

1 Le rôle des familles

De votre côté, vous êtes, en tant que parent d'un enfant avec un TDAH, fréquemment confronté à des difficultés éducatives importantes, à des doutes sur vos capacités parentales, à des sentiments d'échec et de culpabilité ainsi qu'à des tensions conjugales éprouvantes. Vous êtes soumis à la pression de réagir rapidement à des situations stressantes et répétitives. Vous pouvez éprouver du ressentiment et de la colère. Vous êtes également confronté à vos points faibles que nous avons tous. Vous avez tendance à vous comporter avec votre enfant en ayant des attitudes négatives, rigides, coercitives pouvant comporter des cris, des menaces et des méthodes punitives. Ces interactions contre-productives peuvent majorer chez votre enfant la présence de troubles anxieux, de troubles dépressifs, de troubles du comportement.

Les influences réciproques entre votre enfant avec un TDAH et vous-même doivent également être prises en considération dans une compréhension développementale et transactionnelle. Même si l'environnement familial ne constitue pas une cause centrale de ce trouble, il peut jouer un rôle significatif dans l'évolution problématique des symptômes du TDAH de votre enfant et dans le développement des troubles associés. Pour ces raisons, il est important de prendre aussi en compte le rôle des parents et des familles sans se centrer uniquement sur l'enfant atteint du trouble.

Les estimations récentes indiquent que 25 à 50 % des enfants diagnostiqués avec un TDAH ont au moins un parent présentant également ce trouble. Cette observation s'explique par le fait que le TDAH possède une importante composante génétique. L'héritabilité, qui désigne la part de la variation des traits observée dans la population pouvant être attribuée à des variations génétiques, est estimée entre 70 et 80 % pour le TDAH. Cela signifie que la majorité des différences dans la manifestation du TDAH parmi les individus peut être expliquée par des différences dans leur code génétique. Les familles avec enfants et parents atteints de TDAH nécessitent une attention particulière en raison de la cumulation des difficultés liées à la conjonction des problématiques des enfants et des psychopathologies parentales sur le devenir des enfants et sur la cohésion familiale. La dynamique des couples est plus problématique lorsque le conjoint présente un TDAH combiné par rapport à un TDAH avec une inattention prédominante. Ces situations cliniques particulières nécessitent un double regard sur l'enfant et sur le parent concerné par rapport à l'impact des caractéristiques du TDAH sur les capacités parentales et les interactions familiales.

Les objectifs principaux des différentes approches du TDAH sont l'amélioration des comportements de l'enfant dans le cadre familial et hors de la famille, une diminution des tensions familiales, une augmentation des performances scolaires et de l'estime de soi, et le déploiement de ses ressources.

Les psychothérapies traditionnelles comme les approches psychodynamiques, qui sont centrées sur la vie fantasmatique, les émotions et les pulsions, et les approches cognitivo-comportementales comportant l'objectif de modifier les schémas de pensée et les comportements, sont généralement moins efficaces chez les enfants que les entraînements parentaux sur les difficultés liées au

TDAH. Cependant, ces deux approches peuvent être aussi bénéfiques sur les composantes anxieuse et dépressive des enfants et des adolescents qui sont souvent associées.

2 Les stratégies éducatives

Comme parent, vous avez une marge de manœuvre pour modifier la qualité de vie de votre famille et aider votre enfant à mieux gérer ses difficultés d'attention et de contrôle, de plus suivre les règles familiales et de déployer progressivement ses ressources. Dans cette perspective, les stratégies éducatives sont des approches recommandées pour améliorer la qualité de vie des enfants avec un TDAH et de leurs familles. Lorsqu'elles sont utilisées de manière claire et régulièrement, elles peuvent aider les jeunes ayant un TDAH à améliorer leurs comportements, leurs performances scolaires et leur estime de soi, et également à diminuer les tensions familiales et déboucher sur des relations plus harmonieuses entre les membres de la famille. Mais ces approches peuvent être efficaces pour un enfant et pas pour un autre qui a de la peine à les intégrer, ou lorsque les parents ne sont pas en mesure de les appliquer de manière constante.

L'expérience clinique avec les familles et les nombreuses publications montrent l'importance de proposer des stratégies claires et réalisables, centrées sur les situations habituelles de la vie familiale. L'objectif est de vous aider comme parent à avoir des attitudes éducatives appropriées et consistantes par rapport à votre enfant atteint d'un TDAH, et de créer progressivement un environnement familial plus agréable et plus structuré. La participation active et régulière des parents est un facteur déterminant de l'impact de ces interventions sur le fonctionnement des enfants ayant un TDAH.

3 Les programmes éducatifs parentaux

Les programmes éducatifs parentaux (PEP), également appelés programmes d'entraînement aux habiletés parentales[1], reconnus pour être efficaces pour les enfants ayant un TDAH, reposent sur les théories de l'apprentissage social et des

1. Nous utilisons le terme de « stratégies éducatives » qui décrit le rôle des fonctions parentales, alors que le terme « habiletés parentales » édulcore les enjeux des fonctions parentales dans l'éducation des enfants.

principes de conditionnement au sein de la famille. Ces programmes vous permettent comme parent de mieux comprendre la nature des problèmes de votre enfant, d'avoir des attentes plus claires et de mettre en place des stratégies comportant plus d'attitudes positives et moins d'attitudes négatives.

Les programmes parentaux se sont développés depuis la fin des années 1970 aux États-Unis, soutenus par des nombreuses études. Il existe plusieurs programmes reconnus, tels que celui de Barkley et de ses collègues, le *Community Parenting Education Program*, le *Incredible Years Parenting Program*® et le *Triple P* de Sanders. Certains prennent en compte de manière plus spécifique également des troubles associés, en particulier les troubles du comportement. La combinaison des trainings parentaux et la participation des enfants et des adolescents atteints de TDAH à des groupes axés sur les compétences exécutives et sociales peut être intéressante, car ils agissent conjointement pour modifier positivement de vos stratégies éducatives et sur le fonctionnement de votre enfant. Des recherches récentes indiquent l'importance de développer des stratégies plus spécifiques pour les situations cliniques les plus sévères, pour les troubles associés comme les perturbations du comportement, ainsi que pour les familles monoparentales ou dont un parent présente un TDAH.

Nous ne présenterons pas en détail chaque programme d'entraînement parental, mais nous décrirons les stratégies particulièrement importantes à travers une synthèse des différentes approches. Une attention particulière sera accordée au programme développé ces dernières décennies par Russell Barkley qui correspond à notre propre pratique.

Les composantes exécutives jouent aussi un rôle important avec le développement de stratégies pratiques et structurées, comme l'organisation des différentes parties de la journée (par exemple, lever, départ du domicile, repas, devoirs, coucher), l'utilisation d'un agenda axé sur des problèmes centraux de la vie quotidienne ainsi que la mise en place de récompenses et de conséquences appropriées à l'âge et au contexte. Les relations difficiles entre les fratries peuvent jouer un rôle critique dans les familles et elles peuvent aussi bénéficier de stratégies impliquant les parents et tous les enfants en comportant des systèmes de récompense qui peuvent motiver les enfants.

Comme les jeunes enfants ayant des symptômes évocateurs d'un TDAH ou des critères diagnostiques d'un TDAH présentent un risque élevé de la persistance de leurs difficultés au cours des années suivantes, d'au moins 70 à 80 %, il est important de réaliser des prises en charge spécifiques pour la période préscolaire pour intervenir de manière préventive.

Des programmes d'interventions à domicile pour les parents et les enfants d'âge préscolaire ayant un TDAH – « New Forest Parenting Program » – ont été développés depuis une vingtaine d'années en associant des techniques de gestion des comportements ciblant les processus jouant un rôle central dans les difficultés des relations parents-enfants ayant un TDAH pour agir également sur les aspects attentionnels et organisationnels. Ces approches intéressantes comportent des interventions de plusieurs semaines à domicile pour aider les parents à développer des stratégies agissant sur les processus d'autorégulation comportementale et émotionnelle, d'attention et de mémoire de travail. Ces programmes entraînent des améliorations sur les symptômes TDAH et sur les troubles du comportement chez les jeunes enfants, ainsi que sur les capacités parentales. Des études suggèrent que la présence d'un TDAH chez l'un des parents réduit l'efficacité de ces trainings parentaux à domicile pour les enfants d'âge préscolaire ayant un TDAH, ce qui souligne la nécessité de prendre en compte les caractéristiques de ces situations familiales et d'adapter les interventions.

Durant la dernière décennie, les entraînements des compétences organisationnelles font partie des interventions en raison de leur impact potentiel sur l'efficacité des apprentissages et des réussites scolaires. Ces approches s'adressent en général à des enfants de 8 ans et plus pour leur permettre de mieux organiser leurs tâches et de plus tenir compte des dimensions temporelles. Elles prennent en considération le fonctionnement de l'enfant dans la vie quotidienne dans les cadres scolaire et familial, en accordant une attention particulière aux tâches de la vie quotidienne et scolaires, ainsi qu'aux devoirs, tout en intégrant des activités sociales et de loisirs à l'école et à la maison.

4 Les objectifs des stratégies parentales

L'objectif des stratégies retenues est d'entraîner des changements significatifs en diminuant les difficultés identifiées et en prenant en considération les caractéristiques des enfants atteints d'un TDAH. Les buts sont d'améliorer les capacités parentales et les interactions avec l'enfant, et de réduire les difficultés de l'enfant. Le fait de donner un rôle actif aux parents vise à renforcer leur compréhension des problèmes et à accroître leurs ressources pour les utiliser de manière appropriée et efficace. Ces interventions proposent aux parents de repérer et d'anticiper les situations difficiles qui nécessitent l'utilisation de stratégies spécifiques en n'étant pas démunis et en réagissant en se contrôlant. Les parents développent ainsi un sentiment de compétence parentale et sont plus en mesure de réfléchir par rapport aux enjeux de coparentalité. Les stratégies visent également à améliorer les relations parent-enfant et les compétences des enfants atteints de TDAH dans les différents domaines de la vie quotidienne.

REMARQUE

L'expérience clinique met en évidence les axes des stratégies éducatives cruciales qui aident les parents à développer des compétences de leurs fonctions parentales par rapport à un jeune ayant un TDAH :

- Aider les parents à mieux comprendre les caractéristiques du fonctionnement de leur enfant.
- Augmenter les connaissances des parents sur la nature des difficultés de l'enfant avec un TDAH.
- Améliorer l'émergence de compétences parentales de compréhension et d'écoute du point de vue de leur enfant et de discussion empathique avec lui pour le soutenir à comprendre ses difficultés et à reconnaître ses sentiments et ses émotions.
- Aider les parents à interagir de manière positive et consistante avec leur enfant en réduisant les commentaires négatifs et les interactions négatives en reconnaissant ses efforts et en l'encourageant.
- Aider les parents à développer des stratégies éducatives de routine cohérentes et adaptées aux difficultés liées au TDAH de leur enfant et à ses difficultés exécutives dans la vie quotidienne.
- Aider les parents à ignorer les comportements mineurs, irritants, ou non dangereux de leur enfant qui cherchent à attirer l'attention.
- Aider les parents à utiliser des systèmes de points à la maison concernant des difficultés récurrentes avec leur enfant observées quotidiennement avec un bilan hebdomadaire.
- Aider les parents à donner des récompenses pour des comportements appropriés.
- Aider les parents à mettre en place des conséquences appropriées non physiques (par exemple, mise à l'écart, retrait de privilèges) aux problèmes de leur enfant de manière neutre.
- Aider les parents à développer des compétences de leur enfant de mise en place d'anticipations et de plan d'action par étapes et de résolution de problèmes pour améliorer leurs compétences cognitives et sociales et leurs performances scolaires.
- Aider les parents à être proactif et anticiper les situations difficiles.
- Aider les parents à soutenir et à augmenter l'estime de soi et la motivation de leur enfant.
- Améliorer les communications entre les membres de la famille.

- Améliorer l'acceptation de l'enfant aux directives et aux règles données par les parents.
- Développer des compétences plus appropriées de l'enfant.
- Réduire le stress lié à la parentalité et accroître l'harmonie familiale.

5 Les caractéristiques cliniques

Comme nous l'avons relevé plus haut, les trainings parentaux s'inscrivent dans des stratégies de prise en charge pluridimensionnelles souvent en association – mais pas nécessairement – avec une médication, en particulier pour les situations cliniques comportant des problèmes importants liés au TDAH, aux comorbidités, à des difficultés de parentalité et à des dysfonctionnements familiaux.

Dans la majorité des cas, les programmes de training parental sont plus efficaces chez les plus jeunes enfants car ils ont plus de facilités à modifier leurs comportements qui ont été moins fixés par le temps. Néanmoins, les adolescents peuvent aussi bénéficier de cette approche, en particulier lorsque leurs mécanismes de défense ne sont pas excessifs et que leurs difficultés à gérer la régulation émotionnelle ne sont pas trop importantes. Les enfants et les adolescents qui présentent des troubles associés importants sur le plan émotionnel, comportemental et relationnel peuvent profiter d'autres prises en charge individuelles ou pluridisciplinaires selon les situations. Dans certains cas, comme lors de troubles autistiques, de troubles dépressifs ou de troubles du comportement graves, des thérapies spécifiques sont les premières options et les plus efficaces avec la possibilité de réaliser ultérieurement les approches habituelles pour le TDAH.

Les parents d'enfants et d'adolescents atteints d'un TDAH sont particulièrement confrontés au défi de devoir gérer les règles de la vie quotidienne et d'instaurer une discipline par rapport aux comportements de leurs enfants. L'un des objectifs principaux des entraînements parentaux est d'aider les parents à comprendre les raisons des difficultés de leurs enfants et à avoir une approche plus positive qui dépasse la répétition de punitions lorsque les règles sont transgressées. Tout en devant être les garants des règles éducatives, il est important que les parents discutent et réfléchissent avec leurs enfants sur leurs difficultés en relevant également les aspects positifs et en les félicitant régulièrement lors de progrès et de réussites. Il est particulièrement recommandé avec ces enfants que les demandes des parents soient formulées de manière claire, directe et sans émotions pour leur apprendre à maîtriser leurs émotions et à contrôler leurs comportements.

Les parents doivent s'efforcer de ne pas réagir de manière trop forte ni trop brutale, en particulier lorsque les comportements de leurs enfants sont intolérables, provocants ou dangereux. Il est également conseillé d'établir un contact direct avec l'enfant, en particulier en le regardant dans les yeux, en le touchant doucement ou lui tenant la main tranquillement lorsque les situations le permettent. Les parents doivent aussi être attentifs aux réactions de leurs enfants à leurs attitudes éducatives en intervenant rapidement en cas de doute sur leurs demandes, en les félicitant s'ils répondent positivement et en les encourageant s'ils font des efforts pour progresser même s'ils rencontrent des difficultés à obtenir des résultats.

Les enfants et les adolescents ayant un TDAH sont spécialement confrontés à des difficultés pour changer leur fonctionnement et leurs comportements. Attendre de leur part des changements comportementaux majeurs est une erreur et une illusion qui entraîne des déceptions, des frustrations et de l'énervement qui sont contre-productifs. Il est recommandé d'aider ces enfants à réaliser des changements en décomposant les tâches en étapes petites et réalisables, en leur demandant de faire une chose à la fois. Comme un sportif ou une danseuse qui décompose ses gestes au ralenti par séquence pour intégrer l'ensemble des mouvements, ou comme un peintre ou un sculpteur qui façonne une œuvre d'art par touches en suivant le rythme de processus créateurs.

6 Aspects pratiques

L'établissement de listes de tâches et de situations difficiles permet de dresser un panorama des problèmes et d'établir des priorités pour mettre en place des stratégies appropriées. Les programmes parentaux proposent des méthodes et des plans d'action prenant en compte les caractéristiques du TDAH, les dynamiques éducatives et familiales ainsi que les contextes des activités quotidiennes et sociales. Les composantes de motivation et de récompense jouent aussi un rôle central dans ces approches provenant de l'expérience clinique et des connaissances scientifiques acquises ces dernières décennies.

Les parents doivent être conscients que les programmes d'entraînements parentaux exigent un engagement et une disponibilité importants de leur part. Les modifications des attitudes éducatives peuvent être difficiles à réaliser parce que les fonctionnements sont ancrés dans des expériences vécues de leur propre enfance, ce qui nécessite des modifications psychiques profondes liées à la parentalité. Cette démarche peut également mettre le couple parental sous tension, qui est très souvent déjà éprouvé par l'impact d'un enfant ayant un TDAH sur les relations familiales. L'approche parentale peut être difficile à modifier en raison des fonctionnements qui se sont développés à partir de ce qui s'est passé dans votre propre famille pendant votre enfance et durant vos propres expériences d'enfance.

Les programmes parentaux d'entraînement éducatif peuvent être réalisés soit par des couples de parents, soit en groupe. L'option du groupe présente l'avantage de créer une dynamique positive grâce à des processus d'identification et aux échanges d'expériences entre les participants. Ces interactions favorisent une compréhension mutuelle des difficultés et permettent le partage de conseils pratiques. Les programmes parentaux d'entraînement en ligne offrent une accessibilité accrue aux parents, facilitant leur implication dans des démarches bénéfiques pour leur enfant. Cependant, il est recommandé de privilégier autant que possible les sessions en présentiel pour tirer le plus de bénéfices des échanges dynamiques et personnalisés, en réservant les séances en visioconférence à des circonstances exceptionnelles, telles que la période du Covid-19 ou lorsque les parents ne peuvent pas physiquement y assister. Par ailleurs, il important de relever la diversité des contextes familiaux qui nécessitent souvent une adaptation personnalisée des interventions. Cela peut s'avérer plus complexe lors de séances à distance, soulignant l'importance d'ajuster progressivement les stratégies éducatives aux besoins spécifiques de chaque famille pour une efficacité optimale.

Les thérapeutes doivent tenir compte des caractéristiques individuelles de chaque parent et de chaque enfant. Ils doivent aussi être attentifs aux profils de personnalité des adultes, à la présence possible d'un TDAH chez les parents, et de troubles associés chez les enfants. Les dynamiques entre les couples de parents sont aussi des éléments importants, le degré de conflits conjugaux étant prédictif de l'efficacité de cette approche. Dans certains cas, il est recommandé que ces parents entreprennent une thérapie de couple au préalable. Des programmes spécifiques ont été développés pour les mères qui élèvent seules leurs enfants et sur des problèmes particuliers tels que les interactions sociales et la scolarité.

Les thérapeutes jouent également un rôle central dans le succès de ces approches. Les jeunes thérapeutes sont généralement aussi compétents que les plus expérimentés pour maintenir l'engagement des parents dans ces programmes. Les thérapeutes expérimentés peuvent généralement mieux gérer des groupes difficiles, à condition de ne pas confronter trop directement les parents à leurs résistances. Il est préférable d'adopter une approche de soutien empathique tout au long du programme et d'adapter les propositions de stratégies aux caractéristiques des familles.

Des études mettent en évidence les caractéristiques fondamentales des programmes parentaux qui les rendent nettement plus efficaces que les programmes qui n'adoptent pas ces stratégies. Ces caractéristiques comprennent l'accent sur :

- L'augmentation des interactions positives entre le parent et l'enfant.
- Le renforcement des compétences en communication émotionnelle.
- L'apprentissage de l'utilisation du temps mort (« time out ») par les parents.
- L'importance de la cohérence parentale.
- La mise en pratique par les parents de nouvelles stratégies claires et cohérentes enseignées lors des sessions.

Pour ces différentes raisons, les programmes d'entraînements parentaux sont des ressources précieuses pour les parents ayant un enfant atteint d'un TDAH. Ils leur permettent de mieux comprendre les caractéristiques de leur enfant, leurs difficultés éducatives, et de mettre en place des stratégies cohérentes et appropriées.

Résumé

- Les relations parent-enfant ont une influence très significative sur les comportements de l'enfant.
- Les programmes éducatifs pour les parents se sont développés aux États-Unis depuis la fin des années 1970 aux États-Unis et sont une approche désormais largement reconnue et pour les enfants atteints de TDAH.
- La participation des parents à un programme d'entraînement éducatif leur permet de mieux comprendre les caractéristiques de leur enfant et de développer des stratégies claires, cohérentes et appropriées.
- Il existe plusieurs programmes pour les parents, qui peuvent varier dans leur contenu et dans leur forme, mais ils ont généralement une méthode de base commune pour être efficaces.
- Les groupes de parents sont le cadre le plus courant, comportant l'avantage de créer une dynamique positive grâce à des processus d'identification et aux échanges dynamiques entre les participants. Ces interactions favorisent le partage d'expérience et de conseils facilitant la compréhension des difficultés rencontrées.
- Les programmes d'entraînement parental nécessitent un engagement important de la part des parents les confrontant parfois à des difficultés pour modifier certains comportements. Néanmoins, ils permettent souvent une amélioration significative des relations parent-enfant et des difficultés liées au TDAH de l'enfant.
- Les programmes d'entraînements parentaux s'inscrivent dans une approche pluridimensionnelle adaptée aux spécificités de chaque situation.

Bibliographie

Barkley, R. (2015). *Attention-Deficit Hyperactivity Disorder. A Handbook for Diagnosis & Treatment* (4th ed.). The Guilford Press.

Barkley, R. A. (2013). *Defiant children. A clinician's manual for assessment and parent training.* The Guilford Press.

Bor, W., Sanders, M. R.., & Markie-Dadds, C. (2002). The effects of the Triple P-Positive Parenting Program on preschool children with co-occurring disruptive behavior and attentional/hyperactive difficulties. *Journal of Abnormal Child Psychology*, *30*(6), 571-587.

Daley, D., Van Der Oord, S., Ferrin, M., Cortese, S., Danckaerts, M., Doepfner, M., … Sonuga-Barke, E. J. (2018). Practitioner Review : Current best practice in the use of parent training and other behavioural interventions in the treatment of children and adolescents with attention deficit hyperactivity disorder. *Journal of Child Psychology and Psychiatry*, *59*(9), 932-947.

Dekkers, T. J., Hornstra, R., van der Oord, S., Luman, M., Hoekstra, P. J., Groenman, A. P., & van den Hoofdakker, B. J. (2022). Meta-Analysis : Wich Components of Parent Training Work for Children With Attention-Deficit/Hyperactivity Disorder ? *Journal of the American Academy of Child and Adolescent Psychiatry*, *61*(4), 478-494.

Evans, S. W., Owens, J. S., Wymbs, B. T., & Ray, R. (2018). Evidence-Based Psychosocial Treatments for Children and Adolescents With Attention Deficit/Hyperactivity Disorder. *Journal of Clinical Child & Adolescent Psychology*, *47*(2),157-198.

Fabiano, G. A., Schatz, N. K., Aloe, A. M., Chacko, A., & Chronis-Tuscano, A. (2015). A systematic review of meta-analyses of psychosocial treatment for attention-deficit/hyperactivity disorder. *Clinical Child and Family Psychology Review*, *18*(1), 77-97.

Haack, L. M., Villodas, M., McBurnett, K., Hionshaw, S., & Pfiffner, L. J. (2017). Parenting as a Mechanism of Change in Psychosocial Treatment for Youth with ADHD, Predominatly Inattentive Presentation. *Journal of Abnormal Child Psychology*, *45*(5), 841-855.

Johnston, C., Mash, E. J., Miller, N., & Nonowski, J. E. (2012). Parenting in adults with attention-deficit/hyperactivty disorder (ADHD). *Clinical Psychology Review*, *32*, 215-228.

Kaminski, J. W., Valle, L. A., Filene, J. H., & Boyle, C.L. (2008). A Meta-analytic review of Components Associated with Parent Training Program Effectiveness. *Journal of Abnormmal Child Psychology*, *36*, 567-589.

Pfiffner, L. J., & Kaiser N. (2015). Behavioral Parent Training. In M. Dulcan (Ed.), *Dulcan's textbook of child and adolescent Psychiatry* (p. 845-868). American Psychiatric Publishing.

Rahali, M., Fongaro, E., Franc, N., Nesensohn, J., Purper-Ouakil, D., & Kerbage, H. (2023). Changements potentiels des pratiques parentales après un programme d'entraînement en ligne pour les parents d'enfants avec TDAH. *L'Encépale*, *50*(1), 59-67.

Webster-Stratton, C. H. (2011). Combining Parent and Child Training for Young Children with ADHD. *Journal of Clinical Child and Adolescent Psychology*, *40*(2), 191-203.

Chapitre **10**

Principes éducatifs : la boîte à outils des parents

Objectifs

- Décrire des stratégies éducatives adaptées aux enfants et aux adolescents atteints de TDAH qui constituent une boîte à outils proposant différentes pistes.
- Identifier les différents domaines éducatifs correspondant à l'impact d'un enfant ou d'un adolescent avec un TDAH sur les fonctions parentales et sur la famille.
- Permettre de prendre du recul et de réduire la pression en ayant un meilleur contrôle sur le fonctionnement du jeune atteint de TDAH et sur le déroulement des interactions.
- Permettre aux parents d'adapter ces stratégies éducatives selon leurs valeurs personnelles, les caractéristiques de leur enfant et leur situation familiale, en ayant la liberté de ne pas les utiliser.

Nous allons aborder les aspects pratiques de ce livre en vous proposant des stratégies éducatives adaptées aux enfants et aux adolescents atteints d'un TDAH. En tant que parent, il est recommandé de prendre du recul et de réfléchir aux différentes situations génératrices de tensions, de déception, d'agressivité et de ressentiment. Ces situations sont comme des corps à corps dans un match de boxe épuisant et contre-productif pour les deux adversaires, sans esquives ni coups efficaces. En étant moins sous pression et en comprenant mieux les caractéristiques de votre enfant, vous pouvez avoir un meilleur contrôle sur le déroulement des interactions. Cela vous permet de vous sentir moins impuissant et plus capable d'agir de manière constructive dans vos attitudes éducatives.

Les programmes de guidance parentale sont des boîtes d'outils proposant différentes pistes. En tant que parent, vous n'êtes pas obligé de suivre ces pistes à la lettre, car vous êtes la personne qui connaît le mieux votre enfant et qui est la plus capable de l'aider. Les stratégies proposées sont des conseils que vous pouvez adapter à vos valeurs personnelles, aux caractéristiques de votre enfant et à votre situation familiale.

Comme nous l'avons décrit plus haut, il existe plusieurs programmes reconnus qui ont été développés depuis la fin des années 1970. Ces programmes comportent trois approches de base :

1) L'ajustement des facteurs contextuels qui précèdent ou accompagnent les activités de l'enfant, dans le but d'encourager les comportements positifs et de décourager les comportements négatifs (par exemple, modifications des directives parentales, des exigences liées aux tâches ou des instructions de l'enseignant).

2) La restructuration des tâches à accomplir pour les rendre plus gérables ou plus intéressantes pour l'enfant (par exemple, diminution des quantités de travail demandées, intégration de tâches plus intéressants).
3) La modification des conséquences liées au comportement de l'enfant en utilisant des techniques telles que l'attention positive, les encouragements, les félicitations, le renforcement par récompenses ou les sanctions, pour influencer de manière constructive les actions de l'enfant dans ce cadre.

Nous nous appuierons sur le travail de Russell Barkley, qui inspire notre pratique et qui intègre plus de 50 années d'expérience clinique et de recherche concernant les enfants, les adolescents et les adultes atteints de TDAH. Barkley et son équipe se sont intéressés aux compétences parentales depuis les années 1980, adaptant leur approche au fil des connaissances cliniques et scientifiques accumulées. Ses ouvrages constituent le fondement de ce chapitre auquel nous avons ajouté nos propres réflexions et considérations.

En nous appuyant sur les caractéristiques des enfants et des adolescents atteints de TDAH et des relations parent-enfant décrites précédemment, nous allons présenter les stratégies éducatives d'un enfant ou d'un adolescent atteint d'un TDAH :

- Être informé et comprendre les caractéristiques du TDAH.
- Écouter et discuter avec votre enfant.
- Être présent et constant comme parent.
- Définir des priorités.
- Développer la conscience de soi et le sens des responsabilités de l'enfant.
- Développer les capacités de contrôle et d'implication de l'enfant.
- Augmenter la responsabilité des enfants.
- Toucher plus, récompenser plus et parler moins.
- Stimuler la motivation et les récompenses.
- Décomposer les tâches.
- Développer la gestion du temps.
- Développer l'organisation et la planification.
- Renforcer la capacité de la mémoire de travail.
- Anticiper les situations difficiles.
- Développer la gestion des crises émotionnelles.
- Développer des compétences.
- Gérer la coparentalité.

1 ▶ Être informé et comprendre les caractéristiques du TDAH

Comme le relève Russell Barkley, l'un des obstacles majeurs est le manque de connaissances des parents, des professionnels, des enseignants et de l'entourage concernant les caractéristiques du TDAH. En tant que parent, il est essentiel de comprendre les particularités de votre enfant, d'accepter la réalité de ses difficultés tout en le soutenant dans son développement et son épanouissement. Votre compréhension et votre acceptation vous donnent la volonté et les ressources pour réduire ses difficultés grâce à des traitements appropriés et la mise en place de stratégies adaptées à la maison et, si possible, à l'école.

La prise de conscience que le fonctionnement de votre enfant diffère de celui des autres enfants de son âge vous permet d'ajuster vos attentes et vos demandes tout en tenant compte de son évolution. Cette attitude mentale constitue la base de l'accompagnement de votre enfant ou de votre adolescent jusqu'à son entrée dans la vie adulte.

Russell Barkley utilise la métaphore du berger qui guide, surveille et protège son troupeau de moutons pour illustrer le rôle de parent. En tant que parent, vous devez assurer la protection et les soins à votre enfant, tout en faisant des ajustements en fonction de ses capacités et de ses aptitudes. Vous cherchez aussi à améliorer son environnement et à mettre en place des routines appropriées et cohérentes, tout en prenant bien soin de vous-même.

2 ▶ Écouter et discuter avec votre enfant

Les enfants et les adolescents atteints d'un TDAH donnent fréquemment l'impression superficielle de ne pas être – ou d'être très peu – conscients de leur manque d'attention et de contrôle. Même si ces jeunes rencontrent des difficultés à être conscients de leurs problèmes, ils sont plus concernés et plus préoccupés que nous l'imaginons.

Pour ces raisons, il est important d'avoir des discussions dans des moments détendus avec l'objectif d'écouter ce que votre enfant pense de ses attitudes, émotions, comportements et relations, à l'encourager à poser des questions, à exprimer ses peurs ou ses préoccupations. Vous pourriez être surpris de découvrir qu'il est capable, en tenant compte de son âge, de décrire sa situation de manière pertinente. Ces discussions lui permettent aussi de mieux comprendre ses problèmes en faisant l'expérience d'être écouté et d'exprimer ses émotions et questionnements en dehors de moments conflictuels. Ces échanges peuvent également inclure des informations sur les différentes interventions, comme les médicaments, leurs effets, la durée et les horaires de leurs prises, ainsi que sur les observations de votre enfant.

Prenez un moment pour réfléchir, puis, dans un contexte détendu, reprenez les discussions avec votre enfant en évoquant ses réflexions précédentes. Vous lui montrez que vous l'avez écouté attentivement et que vous êtes sensible à ses préoccupations. Discutez avec lui de deux ou trois situations qui le touchent particulièrement, et réfléchissez ensemble aux contextes et aux stratégies qui pourraient être essayées, comme celles que nous allons décrire plus loin. Ces dialogues et les prises en charge aident votre enfant à mieux comprendre et accepter les particularités de son fonctionnement. Progressivement, il pourra utiliser des stratégies appropriées et s'appuyer sur ses ressources personnelles, comme nous le verrons plus loin.

3 Être présent et constant comme parent

Dans le contexte sociétal actuel, les parents sont fréquemment surchargés et sursollicités par leurs activités professionnelles et familiales ainsi que par les nouvelles technologies qui envahissent les espaces privés. Il est très difficile de profiter de moments de détente sans être submergé par une suractivité, par des préoccupations et des ruminations liées au travail, aux tâches quotidiennes et aux relations familiales.

Tout en prenant en compte ces éléments de réalité, il est essentiel pour un parent d'être disponible pour son enfant, de discuter avec lui, de comprendre ses vécus quotidiens et ses réactions, comme nous l'avons décrit plus haut. Les programmes parentaux aident les parents à développer des compétences d'écoute active et de réflexion sur les attitudes et les situations les plus typiques de l'enfant avec un TDAH pour l'aider à reconnaître et comprendre ses émotions et ses réactions.

Il est aussi recommandé de montrer de l'intérêt envers votre enfant et de réduire vos propos négatifs sur lui. Comme parent, il est important d'interagir positivement avec lui, en cherchant à être le plus cohérent et constant possible. Il est aussi conseillé d'appliquer dans l'éducation de votre enfant des attitudes et des mesures appropriées en réponse à ses comportements, en fonction de son âge et de la situation. Un autre point important est la communication claire avec votre enfant en choisissant les bons moments pour capter son attention. Il est conseillé de lui parler de manière brève et directe, et de lui donner des consignes précises et affirmatives.

Les activités de jeux « classiques » ou numériques représentent d'excellentes occasions de détente durant lesquels votre enfant a l'occasion de prendre des initiatives et de vivre des moments de leadership. Les jeux d'équipe favorisent des interactions positives et des réflexions sur les attitudes et les réactions des participants dans un contexte ludique. Il est conseillé de choisir des jeux qui entraînent des échanges détendus et des moments de plaisir partagé. Ces situations permettent à votre enfant de constater que vous vous intéressez à lui aussi pendant des moments agréables, et pas seulement lors de tensions ou d'énervements. Ces expériences jouent un rôle clé dans le développement de ses capacités d'autorégulation et de ses compétences relationnelles constructives avec les autres.

4 Définir des priorités

Comme nous l'avons mentionné à plusieurs reprises, les parents d'enfants et d'adolescents avec un TDAH ont fréquemment des conflits avec leur enfant sur des sujets aux enjeux mineurs, augmentant ainsi les tensions familiales. En raison des symptômes du TDAH, des problèmes exécutifs et de régulation émotionnelle, ces jeunes éprouvent beaucoup de difficultés à suivre les instructions, à réaliser les devoirs, à accomplir les routines de la vie quotidienne et les tâches ménagères. En tant que parent, vous êtes confronté à des situations répétitives et à des défis éducatifs qui sont épuisants et irritants. Vous devez faire face à vos points sensibles. Il peut vous arriver de perdre momentanément le contrôle en réagissant avec colère et en ayant des attitudes punitives parfois exagérées. Ces situations répétitives entraînent fréquemment des tensions conjugales, des désaccords sur les méthodes d'éducation et des crises familiales.

Votre enfant avec un TDAH a une tendance, plus que les autres enfants, à s'investir dans des activités qui lui plaisent et qui l'intéressent. Il a des difficultés à accepter vos demandes d'interrompre cette activité pour faire une tâche moins intéressante et ennuyeuse. La répétition de ces situations peut mener à une escalade de conflits épuisants et contre-productifs, pouvant comporter aussi des comportements oppositionnels de la part de votre enfant. Des études ont observé que les parents peuvent donner 100 demandes ou exigences différentes ou plus par jour à leurs enfants, ce qui peut se produire au moins six fois par heure durant un jour, soit environ une toutes les 10 minutes. Vous pouvez ainsi avoir tendance à lui faire trop de demandes et lui donner trop d'instructions, alors qu'il présente des problèmes d'attention et de contrôle, ainsi que des difficultés exécutives (telles que l'organisation, la capacité de passer d'une tâche à une autre, la mémoire de travail, la régulation de la motivation et de la gestion du temps).

Comme le recommande Russell Barkley, vous pourriez envisager de reconsidérer vos priorités et de changer la dynamique de votre relation parent-enfant en appliquant les stratégies suivantes :

- Prendre un moment pour réfléchir à vos attentes, vos demandes et vos priorités en tant que parent.
- Réévaluer l'opportunité et la nécessité réelle de certaines demandes qui entraînent fréquemment des conflits (par exemple, se réveiller à une heure raisonnable, s'habiller, ranger ses affaires et sa chambre, faire le lit, se brosser les dents, préparer son sac d'école, faire ses devoirs). En réfléchissant à ces situations difficiles, demandez-vous lesquelles sont urgentes comme la préparation d'un test ou d'un examen, lesquelles sont essentielles, lesquelles sont secondaires, lesquelles pourraient être reportées, et lesquelles pourraient être éliminées. En vous concentrant sur l'essentiel, vous éviterez de trop solliciter votre enfant.
- Donner la priorité aux tâches urgentes et importantes, en expliquant clairement les raisons à votre enfant et en l'aidant dans la planification et l'organisation (par exemple, en élaborant un planning hebdomadaire coloré, en classant le matériel scolaire ou en anticipant la préparation des tests et en organisant les devoirs par matière).
- Les règles de la famille telles que le respect des parents et des autres membres de la famille étant importantes, assumer la responsabilité de ses actes et de leurs conséquences en tenant compte de l'âge. Toutefois, certaines des règles peuvent être assouplies ou appliquées dans des contextes différents.
- L'application de ces principes éducatifs pour les enfants atteints d'un TDAH peut progressivement transformer positivement la dynamique relationnelle et familiale.

5 Développer la conscience de soi et le sens des responsabilités de l'enfant

Comme le relève Russell Barkley, les enfants avec un TDAH ne sont souvent pas suffisamment conscients de leurs difficultés à accomplir des tâches, à gérer leurs émotions et leurs comportements, et à anticiper les conséquences. Ils présentent un décalage par rapport aux enfants de leur âge en ce qui concerne la conscience de soi et la capacité à évaluer l'impact de leurs émotions et actions. Ce décalage est probablement dû à des processus de maturation cérébrale plus lents.

En tenant compte de l'âge et du niveau de développement de votre enfant ou de votre adolescent, Russell Barkley propose les stratégies suivantes pour vous permettre, en tant que parent, de prendre du recul et d'interagir de manière constructive avec votre enfant :

- Donner l'exemple. En réfléchissant à vos attentes, attitudes et réactions dans des situations particulières, vous aidez indirectement votre enfant à prendre conscience de son propre fonctionnement. En identifiant des occasions de modifier vos attentes et comportements, vous lui transmettez des messages qui l'encouragent à réfléchir davantage sur lui-même et à comprendre l'importance de la réflexion personnelle.
- Raconter une situation sociale. Imaginez-vous en tant que reporter décrivant les comportements d'un enfant dans le cadre d'une émission de télévision. Vous avez la possibilité de commenter les expressions faciales, les gestes, les postures, les réactions émotionnelles et les comportements tout en expliquant s'ils sont appropriés ou non. Cette stratégie favorise une prise de distance et une réflexion sur des situations vécues en temps réel.
- Questionner votre enfant. Une autre stratégie pour développer sa conscience de soi consiste à le questionner avec tact et gentillesse. Dans un cadre détendu, montrez votre curiosité et votre capacité d'écoute, abordez avec lui ses points forts et ses points faibles. Demandez-lui ce qu'il ressent et pense dans certaines situations, lorsqu'il est embarrassé, frustré, en colère, mais aussi content et fier de lui.

6 Développer les capacités de contrôle et d'implication de l'enfant

Comme nous l'avons décrit plus haut, votre enfant avec un TDAH a des difficultés à gérer des tâches et des situations sociales en raison de son manque de contrôle et de régulation de l'attention, des émotions et de la motivation. En tant que parent, il est essentiel d'être un modèle identificatoire structurant pour guider votre enfant dans le développement de ses compétences et de ses stratégies.

Vous pouvez profiter des moments propices pour aider votre enfant à développer des capacités de contrôle et d'écoute avec, à l'arrière-plan, le développement de sa conscience de soi. Il est recommandé de choisir des situations sans conséquences majeures quand vous n'êtes pas présent. Vous pouvez lui proposer une activité qui comporte un objectif précis, en lui expliquant que vous viendrez à des moments aléatoires, non pas pour le surveiller, mais pour discuter avec lui de ce qu'il fait et de ce qu'il en pense. L'objectif est que votre enfant puisse progressivement intégrer ce fonctionnement et l'appliquer par lui-même dans des situations similaires. Il pourra ainsi progressivement mieux gérer des obligations, des contextes sociaux et des loisirs.

Une autre stratégie efficace consiste à utiliser l'alarme d'un téléphone mobile ou d'un autre système lorsque vous êtes présent. Lorsqu'elle se déclenche, demandez à votre enfant d'interrompre son activité et de réfléchir à ce qu'il est en train de faire et à ce qu'il pourrait faire ensuite. Cette méthode permet d'instaurer des moments de réflexion qui peuvent l'aider à développer sa conscience de soi et à mieux gérer ses actions et son temps.

Quand votre enfant se replie sur lui-même et s'implique lentement dans des devoirs, il est recommandé d'identifier les moments opportuns pour stimuler sa participation à des activités. Faites-le en respectant son fonctionnement et en donnant des récompenses adaptées. Cette stratégie favorise le développement de ses capacités d'autocontrôle.

Russell Barkley suggère de filmer les enfants et adolescents atteints de TDAH pendant quelques minutes lorsqu'ils effectuent des tâches ménagères, font leurs devoirs, jouent avec leurs frères et sœurs, ou interagissant avec leurs camarades. Vous pouvez ensuite faire des observations et des commentaires avec tact, sans être intrusif, puis proposer à votre enfant d'exposer son point de vue et ses réflexions sur ce qu'il pourrait changer dans la situation. Ces nouvelles technologies offrent la possibilité de réfléchir à des situations avec du recul, ce qui permet de mieux les comprendre lors de moments de discussion en famille.

7 AUGMENTER LA RESPONSABILITÉ DES ENFANTS

L'augmentation de la responsabilité de votre enfant est un objectif éducatif en tenant compte de son âge et de son niveau de développement. Plusieurs stratégies simples peuvent être utiles pour améliorer la participation et l'implication de votre enfant avec un TDAH. Il est conseillé de le superviser fréquemment quand il doit faire une tâche qui a été convenue, tout en évitant de réagir précipitamment face à ses difficultés et réactions négatives. Voici quelques stratégies que vous pourriez envisager :

- Demandez-lui de dire ce qu'il fait, même si vous le savez déjà.
- Donnez des encouragements, des félicitations et d'autres retours positifs sur le travail accompli. Si vous le jugez approprié, vous pourriez lui offrir une petite récompense.
- Dites-lui votre confiance en ses capacités.
- Pour le motiver, informez-le que vous passerez dans un moment pour voir comment il avance dans son travail et que vous serez disponible pour en discuter.
- Posez des questions de manière imprévisible. Si vous observez qu'il semble ne plus faire la tâche qu'il doit faire, intervenez rapidement pour évaluer la situation. Si votre enfant ne sait pas quand vous viendriez vers lui, il sera peut-être stimulé de poursuivre l'activité pour ne pas être critiqué et être félicité, et peut même être récompensé.

Un objectif essentiel est d'aider votre enfant à devenir progressivement plus autonome, tout en tenant compte de ses besoins et de ses difficultés. En raison des difficultés décrites plus haut, les devoirs nécessitent souvent votre présence et votre supervision plus longtemps que pour la majorité des enfants du même âge. Vous pouvez favoriser son autonomie en le responsabilisant par étapes. Par exemple, laissez-le faire des trajets seul lorsque son âge et les circonstances le permettent, et donnez-lui des tâches spécifiques en le valorisant et le félicitant.

8 TOUCHER PLUS, RÉCOMPENSER PLUS ET PARLER MOINS

Les grandes difficultés des enfants atteints d'un TDAH à commencer la journée, à accomplir et à terminer des tâches et des activités simples mobilisent très souvent beaucoup d'énergie de la part des parents. Vous devez lui répéter tous les jours de les faire et vérifier si elles ont été effectuées. Ces situations très fréquentes de conflits sont une raison de réfléchir à limiter vos demandes à celles qui sont les plus importantes. Russell Barkley propose des stratégies pour diminuer l'engrenage de ces situations symétriques contre-productives.

Le problème

Les parents d'enfants avec un TDAH parlent trop. Comme nous l'avons vu plus haut, les communications des parents sont très importantes pour être en contact avec leurs enfants et les inciter à plus s'impliquer par eux-mêmes. Mais les parents d'enfants et d'adolescents avec un TDAH ont souvent tendance à trop parler, à trop intervenir, à se répéter et à donner trop d'instructions. Il peut aussi arriver que vous soyez énervé, vous parlez fort, et dites une remontrance sur un ton sec et cassant lorsque votre enfant n'a pas encore fait une tâche, a encore une fois oublié des affaires scolaires, n'a pas noté les devoirs ou utilise un écran en dehors des temps fixés. Dans ces situations, il a fréquemment tendance à vous ignorer, à se plaindre ou à répondre à vos demandes en argumentant. Plus vous intervenez plus et plus vos émotions s'intensifient, plus votre enfant a tendance à réagir la même façon en miroir. Les enfants atteints de TDAH ont fréquemment des difficultés importantes à se contrôler et à être efficaces sur le plan exécutif. Ainsi, vos informations et explications seules ne suffiront pas à résoudre les problèmes de votre enfant pour réaliser vos demandes et être efficace.

- Il a des difficultés à gérer ses comportements et ses réactions émotionnelles, ne disposant pas de capacités de contrôle aussi efficaces que celles des autres enfants de son âge.
- Il a des difficultés liées souvent à la performance, c'est-à-dire à la capacité d'appliquer ce qu'il sait et de se souvenir comment le faire, plutôt qu'à un manque de connaissance, ou un problème de compréhension de ce qu'il faut faire.
- Il a des difficultés à intégrer les informations et à agir de manière efficace et appropriée. Sa mémoire de travail insuffisamment efficace peut compliquer la réalisation des tâches que vous lui avez demandées.
- Il a des problèmes d'auto-motivation. Quand il doit se mettre en action pour effectuer une tâche ennuyeuse et non gratifiante, et maintenir son effort pour l'accomplir, il lui est plus difficile de la commencer et/ou de la terminer.
- Il est facilement distrait, surtout lorsqu'il fait une tâche ou un travail qui requiert de la concentration sur la durée. Ce qui l'entoure peut devenir

plus intéressant ou plus divertissant, captant son attention en le poussant à abandonner ce qu'il est en train de faire. Il peut aussi facilement décrocher et partir dans ses pensées.
- Certains enfants atteints d'un TDAH peuvent également présenter un trouble oppositionnel avec provocation, se manifestant par des comportements d'évitement, un refus d'accomplir la tâche, entraînant des conflits, des défis verbaux, ou même une résistance physique à vos demandes.

Stratégie : toucher plus, parler moins

Chaque fois que vous devez demander à votre enfant de faire une tâche, le féliciter pour ce qu'il a fait, ou le réprimander pour quelque chose qu'il n'a pas fait ou a mal fait, essayez de suivre les recommandations suivantes :

- **Approchez-vous de lui.** Parlez-lui en étant près de lui, évitez de lui parler du haut d'un escalier, à travers une pièce, ou depuis un autre endroit du domicile. Plus la distance est grande, moins vos demandes seront efficaces. Placez-vous à côté de votre enfant avant de lui parler.
- **Touchez votre enfant.** Par exemple, posez votre main sur son épaule, son bras ou sa main. Utilisez un geste avec lequel vous et votre enfant vous êtes à l'aise. Vous lui montrez ainsi votre affection et attirez son attention.
- **Regardez votre enfant dans les yeux** dans la mesure du possible. Le contact visuel intensifie une interaction. Certains enfants sont timides, anxieux ou évitants, peuvent avoir du mal à maintenir un contact visuel et détourner brièvement les yeux, gênés par votre regard direct. Malgré ces situations, initiez l'interaction par un contact visuel pour établir un échange direct avec votre enfant.
- **Exprimez-vous brièvement et clairement.** Utilisez des phrases courtes et directes, en étant concis et précis. Lorsque vous demandez à votre enfant d'accomplir une tâche, parlez de manière ferme et distincte, sans hausser le ton ni vous énerver. Évitez de répéter constamment vos demandes et essayez de ne pas argumenter s'il remet en question ce que vous lui demandez.
- **Faites répéter l'instruction ou la directive à votre enfant.** Demandez-lui de vous répéter ce que vous venez de lui demander de faire. Le fait de répéter la demande peut l'aider à mieux la réaliser. Dites-lui gentiment : « Peux-tu répéter ce que je t'ai demandé s'il-te-plaît ? »
- **Se séparer avec affection**. Avant de quitter votre enfant, faites-lui un geste tendre et affectueux. Même si vous avez exprimé votre

désapprobation ou votre énervement à la suite d'un problème, montrez-lui également votre affection. Votre enfant a besoin de savoir que vous l'aimez, même s'il n'a pas agi correctement ou n'a pas fait ce qui lui était demandé.

9 Stimuler la motivation et les récompenses

La motivation et les récompenses jouent un rôle crucial dans le fonctionnement des enfants et des adolescents atteints d'un TDAH. Ils éprouvent des difficultés importantes à effectuer des tâches monotones, ennuyeuses, peu intéressantes, peu gratifiantes, qui ne comportent pas de satisfactions ni de récompenses immédiates. Il est important d'être attentif à ce problème d'auto-motivation. En effet, votre enfant, comme tous les autres jeunes atteints de TDAH, sera de plus en plus confronté à ces situations en grandissant.

Des études scientifiques indiquent que les réseaux cérébraux et les régulations des neurotransmetteurs associés aux récompenses et à l'effort sont moins efficaces chez les personnes atteintes d'un TDAH lorsqu'elles font des activités monotones et peu stimulantes.

Pour ces raisons, il est recommandé de réduire autant que possible la durée des activités ennuyeuses et peu stimulantes, voire de les éliminer. Il est aussi conseillé de signaler à votre enfant que vous êtes conscient de la difficulté de ces activités et d'utiliser des récompenses fréquentes et rapides.

Le recours aux récompenses stimule davantage la motivation de votre enfant avec un TDAH et peut contribuer à éviter des interactions familiales épuisantes et contre-productives. Comme le relève Russell Barkley, ces récompenses agissent comme des aides externes utilisées par les personnes avec des déficiences physiques, auditives ou visuelles – comme des cannes, des appareils auditifs, des lunettes. En tant que parent, vous êtes libre d'adopter ou non la stratégie des récompenses et de décider leur contenu et leur fréquence.

- L'utilisation d'un système de points est une méthode très efficace pour encourager votre enfant à se motiver et à persévérer dans ses efforts.
- Présenter clairement l'objectif et la récompense en établissant un « contrat » avec votre enfant. Les systèmes de points permettent d'introduire des évaluations positives, neutres et négatives. Le contrat est signé par les parents et l'enfant. Il est conseillé de le placer dans un espace commun et visible (par exemple, la cuisine, le hall d'entrée).

- Il est recommandé de doser l'attribution de récompenses pour motiver votre enfant tout en lui inculquant la valeur de l'effort et de la gratification méritée.
- Sélectionnez les récompenses associées à une ou deux situations spécifiques impliquant une tâche précise, puis mettez progressivement en place cette stratégie dans d'autres contextes.
- Ces situations peuvent concerner des devoirs scolaires, des tâches familiales ou des activités de loisirs.
- Il est recommandé d'ajuster la fréquence des récompenses, en trouvant le bon équilibre entre les efforts demandés et les moments de gratification adaptés à votre enfant.
- Il est très important d'organiser des moments de discussion en famille pour parler régulièrement de l'application de la stratégie de récompenses et pour faire un bilan à la fin de chaque semaine.
- Si votre enfant ne respecte pas le contrat, envisagez d'introduire une conséquence négative appropriée à l'âge et au contexte.
- Pour les jeunes enfants, la récompense peut être un jouet, un plat ou un dessert préféré, un moment de jeu supplémentaire avec ou sans les parents à la fin de la semaine. Pour les enfants plus âgés et les adolescents, les récompenses peuvent être des activités de loisirs, des temps d'écran supplémentaires, ou d'autres formes de gratifications selon les intérêts et les souhaits de chaque enfant.
- Cette stratégie éducative vise également à encourager votre enfant à prendre progressivement davantage d'autonomie et de responsabilité en fonction de son développement.

10 Décomposer les tâches

Les jeunes atteints de TDAH ont des capacités attentionnelles et motivationnelles et des fonctions exécutives restreintes, ce qui entrave l'assimilation des connaissances et l'exécution de nouvelles tâches. Votre enfant peut être facilement découragé par des tâches longues et complexes qui deviennent de plus en plus fréquentes au fil des études et des formations professionnelles.

Le recours à des stratégies qui décomposent les tâches en étapes peut faciliter les efforts de votre enfant et diminuer les tensions et les situations conflictuelles. Par exemple :

- **Réduire le nombre d'exercices.** Demandez à votre enfant de faire seulement 5 exercices comportant les éléments qu'il doit apprendre, plutôt que 25 exercices répétant les mêmes apprentissages.
- Informez votre enfant que vous êtes disponible pour l'aider, s'il le souhaite quand il a terminé les exercices.
- Si votre enfant n'arrive pas à faire la petite partie de l'exercice qui lui a été demandée, vous pouvez réduire davantage le nombre d'exercices à effectuer.
- Félicitez votre enfant avant de lui demander de faire d'autres exercices. Cette stratégie le stimule et diminue la procrastination, souvent présente chez ces jeunes.
- Expliquez aux enseignants les raisons de cette stratégie en espérant qu'ils comprennent les caractéristiques du TDAH de votre enfant et le bien-fondé de mettre en place des aménagements personnalisés.
- **Diviser la tâche en périodes de travail courtes.** Pour un jeune enfant avec un TDAH, proposez des périodes de travail de 3, 4 ou 5 minutes, entrecoupées de pauses d'une minute. Pour un enfant plus âgé, envisagez des intervalles de travail de 10 à 15 minutes avec des pauses de 3 à 5 minutes. Cette méthode est particulièrement adaptée à certaines tâches, telles que faire les devoirs, mettre la table, vider le lave-vaisselle, ranger sa chambre. Ces tâches ne se prêtent pas toujours facilement à une division en parties égales, contrairement aux exercices scolaires, mais cette approche peut faciliter leur réalisation.

11 Développer la gestion du temps

Les jeunes souffrant de TDAH rencontrent fréquemment des difficultés de gestion du temps, liés à leurs difficultés attentionnelles et exécutives. Ils ont de la peine à être ponctuels aux rendez-vous, à évaluer la durée des tâches et le temps qui s'écoule. Ils prennent souvent plus de temps pour accomplir ce qu'ils doivent faire. Ils ont du mal à respecter des engagements et des délais. Ils ont tendance à procrastiner et à tout faire au dernier moment. À mesure qu'ils grandissent, ces jeunes sont de plus en plus souvent confrontés à des tâches et à des situations qui mettent à l'épreuve leur capacité à gérer efficacement le temps, entraînant des problèmes fréquents et épuisants.

Russell Barkley évoque un « déficit d'horloge interne » chez les personnes atteintes de TDAH. Cette particularité est souvent mal comprise par l'entourage, qui peut interpréter à tort leur comportement comme un manque de sérieux ou d'attention portée aux conséquences de leurs actes.

Pour ces raisons, il est recommandé de mettre en place des stratégies pour votre enfant comportant l'organisation quotidienne des tâches, la division de ces tâches par étapes avec une durée réduite et entrecoupées de pauses, ainsi que des sollicitations et encouragements réguliers pour la poursuite des activités. L'objectif est de l'aider dans l'utilisation et la gestion du temps, afin qu'il puisse accomplir des tâches et des activités de manière efficace.

L'expérience met en avant l'utilité des stratégies suivantes :

- **Pour les tâches de courte durée** : considérez l'utilisation d'un réveil, d'un minuteur conçu pour les enfants avec un TDAH, ou la fonction minuteur d'un smartphone ou d'une tablette. Donnez à votre enfant des instructions claires avec un temps défini, par exemple : « Tu as 10 ou 15 minutes pour faire... ». Cette méthode s'avère très efficace pour les devoirs et les tâches à faire.
- **Pour les tâches de longue durée** : il s'avère important de découper les tâches. Les enfants atteints de TDAH sont souvent débordés par des tâches qui prennent du temps, ayant du mal à estimer la durée nécessaire pour les accomplir et ayant tendance à s'ennuyer et à « décrocher » rapidement, perdant en efficacité. Il est recommandé de mettre en place une méthode de travail par étapes, avec des pauses régulières, en expliquant à votre enfant les raisons de cette approche.
- Discutez régulièrement avec votre enfant de ses progrès, de ses difficultés et des stratégies qui peuvent l'aider à mieux gérer le temps consacré aux tâches.

12 Développer l'organisation et la planification

Les difficultés d'organisation et de planification sont un problème majeur des sujets atteints d'un TDAH dans les activités quotidiennes. La chambre de votre enfant est dans un désordre inimaginable, avec des vêtements et des jouets éparpillés partout, des restes de nourriture qui peuvent dater de plusieurs jours. Les affaires scolaires ne sont pas rangées et les devoirs ne sont pas correctement notés. Les pièces communes sont souvent envahies par des affaires sans respecter les règles familiales.

Les problèmes d'organisation et de planification de votre enfant entravent son efficacité et sa capacité à atteindre les objectifs et à accomplir les tâches à faire. Il manque de structure et de régularité dans son approche. Il a une hyperactivité mentale avec des pensées qui l'entraînent rapidement dans différences directions. Il a tendance à « décrocher » facilement et à partir dans des rêveries éveillées. Il est très difficile pour lui de se centrer sur ce qu'il devrait faire. D'autres difficultés contribuent à son dysfonctionnement : la gestion du temps, l'attente de gratifications immédiates, les problèmes de régulation de l'effort, le changement rapide d'une activité à une autre, ainsi qu'un manque de motivation pour les tâches contraignantes ou ennuyeuses. Ces problèmes d'organisation s'accentuent avec le temps à mesure qu'il grandit en raison de l'augmentation de la complexité des tâches et des enjeux liés à l'entrée dans la vie adulte.

Face à ces problèmes d'organisation et de planification, votre enfant peut se sentir mal à l'aise, frustré, tendu, irritable et découragé. De votre côté, vous pouvez vous énerver et vous vous épuisez en constatant que vos conseils et remarques sont inefficaces. Pour ces raisons, il est important de fournir un encadrement adapté et bienveillant à votre enfant, pour l'aider à devenir plus organisé et plus efficace. Sans un soutien compréhensif et structurant, votre enfant peut continuer à être irrégulier, instable et désorganisé pour faire efficacement les activités et les tâches.

Pour ces raisons, il est recommandé de se centrer principalement sur les difficultés organisationnelles et de planification dans les situations les plus importantes en faisant attention aux éléments suivants :

- L'environnement où la tâche doit être effectuée est-il approprié ? Existe-t-il des éléments distracteurs ? Est-ce qu'il est indiqué de modifier l'endroit, de changer de place ou de lieu ? Avez-vous, ou une personne de confiance, la possibilité d'encadrer et de superviser ce que votre enfant doit accomplir ?
- **Quel est le matériel nécessaire pour faire la tâche en évitant des sources de distraction ?**
- **Quelles stratégies sont adaptées à chaque situation** (par exemple, des listes, des cartes, des rappels, des numéros de téléphone de camarades, un sac d'école préparé le soir, un bureau organisé, des affaires scolaires classées, du matériel scolaire en double au domicile) **?** Selon l'âge et les tâches, des supports électroniques comme une tablette, un ordinateur ou un smartphone peuvent être utilisés, en respectant des règles strictes convenues avec votre enfant.

- **Quel est le meilleur moment pour faire les tâches ?** Prenez en considération les particularités de votre enfant et des contextes. Les devoirs scolaires représentent une situation typique. Bien que le travail scolaire soit partiellement fait à l'école, les devoirs à la maison constituent généralement une charge de travail importante pour votre enfant avec un TDAH. Il est souvent fatigué après une journée d'école et peu motivé pour étudier. Sa batterie cognitive et motivationnelle est faible, même souvent épuisée. Elle doit être suffisamment rechargée pour qu'il puisse effectuer les tâches en étant efficace et sans perdre trop de temps. Évaluez les moments les plus appropriés pour accomplir les tâches sans pour autant être laxiste. Conseillez à votre enfant de prendre une pause suffisante avec une collation et un moment de détente à son retour à la maison. Il est recommandé qu'il commence les devoirs par des matières qui correspondent à ses compétences et à ses intérêts, en faisant des pauses régulières tout en évitant les distractions. Discutez les stratégies d'apprentissage, et apportez une aide si nécessaire sans vous impliquer trop. Les week-ends sont souvent des moments privilégiés pour faire des devoirs durant lesquelles votre enfant est détendu et efficace, tout en donnant la priorité aux loisirs et aux moments de détente en famille et avec des camarades.
- **Les plannings quotidiens et hebdomadaires** sont des stratégies très utiles qui clarifient l'organisation des activités quotidiennes, scolaires et de loisirs. Il est recommandé d'équilibrer les tâches à faire et les priorités sur lesquelles votre enfant doit se concentrer pour progresser et devenir plus responsable. Les points secondaires peuvent être considérés ultérieurement. Selon l'âge et les difficultés de votre enfant, les priorités peuvent concerner le début de la journée (par exemple, se lever, prendre le petit-déjeuner, quitter la maison à l'heure), la pause de midi et le soir (par exemple, repas du soir, passer la soirée, se coucher), l'hygiène personnelle, les devoirs scolaires, les tâches ménagères (par exemple, mettre ou/et débarrasser la table, faire la vaisselle, ranger les affaires personnelles et la chambre), les loisirs et la gestion du temps des écrans. L'utilisation de couleurs différentes pour chaque thème améliore la visibilité du planning. Vous pourriez utiliser une couleur préférée de votre enfant pour les activités de loisirs. Les expériences de satisfaction, plaisir et sentiment de réussite sont très importantes pour l'estime de soi, et pour développer la curiosité et le goût de l'effort. Les moments de pause et de

détente partagés avec votre enfant sont aussi précieux et favorisent des échanges affectifs indispensables au bien-être de chacun.

- Le planning des activités et des tâches peut être signé par les parents et par l'enfant. Il pourrait être judicieux de faire deux exemplaires : placez-en un dans un espace commun visible et l'autre dans sa chambre. Pensez à rappeler régulièrement à votre enfant le nombre de jours restant avant des évènements spéciaux (par exemple, un anniversaire, un repas particulier, une activité de loisir très appréciée, les vacances) afin de maintenir son intérêt et sa motivation.

13 Renforcer la capacité de la mémoire de travail

Les enfants avec un TDAH sont fréquemment confrontés à un manque d'efficacité de la mémoire de travail : ils ne peuvent pas retenir suffisamment d'informations nécessaires pour accomplir les tâches.

La mémoire de travail est la capacité d'utiliser les connaissances pour effectuer une tâche spécifique. Cette fonction exécutive est comme un chef d'orchestre du cerveau qui gère les capacités nécessaires pour maintenir un niveau d'activité mental permettant d'utiliser les connaissances et de réguler les comportements pour réaliser une tâche en tenant compte du contexte.

Cette faiblesse fréquente chez les enfants atteints d'un TDAH diminue leurs performances et les pénalise dans les apprentissages scolaires et dans de nombreuses activités. Ils éprouvent des difficultés à comprendre et à apprendre de leurs erreurs, ce qui, souvent, les démoralise et diminue leur confiance en eux par la répétition de ces problèmes. Les parents et les enseignants peuvent interpréter l'insuffisance de leurs performances comme un manque de travail et de motivation.

Il est important de noter que votre enfant avec un TDAH n'est pas moins intelligent et capable que les autres enfants. Cependant, il est confronté à un manque d'efficacité de ses capacités de mémoire de travail, ce qui l'empêche d'exploiter toutes ses ressources.

Le problème central réside dans la capacité à mobiliser les connaissances et les compétences au moment où elles sont requises dans des contextes spécifiques pour résoudre des problèmes et accomplir des tâches. Aider votre enfant à acquérir des connaissances et à développer des compétences ne garantit pas que son cerveau puisse les utiliser facilement et les adapter efficacement à différentes situations, telles que la réalisation de devoirs et des tests scolaires.

Russell Barkley recommande d'établir des liens entre les thèmes des études et des tâches à réaliser avec des situations de la vie courante pour aider les enfants à utiliser leurs compétences et leurs connaissances de manière appropriée et efficace. Ce spécialiste conseille de se focaliser sur « le point de performance » de votre enfant, qui doit être au centre de votre aide parentale et des stratégies pédagogiques. Pour ces raisons, plusieurs méthodes sont conseillées.

- **Réfléchissez aux informations essentielles que votre enfant doit savoir ou se souvenir lorsqu'il doit faire une tâche particulière.** Gardez en tête qu'il ne peut pas tout retenir lorsqu'il effectue une tâche.
- **Transférez les informations nécessaires sur un support de stockage visible et accessible.** Au lieu de demander à votre enfant de se souvenir et de retenir de multiples informations, inscrivez les informations les plus importantes sur un papier, une fiche, une carte ou un tableau.
- **Sélectionnez les informations pertinentes et les tâches à faire** (par exemple, préparation pour la journée, matériel scolaire, devoirs, loisirs, rangement de la chambre et des vêtements, mettre la table et la débarrasser, coucher). Les règles de famille et les tâches prioritaires peuvent être affichées de manière visible dans la cuisine et dans la chambre de votre enfant. Des sites internet ou des groupes sur les réseaux sociaux proposent des exemples de listes, prenant en tenant compte l'âge et les contextes de vie. Il est conseillé de procéder par étapes et de ne pas surcharger votre enfant avec un excès d'informations et de tâches à accomplir simultanément.
- **Élaborez des règles écrites** qui décrivent simplement les tâches à effectuer par étapes comme :

1) Identifier la règle à accomplir.
2) Lire attentivement les instructions.
3) Réfléchir à la première règle.
4) Écrire la règle.
5) Vérifier si la règle est juste.
6) Passer à la règle suivante.
7) Répéter le processus pour chaque règle.

Cette stratégie est appropriée si votre enfant est assez grand pour lire et comprendre les instructions écrites. Vous avez la possibilité d'intégrer des récompenses appropriées lorsque les différentes étapes sont correctement exécutées.

14 Anticiper les situations difficiles

Comme nous l'avons discuté, élever un enfant avec un TDAH peut être stressant et épuisant, en raison de son inattention, ses oublis, son hyperactivité, sa difficulté à rester tranquille, son manque de contrôle, ses réactions émotionnelles intempestives et ses activités à risque. En tant que parent, vous devez intervenir pour l'aider à se gérer et à se contrôler, bien plus fréquemment que pour un enfant du même âge. Vous devez consacrer une grande partie de votre énergie à jouer de multiples rôles : celui d'urgentiste, de secouriste, de pompier, de gardien de l'ordre, de gestionnaire du temps, d'éducateur, de conseiller, de médiateur, de négociateur, de superviseur, de psychologue et d'enseignant spécialisé. Vous êtes emporté dans un rôle de parent réactif et saturé par des sentiments d'impuissance, d'agacement, de rancœur et de colère. Ces situations répétitives sont contre-productives et épuisantes pour vous, votre enfant et l'entourage.

La solution : être proactif !

Russell Barkley propose d'adopter la stratégie de la proaction, qui consiste à anticiper et à réfléchir à l'avance aux situations difficiles, puis à élaborer un plan d'action en vue de réduire ou de résoudre le problème.

- **Faire une liste des situations problématiques à la maison et en dehors du domicile familial.** Identifiez les moments et les lieux où les problèmes sont susceptibles de survenir. Malgré la mise en place des stratégies décrites plus haut, comme celles liées aux tâches prioritaires, êtes-vous confronté à des difficultés lors des visites, des appels téléphoniques, des devoirs, du coucher, lorsqu'une tâche est demandée pendant l'utilisation d'écrans ? Rencontrez-vous aussi des problèmes dans des situations extérieures du domicile, telles que les magasins, les restaurants, les aires de jeux, les moments passés avec la famille, les camarades ou les loisirs ?
- **Choisissez une situation difficile et analysez son déroulement habituel.** Qu'est-ce qui se passe fréquemment ? Prenons l'exemple des courses dans un magasin :

– Lorsque vous entrez dans le magasin, votre enfant commence-t-il à courir dans les rayons ? En s'éloignant de vous ?
– Touche-t-il tous les articles à sa portée ? Est-ce qu'il met dans le panier ou dans le caddie des articles que vous ne souhaitez pas acheter ?
– Exige-t-il que vous lui achetiez de la nourriture ou un jouet qu'il a repéré sur un comptoir ou une étagère ?

- **Réfléchissez à ce que vous pourriez faire avant ou pendant la situation pour éviter le comportement difficile de votre enfant.** Est-ce que des caractéristiques de votre enfant atteint d'un TDAH pourraient vous aider à comprendre cette situation ?
- Le manque de contrôle de votre enfant est-il un facteur ? Ses difficultés à contrôler son excitation et à gérer la frustration ne sont pas intentionnelles ; elles font partie du TDAH. Vous pouvez agir sur la situation en modifiant vos attitudes et en anticipant ces difficultés. Adopter cette stratégie vous permettrait de réduire votre stress en entrant dans le magasin et avoir des ressources supplémentaires pour gérer la situation efficacement.
- **Élaborez un plan d'action avec plusieurs étapes en prenant en compte les éléments suivants :**

– Avant d'aller dans le magasin, décidez à l'avance les achats nécessaires. Planifiez un parcours pratique et réduisant les sollicitations et les frustrations pour votre enfant.

– Expliquez calmement à votre enfant les règles qu'il doit suivre dans le magasin. Par exemple :

1) Rester auprès de vous.
2) Ne rien toucher sans permission.
3) Ne pas insister pour que vous achetiez quelque chose.
4) Aider en prenant des articles spécifiques dans les rayons et en les mettant dans le panier ou le caddie.

- Vous pouvez régulièrement commenter le comportement de votre enfant, en le félicitant lorsqu'il agit de manière appropriée. Envisagez la possibilité de lui offrir une récompense adaptée s'il suit vos instructions. Par exemple : vous pourriez permettre un achat à la fin des courses (tels que des bonbons, une glace, un jouet, etc.) ou lui promettre une activité qu'il apprécie (comme aller sur une place de jeu, un moment de jeu limité, un temps d'écran supplémentaire, etc.).
- Si votre enfant ne respecte pas les règles que vous lui avez expliquées, envisagez d'appliquer une conséquence appropriée ou de lui retirer un privilège qu'il apprécie.
- Lorsque la situation est terminée, prenez un moment pour discuter avec lui. Partagez vos observations et demandez-lui son avis sur les événements. Ces moments d'échanges sont des opportunités pour renforcer

vos liens affectifs qui contribuent au développement émotionnel et social de votre enfant, ainsi qu'à la qualité des relations familiales.

- Vous pouvez utiliser cette stratégie dans d'autres situations, telles que les trajets en voiture, les rendez-vous chez le médecin ou le dentiste, les visites à la famille et aux amis.
- Il y aura bien sûr des situations inattendues auxquelles vous devrez faire face spontanément. Même dans ces circonstances imprévues, vous aurez une plus grande disponibilité d'esprit pour élaborer une stratégie proactive, en vous inspirant d'une situation antérieure pour laquelle vous auriez conçu un plan d'action.

15 Développer la gestion des crises émotionnelles

Les enfants atteints de TDAH ont des difficultés à gérer les émotions et les frustrations, réagissant souvent par de l'impulsivité. Ils ont du mal à se contrôler et à utiliser des stratégies appropriées pour réguler leurs réactions émotionnelles et réduire des conflits avec les autres. Que pouvez-vous faire en tant que parent pour aider votre enfant ?

Les pistes décrites plus haut peuvent vous aider à anticiper les situations où votre enfant pourrait ressentir de la déception, de la colère, de la frustration ou de l'excitation, et à envisager de modifier ou d'éviter ces situations, ou à élaborer un plan d'action proactif. Cependant, ces stratégies ne seront pas toujours efficaces. Dans le meilleur des cas, elles pourraient empêcher un déchaînement émotionnel, mais elles ne parviendront pas nécessairement à éviter les débordements d'émotions de votre enfant.

Les approches cognitivo-comportementales visent à aider les enfants atteints d'un TDAH à développer des compétences de gestion émotionnelle, telles que le contrôle de la colère. Cependant, l'efficacité de ces méthodes est généralement limitée. La raison est peut-être la difficulté de ces enfants d'utiliser ce qu'ils apprennent et de contrôler leurs réactions dans les situations réelles, plutôt qu'un défaut de compréhension de la manière de le faire.

Selon Russell Barkley, le point central est la compréhension des processus qui déclenchent des émotions intenses chez votre enfant dans certaines des situations. Cela vous permet d'intervenir de manière proactive avant qu'il soit submergé et débordé par ces émotions. En comprenant mieux les facteurs déclencheurs et la séquence de ses réactions émotionnelles, vous pourrez réagir de façon plus adéquate et avoir des attitudes parentales plus appropriées.

Ce spécialiste recommande d'observer le déroulement d'un événement déclenchant une réaction émotionnelle intense chez votre enfant. L'objectif est de comprendre les caractéristiques des situations problématiques pour lui et de réfléchir aux stratégies que vous pourriez mettre en place pour intervenir de manière proactive afin de modifier efficacement ses comportements.

Votre enfant est très sensible à des situations qu'il perçoit comme frustrantes, injustes, agressives, menaçantes, portant atteinte à son image de soi. Dans cette perspective, il est important d'avoir en tête les divers évènements déclencheurs. Par exemple, une remarque provocatrice vécue comme une blessure psychologique (moquerie, insulte, etc.), un comportement désagréable survenant pendant des moments de détente, ou encore une mise à l'écart de la part de ses camarades durant les récréations ou les anniversaires peuvent être des facteurs déclenchants. Ces stimuli émotionnels débordent les mécanismes exécutifs et de contrôle de votre enfant, qui est sur le moment incapable de tenir compte de remarques constructives ou de réguler efficacement ses émotions et comportements.

Les recherches indiquent que plus tôt vous apportez des changements dans ces situations, plus il est probable que ces changements réussissent à prévenir ou à gérer l'émotion déclenchée, ou à la maîtriser ou à la diminuer lorsqu'elle survient. Essayer d'intervenir plus tard dans la séquence ne peut n'être efficace qu'avec des enfants plus âgées, des adolescents et des adultes, qui ont eu le temps de développer leur capacité d'autorégulation émotionnelle.

Choisir la situation

- Réfléchissez aux personnes, aux situations et aux évènements qui sont les plus susceptibles de déclencher des émotions fortes chez votre enfant.
- Sélectionnez ensuite des situations alternatives qui pourraient les remplacer. Par exemple, envisagez d'éviter une situation impliquant un ou plusieurs enfants qui suscite une réaction intense de la part du vôtre.
- Pensez également à la possibilité d'éviter d'emmener votre enfant dans un supermarché surchargé après l'école, surtout s'il a faim et s'il est fatigué après une journée de cours, car il est dans ces moments plus susceptible de perdre le contrôle en réagissant aux excitations et frustrations.

Modifier la situation

- Si vous et votre enfant vous retrouvez dans une situation inévitable pouvant déclencher une émotion forte, réfléchissez à des stratégies pour minimiser les risques de déclencheurs émotionnels. Par exemple, si un enfant a un comportement inapproprié envers le vôtre, dans une place de jeux, envisagez de vous déplacer vers un autre endroit où cet enfant ne joue pas, ou quittez les lieux et revenez à un autre moment.

- Vous pourriez aussi inviter des enfants à jouer à votre domicile ou sur une autre place de jeux en choisissant ceux qui s'entendent bien avec le vôtre.
- Il est important de considérer le contexte et la durée des situations pouvant surexciter et fatiguer votre enfant et ses camarades. Vous pourriez fixer une limite de temps pour les activités excitantes, faire des pauses ou écourter le moment de loisir.
- L'évaluation de la situation inclut le lieu, les caractéristiques des personnes impliquées ainsi que les interactions et la durée, ce qui vous donne la possibilité d'apporter des modifications appropriées.

En tant que parent, vous devez gérer vos propres réactions émotionnelles, ce qui peut être particulièrement difficile si vous avez un profil similaire à celui de votre enfant. Il est essentiel de s'efforcer de conserver son calme, d'éviter de perdre le contrôle et de ne pas avoir de réaction verbale et/ou physique excessive.

Des approches « non violentes » peuvent aussi être utilisées. Cependant, elles se révèlent parfois inefficaces avec des enfants et des adolescents qui ont du mal à contrôler leur impulsivité et leurs accès de colère. Pour les jeunes qui possèdent une meilleure maîtrise d'eux-mêmes, l'écoute empathique peut avoir une certaine efficacité. Cette approche consiste à accueillir le sujet dans sa différence, d'accepter ses sentiments et réactions sans les contester, tout en faisant preuve de compassion et de compréhension. Afin de montrer à l'enfant qu'il est compris et écouté, il est important que les parents reformulent les propos et replacent les situations avec leurs propres mots en jouant un rôle de modèle. Cette approche encourage l'enfant à comprendre les émotions et les perspectives des autres, à résoudre les conflits de manière non violente en utilisant la communication et la recherche de solutions mutuellement acceptables. Il apprend à surmonter des conflits de manière constructive en développant des compétences pour gérer ses émotions de manière appropriée. Cette approche non violente contribue à éviter des malentendus, à analyser les causes, à clarifier les réactions et les besoins, ainsi qu'à partager les émotions et les réflexions de manière constructive.

16 Développer des compétences

Les enfants atteints d'un TDAH ont très souvent du mal à montrer suffisamment leurs compétences dans les contextes familial, scolaire et social. Ils sont fréquemment démotivés et épuisés moralement. Ils développent des sentiments d'insuffisance et ils ont une faible estime de soi et beaucoup de peine à envisager leur futur de manière positive.

Malgré vos doutes et votre fatigue bien compréhensibles, il est important, en tant que parent, d'avoir une vision positive de votre enfant et de son avenir, malgré les difficultés qu'il rencontre. Il est essentiel d'identifier et de valoriser ses centres d'intérêt, ses qualités et ses points forts. L'objectif est de créer une dynamique positive qui lui permettra de mobiliser ses ressources et de développer ses capacités de résilience. En comprenant les caractéristiques du TDAH et en reconnaissant les compétences de votre enfant, vous lui offrez la possibilité de s'engager dans des activités qui correspondent à ses intérêts et qui le motivent. Il pourra ainsi vivre des expériences positives qui montreront ses capacités, renforçant son estime de soi et lui procurant du plaisir.

Les enfants atteints d'un TDAH peuvent exceller dans différents domaines, comme par leur rapidité et leur énergie lors d'activités physiques. Ils sont aussi capables de mobiliser des ressources surprenantes de contrôle, utiles dans des disciplines telles que les sports (notamment les arts martiaux), le cirque, le tir à l'arc, etc. Selon leur profil, les sports d'équipe ou individuels peuvent être appropriés. Des activités à risque peuvent également leur correspondre, comme les sports de glisse (snowboard, ski hors-piste, surf, kitesurf), le saut à l'élastique, la boxe ou la plongée. Les sports d'escalade sont des options avec des pratiques en salle qui permettent une progression en toute sécurité, ou des escalades traditionnelles accompagnées par des alpinistes expérimentés. Le film *The Alpinist* retrace les ascensions en solo remarquables de Marc-André Leclerc, un alpiniste canadien. Décrit par sa mère comme un enfant hyperactif, Leclerc se distinguait par un style d'escalade fluide et confiant, une concentration impressionnante, une efficacité incroyable et une aisance apparente.

Les jeunes avec un TDAH peuvent aussi exceller dans les jeux électroniques grâce à leur énergie et leur rapidité, tout en faisant preuve d'une capacité d'attention de longue durée dans ces contextes qui sont à la fois stimulants et motivants. En fonction de leur profil et de leurs centres d'intérêt, ils peuvent se montrer performants dans des jeux vidéo d'action, d'aventure, de sport, de course, de combat, de type *Battle Royal*, de rôles et de stratégie.

Ces jeunes peuvent être curieux, créatifs, dynamiques et déterminés en excellant dans des domaines tels que la technologie, la mécanique, l'informatique, les jeux de construction, les bricolages, la cuisine, ainsi que dans les arts, comme la musique, les arts visuels, le théâtre. Ils peuvent également avoir des aptitudes pour les relations publiques, le commerce, les emplois requérant de l'autonomie et comportant des défis, ou encore pour entreprendre des projets personnels qui peuvent être des succès s'ils bénéficient d'un soutien administratif et exécutif.

Ces activités constituent un terrain propice à des expériences de plaisir et de succès, où les enfants et les adolescents peuvent être félicités pour leurs efforts et leurs réussites, tout en recevant du soutien en cas de déceptions ou d'échecs. Il est recommandé d'explorer différentes activités adaptées à chaque enfant. Faites attention à éviter que votre enfant essaye de nombreux loisirs sans persévérer dans aucun d'entre eux (« zapping »). Cela pourrait le conduire à l'adolescence à ne pas avoir eu l'opportunité de vivre des expériences significatives de progression et de persévérance.

Pour ces raisons, il est essentiel de prendre du recul face aux difficultés scolaires et aux conflits quotidiens. Prenez le temps de réfléchir aux activités qui pourraient convenir à votre enfant, en tenant compte de son âge et des divers aspects pratiques, tels que le contexte, les déplacements, les horaires et les coûts financiers. Il est recommandé d'expérimenter différentes options. Si votre enfant montre un intérêt pour une activité, il serait judicieux de s'y tenir pendant une durée déterminée avant de réévaluer si celle-ci est appropriée, ou s'il est préférable d'explorer d'autres choix. En outre, il est important de prendre en considération les emplois du temps hebdomadaires afin de ne pas surcharger votre enfant, et éviter de vous épuiser vous-même en voulant trop bien faire.

Des études récentes chez les adultes relatent les expériences positives liées au TDAH suivantes :

- Un niveau d'énergie élevé sous la forme d'une spontanéité et d'une prise de risque qui peuvent être positives dans des contextes appropriés.
- Une capacité à se concentrer intensément sur une activité motivante et utile sur une longue durée.
- Un esprit non conventionnel caractérisé par la créativité, des idées innovantes, le fait de voir les choses dans des perspectives différentes des autres, être efficace et doué pour trouver des solutions.
- La recherche de la nouveauté et de l'aventure.
- Une grande curiosité et un attrait pour explorer de nouvelles expériences.
- Une aptitude à surmonter les difficultés.

- Des expériences positives de résilience par rapport à des défis.
- Une meilleure compréhension et acceptation de soi par rapport à son TDAH.

Ces observations chez les adultes confirment l'importance de comprendre les problèmes et les ressources de votre enfant dans la réflexion des activités qui pourraient lui convenir et de lui faire tenter des expériences positives qui renforceront son estime de soi, lui procureront du plaisir et contribueront à son épanouissement. Lorsqu'un jeune avec un TDAH découvre une activité qui l'intéresse, lui correspond et le motive, il est capable de s'y investir sérieusement et d'être performant.

17 Gérer la coparentalité

La coparentalité occupe une place centrale de la dynamique familiale en ayant la fonction d'assurer l'éducation, les soins et le développement des enfants. La relation entre les parents comprend une dimension affective, la valorisation, la reconnaissance et le soutien mutuels qu'ils se portent.

Les modèles récents de la coparentalité soulignent le rôle de la cohésion coparentale, qui se manifeste dans les comportements suivants des parents :

- Manifestation d'affection.
- Soutien émotionnel et pratique.
- Collaboration dans l'éducation de l'enfant.
- Entraide.
- Répartition équitable des tâches.
- Contribution à la construction d'un sentiment d'unité familiale.
- Partage et convergence des attitudes éducatives.
- Exercice de l'autorité et de la discipline.
- Établissement de limites claires.
- Gestion constructive des conflits.

Porter attention à la coparentalité permet également de considérer l'impact de chaque parent sur son enfant, sans se limiter à la relation dyadique entre un parent et son enfant, ni à la dynamique conjugale.

Les caractéristiques du TDAH de votre enfant influencent votre rôle parental et la dynamique familiale, mettant ainsi à l'épreuve la coparentalité qui est souvent confrontée à des désaccords et à ses propres limites. Les parents – en particulier les mères – sont plus confrontés à un épuisement qui peut évoluer vers un burn-out parental.

Il est très important de planifier des moments réguliers de réflexion entre les parents durant des moments de détente, afin de faire le point sur la situation familiale et la coparentalité. L'objectif n'est pas de dresser une liste de reproches, mais de réfléchir ensemble aux défis éducatifs liés à votre enfant et d'identifier des stratégies pour améliorer la coparentalité et la dynamique familiale.

L'expérience et les études récentes soulignent les difficultés suivantes rencontrées dans la coparentalité d'enfants avec un TDAH[1] :

- La répartition inégale des tâches.
- Les divergences sur les pratiques éducatives.
- L'exposition accrue aux conflits.
- La diminution de la proximité entre les partenaires.
- Les difficultés de soutien mutuel dans la coparentalité.

Une communication respectueuse, claire et ouverte entre les parents est essentielle pour la coparentalité. Cette communication implique le partage d'informations importantes concernant l'éducation, la santé, les activités et la scolarité de votre enfant. Puisque chaque coparentalité est unique, il est primordial de trouver des solutions qui fonctionnent à la fois pour les deux parents et pour votre enfant.

La répartition des tâches

La répartition équitable des tâches au sein du couple parental est un enjeu important et complexe qui fait intervenir de nombreux facteurs tels que la situation des parents, leur personnalité, leur éducation et leur culture. Pour assurer le bien-être de leur enfant au quotidien, les parents doivent collaborer activement dans divers domaines : le lever, les repas, le coucher, la santé, l'organisation des déplacements, la collaboration avec l'école, l'aide aux devoirs, ainsi que les activités extrascolaires et de loisirs. La répartition des tâches coparentales doit être flexible, s'adaptant aux changements ainsi qu'aux besoins de l'enfant et des parents. Il est conseillé de répartir les tâches en fonction des compétences, des disponibilités et des intérêts de chaque parent (par exemple, devoirs, matières scolaires, activités sportives et artistiques). Il est également important que chaque parent passe des moments de qualité avec l'enfant, en étant pleinement

1. Ces réflexions sur la coparentalité s'appuient notamment sur les analyses préliminaires de données provenant d'une recherche sous la direction de Michel Bader, Fabrice Brodard, Nicolas Favez et Kerstin von Plessen, réalisées par Cynthia Cornaglia et Lola Defrancesco dans le cadre d'un Mémoire de Master de l'Université de Lausanne « Avoir un enfant TDAH ; les enjeux de la coparentalité et l'impact sur le vécu parental en 2023 ».

disponible. Il faut noter que, dans les sociétés francophones, les mères ont tendance à assumer davantage de tâches éducatives et de soins, ce qui les expose à une charge mentale plus lourde.

Les divergences éducatives

Les divergences éducatives relatives à la coparentalité surviennent lorsque les parents ont des points de vue, des approches et des valeurs différentes concernant l'éducation, le bien-être et le développement de leur enfant. Il est essentiel de garder à l'esprit que la priorité doit être le bien-être de votre enfant et qu'il est crucial de s'efforcer d'avoir un accord sur ce qui est le mieux pour lui. Lors de désaccords, il est très important d'identifier et d'adopter des compromis qui respectent les valeurs et les préoccupations de chaque parent. En cas de divergences de point de vue, il est conseillé d'expliquer à l'enfant les raisons des règles éducatives établies, tout en veillant à respecter conjointement l'arrangement convenu. Les limites définies doivent être claires, cohérentes et mutuellement respectées par les deux parents dans les domaines éducatifs les plus importants.

L'exposition aux conflits parentaux

L'exposition répétée aux conflits liés à la coparentalité peut avoir des répercussions négatives sur le bien-être émotionnel et le développement de l'enfant. Des conflits fréquents ou/et intenses entre les parents créent un environnement familial stressant, déstabilisant l'enfant. Il peut se sentir pris dans un conflit de loyauté, devenir anxieux et triste, replié sur lui, irritable, désobéissant, et avoir du mal à gérer ses réactions émotionnelles. Ce climat familial perturbant peut aussi altérer son attention et sa motivation, entraînant une baisse de ses résultats scolaires et de son engagement dans des activités extrascolaires.

Pour ces raisons, il est essentiel que les parents s'efforcent de réduire les conflits le plus possible et de séparer les problèmes personnels des questions concernant l'enfant. Il est très important de maintenir une atmosphère stable et positive, reposant sur le respect mutuel, afin de favoriser la stabilité émotionnelle de l'enfant. Cela implique de réduire les conflits et les tensions, en particulier en présence de celui-ci.

Les désaccords et les modifications des règles éducatives devraient être discutés en dehors de la présence de l'enfant à des moments appropriés. Il est conseillé de mettre de côté des divergences mineures en se concentrant sur les points essentiels qui ont un impact significatif sur le bien-être et le développement de l'enfant. En cas de divergences profondes et persistantes, vous pouvez envisager de contacter un professionnel de la médiation familiale ou de la santé mentale, qui pourrait offrir une aide pour résoudre de manière constructive les conflits éducatifs importants. L'objectif primordial est de protéger le bien-être mental et le développement harmonieux de l'enfant.

La diminution de l'intimité et de la proximité

La diminution de l'intimité et de la proximité entre les parents peut être causée par plusieurs éléments et influencer la vie de famille. Cette situation peut affecter l'ambiance familiale, la communication, la collaboration et la coordination nécessaires au bien-être de l'enfant. Lorsque l'intimité et la proximité entre les parents diminuent, la communication et les échanges affectueux des parents peuvent devenir plus difficiles, donnant lieu à des malentendus et des tensions. La coordination des horaires, des activités et des tâches peut être compliquée et comporter des tensions et des conflits. L'enfant ressent les effets de la distance émotionnelle entre ses parents, ce qui peut le déstabiliser et altérer son sentiment de sécurité, en fonction de l'intensité des problèmes relationnels et des conflits entre ses parents.

Comme mentionné plus haut, il est important de convenir de moments dédiés pour discuter des questions relatives à l'éducation de l'enfant, même en cas de diminution de la proximité entre les parents.

Lors de situations comportant une séparation ou un divorce, il est vivement conseillé de suivre les recommandations suivantes :

- Planification des moments de communication entre les parents pour discuter des questions relatives à l'enfant (par exemple, rencontres en personne, communication par téléphone, courrier électronique, ou via des applications numériques de communication en visioconférence).
- Planification des horaires de garde, des activités et des événements spéciaux (par exemple, anniversaires, jours fériés, rencontres avec les enseignants, activités extrascolaires).
- Priorité donnée au bien-être et au développement de l'enfant en faisant des propositions et en prenant des décisions qui sont dans son meilleur intérêt.
- Maintien du respect entre les deux parents lors des échanges, même si la complicité et la proximité ont diminué. Ceci afin d'éviter des tensions et des réactions négatives qui peuvent avoir des répercussions directes et indirectes sur l'enfant.

- Cohérence des règles et des routines qui ont été convenues pour maintenir un cadre stable et sécurisant pour l'enfant.
- Flexibilité dans l'application des règles si la coparentalité entre les parents le permet en pouvant alors ajuster l'organisation des fonctions parentales respectives en fonction des situations et des besoins de l'enfant et des parents.

Difficultés de soutien coparental

Les difficultés de soutien entre les parents surviennent lors de problèmes de communication, de coopération, de prises de décision conjointes, et lors de divergences d'opinions sur des questions éducatives concernant leur enfant. Il est conseillé d'identifier les points de convergence et de trouver des compromis en cas de désaccords, tout en acceptant que les opinions sur l'éducation puissent diverger. Il est essentiel de faire preuve de volonté pour collaborer, en étant respectueux et tolérant, et en mettant de côté les différences personnelles pour privilégier le bien-être de l'enfant. Il est aussi conseillé de ne pas penser aux conflits passés et de prendre du recul par rapport aux ressentiments existants entre les parents pour maintenir une dynamique parentale positive.

Il est également recommandé d'élaborer un plan de répartition des tâches clair et équitable, et de communiquer les changements à l'avance en prenant en considération la vie personnelle de chaque parent (par exemple, emploi, santé, problèmes familiaux, déménagement et nouvelles relations en cas de séparation). Les aspects financiers de la coparentalité peuvent aussi entraîner des difficultés de soutien et être la source de conflits qui peuvent être importants.

Ces difficultés de la coparentalité touchent en particulier les parents d'enfant avec un TDAH qui sont confrontés à gérer les défis éducatifs posés par leur enfant, mettant sous pression leurs capacités parentales et la dynamique de coparentalité. En tant que parent, vous êtes profondément concerné par ces problèmes et par le défi de les résoudre de manière harmonieuse, en tenant compte des caractéristiques personnelles et des contextes de vie de chacun.

Lorsque l'un des parents, voire les deux, a également un TDAH, les défis liés à la coparentalité peuvent être encore plus complexes et difficiles à gérer. Dans ce cas, l'impact du TDAH chez l'enfant entre en résonance avec celui du parent confronté à la même problématique. Ces situations souvent délicates peuvent nécessiter le soutien d'un professionnel expérimenté dans le TDAH et dans les enjeux de la coparentalité. Une telle intervention peut s'avérer précieuse pour les parents et les enfants, en facilitant la compréhension des difficultés éducatives et relationnelles rencontrées et en aidant l'élaboration de stratégies adaptées à chaque situation familiale.

Résumé

- Écouter et discuter avec votre enfant qui est plus conscient que vous ne le pensez de ses difficultés et de ses entraves à utiliser ses compétences.
- Être présent, cohérent et constant en tant que parents.
- Définir des priorités en vous concentrant sur ce qui est essentiel à accomplir, sans trop solliciter le jeune.
- Développer le sens des responsabilités et l'autonomie de l'enfant en fonction de l'âge et de ses particularités.
- Éviter les spirales interactives négatives et contrôler les attitudes parentales chargées d'émotions et qui pourraient être trop autoritaires.
- S'impliquer davantage dans les interactions tout en parlant moins et en intervenant moins.
- Stimuler la motivation de l'enfant et utiliser un système de récompense approprié.
- Simplifier les tâches quotidiennes.
- Développer les compétences exécutives de l'enfant (organisation, planification, mémoire de travail, gestion du temps).
- Anticiper les situations entraînant des problèmes et des crises émotionnelles.
- Développer les compétences de l'enfant.
- Gérer la coparentalité.

Bibliographie

Barkley, R. (2015). *Attention-Deficit Hyperactivity Disorder. A Handbook for Diagnosis & Treatment* (4th ed.). The Guilford Press.

Barkley, R. A. (2013). *Defiant Children. A Clinician's Manual for Assessment and Parent Training* (3rd ed.). The Guilford Press.

Barkley, R. A. (2020) *Taking Charge of ADHD. The Complete Authoritative Guide for Parents.* The Guilford Press.

Barkley, R. A. (2021). *12 Principles for Raising A Child With ADHD.* The Guilford Press.

Barkley, R. A., & Benton, C. M. (2013). *Your Defiant Child : Eight Steps to Better Behavior* (2nd ed.). The Guilford Press.

Barkley, R. A., & Robin, A. L. (2014). *Defiant Teens. A Clinician's Manual for Assessment and Family Intervention* (2nd ed.). The Guilford Press.

Chapitre 11

L'adolescence

Objectifs

- Décrire les défis auxquels les adolescents atteints de TDAH peuvent être confrontés pendant la période critique de la puberté.
- Proposer des conseils utiles aux parents pour gérer ces défis.
- Proposer des stratégies éducatives pratiques prenant en compte les caractéristiques de l'adolescence.
- Recommander la possibilité de demander de l'aide à des professionnels lors de situations préoccupantes.

L'adolescence mobilise des questionnements profonds sur le sens et les buts de la vie, l'identité sexuelle, l'avenir avec ses incertitudes. L'adolescent est à la recherche de qui il est, et s'interroge de manière ambivalente sur les modèles des adultes ainsi que sur ceux véhiculés par la société. Il doit faire ses preuves, montrer ce dont il est capable, et réaliser ce qui pouvait auparavant être différé. Il est amené à gérer son manque de confiance et ses fragilités psychiques, sa capacité de se contrôler et de se recentrer sur lui-même. Il est très sensible aux regards des pairs et à sa place dans les groupes. Il peut nouer des amitiés qui accaparent ses préoccupations.

L'adolescent réagit souvent de manière brutale, par exemple en rejetant des figures d'autorité, notamment parentales, et en se refermant sur lui-même. Il veut exercer une maîtrise sur les autres tout en redoutant l'intimité. Il a envie d'avoir des expériences sexuelles tout en craignant de perdre le contrôle dans une activité sexuelle. L'adolescent est tiraillé par des mouvements paradoxaux d'autonomie et de régression. Il se cherche et ne peut se découvrir qu'en étant confronté à des limites, dans un environnement à la fois suffisamment ferme et souple.

En complément des pistes décrites dans le chapitre 10, des stratégies parentales peuvent être proposées pour cette étape développementale, souvent difficile pour les adolescents avec un TDAH :

1) Comprendre les caractéristiques de l'adolescence et l'impact du TDAH sur les processus de la puberté.
2) Développer des stratégies et des attentes appropriées.
3) Établir des règles claires concernant le domicile et les sorties.
4) Faire appel à un professionnel si l'évolution de l'adolescent devient préoccupante

Étienne, 14 ans

Étienne est un adolescent plein de vie et intelligent. Depuis qu'il a été diagnostiqué avec un TDAH à l'âge de 8 ans par le pédiatre, il suit un traitement par méthylphénidate à longue durée d'action le matin, avec la possibilité de prendre une forme à action rapide dans l'après-midi ou durant le week-end pour les devoirs. Cependant, il a de la peine à se rappeler tout seul de prendre son médicament et se plaint souvent d'une baisse de sa vitalité. Bien que ses parents lui aient proposé de revoir le pédopsychiatre qui le suit depuis l'âge de 9 ans, il n'est pas enthousiaste à cette idée.

Heureusement, ses parents ont suivi un programme de guidance parentale centré sur le TDAH, ce qui leur a permis de mieux comprendre le fonctionnement de leur fils et de mettre en place des stratégies utiles dans leur vie quotidienne.

Malgré tout, Étienne continue de présenter des comportements hyperactifs et impulsifs importants et des problèmes d'inattention qui affectent sa scolarité et la gestion de ses tâches quotidiennes. Il a aussi des problèmes de comportement opposant avec une tendance à la provocation. Bien qu'il frôle l'échec scolaire, il parvient à suivre le cursus scolaire, même s'il est souvent en retard et a des difficultés à planifier ses devoirs et ses tests. Il a abandonné des activités sportives par manque de motivation et préfère passer du temps avec ses amis en acceptant difficilement les horaires de rentrée.

Dans sa quête d'identité, Étienne semble traverser une période de doutes, typique de l'adolescence. Il souhaite affirmer et son autonomie tout en cherchant l'attention de ses parents. Il est très attiré par le style RAP, portant des vêtements amples, une casquette de la NBA, et des baskets de marque.

Comme beaucoup d'adolescents, Étienne passe de nombreuses heures sur les écrans et les jeux vidéo. Les parents sont confrontés à des conflits épuisants pour que leur fils accepte les règles d'utilisation des écrans et les horaires de sortie.

Alice, 13 ans

Alice est une adolescente intelligente, empathique et sensible. Sur les conseils d'une enseignante, elle a été diagnostiquée avec un trouble de l'attention prédominant, des difficultés exécutives dans les activités de la vie quotidienne et un trouble anxieux à l'âge de 10 ans par une pédopsychiatre. Pour essayer de mieux l'aider, elle a eu un bilan neuropsychologique qui a précisé ses difficultés d'attention et signalé la présence également d'une capacité un peu moins performante de la mémoire de travail. Elle prend une médication de dextroamphétamine à action prolongée qui est efficace et bien tolérée. De plus, elle bénéficie de séances de psychothérapie régulières qu'elle investit beaucoup grâce à une relation de confiance avec sa thérapeute. Elle a aussi suivi un programme axé sur les fonctions exécutives, ce qui lui a permis de mettre en place des stratégies utiles dans son quotidien.

Malgré ses efforts et son traitement, Alice continue à être confrontée à des problèmes d'attention et de fonctions exécutives, tout en ayant de bons résultats scolaires. Elle est très impliquée dans la vie familiale et se fait du souci pour ses parents qui font face à des surcharges professionnelles. Elle trouve un réconfort auprès de son groupe d'amies et adore passer du temps pratiquer l'équitation, montrant une grande facilité de contact avec les animaux.

Cependant, Alice donne l'impression de traverser une période de doutes quant à son image de soi et s'isole souvent dans sa chambre. Elle éprouve des difficultés à trouver un style vestimentaire qui lui convient. Elle a tendance à se maquiller de manière trop visible, ce qui peut parfois entraîner des désaccords avec sa mère.

Alice passe beaucoup de temps sur les écrans en écoutant de la musique et sur les réseaux sociaux durant les devoirs et les moments de détente. Elle donne l'impression d'être immergée dans la dynamique des contacts et des messages des réseaux sociaux. Elle a beaucoup de difficultés à contrôler son utilisation des écrans (smartphone, ordinateur portable, tablette), et a de la peine à se coucher en veillant tard le soir. Ses parents doivent intervenir régulièrement pour lui rappeler les règles familiales et stimuler sa participation lors des moments en famille.

1 Caractéristiques de l'adolescence et impact du TDAH sur les processus de la puberté

L'adolescence est une période jalonnée de défis et de découvertes, souvent exacerbés pour ceux souffrant de TDAH. Ces jeunes sont généralement confrontés à une quête d'autonomie et à une estime de soi fragile. Ils éprouvent des difficultés à réguler les émotions, les pulsions et les comportements. Ils doivent souvent faire face à des difficultés exécutives se manifestant dans le cadre de leurs études, leurs formations professionnelles, ainsi que dans la gestion des tâches administratives et de leur argent.

Les processus de maturation cérébrale et les transformations liées à la puberté modifient la présentation clinique du TDAH qui devient plus complexe à l'adolescence. Des études récentes ont mis en évidence une tendance vers une modification de l'intensité des symptômes du TDAH depuis l'enfance avec des changements dans les manifestations cliniques à l'adolescence. Il est important de prendre en considération ces évolutions individuelles afin de mieux comprendre les caractéristiques cliniques spécifiques à cette période de la vie. Par exemple, les symptômes d'inattention peuvent être plus marqués, tandis que ceux d'hyperactivité et d'impulsivité peuvent diminuer chez certains adolescents. Dans d'autres cas, la triade classique d'inattention, d'hyperactivité et d'impulsivité continue à être présente de manière significative en étant souvent associée à des troubles.

Les adolescents atteints de TDAH ont tendance à minimiser les symptômes liés à ce trouble. Fréquemment, ils sont confrontés à des problèmes de motivation, ont des difficultés à se projeter positivement dans l'avenir, et à gérer simultanément les contraintes et leur temps libre. Ils ont tendance à être dans l'action et privilégient des activités stimulantes, telles que l'utilisation des écrans ou les sorties. De plus, ils présentent un risque élevé de rencontrer des difficultés scolaires, telles que des résultats insuffisants, des échecs, de l'indiscipline, de l'absentéisme, des exclusions, voire une déscolarisation.

L'association entre l'impulsivité et l'adolescence peut entraîner chez votre adolescent plus de sautes d'humeur, une irritabilité, des revendications, des moqueries et des provocations. Il peut avoir une capacité faible de tolérer les frustrations et de prendre en considération les conséquences de ce qu'il fait. La gestion des nouvelles technologies, telles que les écrans et les réseaux sociaux, représente des sources d'attraction et des écueils pour les adolescents avec un TDAH. Comme nous le verrons dans le chapitre 12, ils sont particulièrement attirés par ces supports, ce qui entraîne fréquemment des conflits éducatifs pour établir et faire respecter un cadre d'utilisation approprié.

Les caractéristiques du TDAH – impulsivité, recherche d'excitations, diminution des capacités de prise de décision, gestion insuffisante de la frustration – favorisent des comportements à risque. Les adolescents avec un TDAH sont souvent attirés par de nouvelles expériences et la recherche de sensation fortes, qui peuvent avoir des conséquences négatives. Les répercussions peuvent inclure l'abus ou la dépendance à des substances psychoactives (par exemple, alcool, tabac, cannabis, hallucinogènes, cocaïne), les comportements antisociaux et violents, les accidents, ainsi que les activités sexuelles à risque (pouvant conduire à des maladies sexuellement transmissibles ou à des grossesses non désirées). Les troubles anxieux, les troubles de l'humeur et les troubles du sommeil sont aussi des comorbidités fréquentes et, dans certains cas, les troubles alimentaires. Il est important d'être également attentif à la présence de troubles associés qui, dans certains cas, peuvent être les facteurs principaux des difficultés auxquelles est confronté votre adolescent.

Au cours de l'adolescence, les jeunes deviennent plus préoccupés et motivés par l'acceptation de leurs pairs, qui exercent une forte influence sur leurs comportements dans la recherche d'appartenance à un groupe et de relations romantiques et sexuelles. Les dynamiques relationnelles évoluent et de nouveaux espaces sociaux se développent, comportant un mouvement d'autonomie vis-à-vis de la famille, des relations plus intimes, des processus identificatoires et des comportements sociaux devenant progressivement adultes. Des études suggèrent qu'il pourrait y avoir des effets en cascade des difficultés sociales vécues pendant l'enfance qui les rendent moins préparés pour les transitions sociales plus complexes à l'adolescence. Ils ont tendance à avoir plus de difficultés à s'intégrer dans les groupes, à faire plus d'expériences d'exclusion, à avoir davantage de difficultés dans les relations à deux et à privilégier la fréquentation de pairs qui peuvent avoir des influences négatives. Ils éprouvent généralement plus de difficultés à gérer les relations romantiques. Les garçons avec un type inattentif ont tendance à être plus passifs et en retrait, tandis que ceux avec un profil de TDAH combiné ont tendance à avoir des premières expériences sexuelles plus précoces et peuvent présenter des comportements agressifs et de victimisation.

De plus, les adolescents avec un TDAH sont des maillons faibles des transformations des sociétés post-modernes. Ils sont particulièrement sensibles et vulnérables aux pressions de la société contemporaine qui valorise l'individualisme, la performance et la satisfaction immédiate des désirs. Ces influences sociétales peuvent aggraver les difficultés des adolescents atteints d'un TDAH qui ont alors besoin d'une compréhension et d'un soutien supplémentaires pour trouver leur voie dans un monde qui peut comporter des embûches par rapport à leurs caractéristiques.

Les relations familiales jouent un rôle crucial dans le développement des adolescents, même lorsqu'ils deviennent plus autonomes dans leurs prises de décisions et leurs valeurs, et passent davantage de temps avec leurs amis et partenaires romantiques. Toutefois, en tant que parent d'un jeune atteint de TDAH, vous continuez à être très impliqué dans la gestion de la vie familiale, des tâches quotidiennes, du parcours scolaire, des relations sociales, ainsi que dans la gestion de l'impact de ses difficultés liées à ce trouble et à ses comorbidités. Votre adolescent peut solliciter davantage votre aide et avoir besoin de votre soutien plus longtemps que d'autres jeunes de son âge. Les situations conflictuelles peuvent comporter des crises de colère, des disputes fréquentes, et une escalade des conflits avec les parents, allant parfois jusqu'à des confrontations physiques.

La présence d'un attachement insécure comportant un manque de confiance dans les relations, une fragilité émotionnelle et de l'estime de soi peut contribuer, dans certains cas, aux difficultés à gérer la distance relationnelle avec des préoccupations de rejet ou d'abandon ou, à l'inverse, de la méfiance envers autrui. Il est alors conseillé en tant que parent d'écouter attentivement les préoccupations, les émotions et les besoins affectifs de votre adolescent en faisant preuve d'empathie et en lui procurant un environnement cohérent et stable, en étant patient et persévérant dans les efforts.

Ces défis éducatifs peuvent vous amener à avoir des attitudes parentales négatives ou à vous retirer progressivement en réaction aux comportements de votre adolescent, surtout en cas de présence de problèmes comportementaux tels que des troubles oppositionnels ou/et des conduites à risque.

L'adolescence est une étape développementale qui comporte des écueils pouvant avoir des conséquences délétères, mais elle est également propice à l'émergence de potentialités créatrices et à la manifestation de capacités de résiliences surprenantes. Votre adolescent atteint de TDAH peut traverser cette étape naturellement difficile et révéler des ressources insoupçonnées lorsqu'il prend conscience de ses qualités et qu'il commence à se projeter positivement dans l'avenir, en se fixant des objectifs et en développant des intérêts personnels.

2 Développer une stratégie et des attentes appropriées

Le comportement de votre adolescent avec un TDAH peut être souvent difficile à supporter. Cependant, en tant que parent, votre propre attitude pourrait également contribuer à l'escalade des tensions. Pour cette raison, il est conseillé d'ajuster votre compréhension des situations et vos attentes en tenant compte des particularités de votre enfant, liées au TDAH et à l'adolescence. Cela vous permet de créer un environnement familial moins tendu et plus constructif.

Attentes en relation avec les demandes

Il est naturel d'avoir des attentes concernant les résultats scolaires, la gestion des devoirs et l'organisation de votre adolescent sans comporter des confrontations pénibles et répétitives. Il est également raisonnable d'exiger qu'il suive les règles fondamentales de la vie familiale et qu'il traite tous les membres de la famille avec respect.

Comme mentionné plus haut, il est recommandé de ne pas s'attendre à la perfection, à des performances scolaires exceptionnelles, à une obéissance stricte et à un respect sans faille. Des attentes irréalistes peuvent vous faire éprouver des sentiments excessifs de déception, de découragement, de colère, et perdre le contrôle, avoir des réactions que vous pourriez regretter et qui alimentent des conflits contre-productifs avec votre adolescent.

Anticipation des échecs

Il est également recommandé de ne pas se laisser emporter dans des scénarios catastrophes concernant l'avenir de votre adolescent, tels que des craintes infondées qu'il puisse détruire son avenir, ne pas trouver sa voie, devenir toxicomane, criminel ou dépendant des services sociaux. Ces craintes exagérées ne sont pas des prophéties destinées à se réaliser. Cependant, votre adolescent peut être déstabilisé par votre manque de confiance en ses ressources et ses capacités d'adaptation face aux enjeux et aux contraintes de la vie adulte.

Préserver la relation et la communication

Il est crucial de s'efforcer de maintenir une relation chaleureuse avec votre adolescent, en privilégiant une communication ouverte et franche. Trouvez des solutions qui soient acceptables pour vous et votre enfant afin de résoudre les tensions et conflits, en évitant des crises de colère ou les violences verbales et, bien sûr, physiques. Il est aussi recommandé d'être informé des activités et des relations de votre adolescent, tout en assurant une éducation constante et cohérente.

L'éducation d'un adolescent atteint de TDAH comporte une succession d'ascenseurs émotionnels qui sont comme des montagnes russes, mettant à l'épreuve la régulation des émotions, les capacités d'adaptation, de prise de décision et de persévérance. Essayez de ne pas réagir immédiatement et de manière excessive, de contrôler vos réactions émotionnelles. Efforcez-vous de ne pas vous laisser entraîner par la tendance de votre adolescent à solliciter des réponses immédiates à ses demandes et comportements. Autant que possible, évaluez l'urgence et l'importance des situations et abstenez-vous d'intervenir immédiatement lorsqu'elles sont peu importantes ou peuvent être ignorées.

En tant que parent d'un adolescent avec un TDAH, il est essentiel de gérer votre propre stress pour maintenir votre bien-être. Évitez de vous laisser submerger par les difficultés auxquelles vous êtes confronté, par des ruminations et scénarios négatifs. Efforcez-vous de vous accorder des moments de détente, des sorties et des vacances pour recharger vos batteries, prendre du recul et envisager les problèmes avec un regard plus serein. Si possible, organisez des moments pendant lesquels vous êtes séparé de votre adolescent (par exemple, un week-end chez des amis, des vacances en famille, une participation à un camp avec d'autres jeunes).

Ces expériences favorisent l'indépendance de votre adolescent et vous permettent aussi de vous ressourcer, ce qui est essentiel pour soutenir votre enfant dans son développement.

3 Établir des règles claires concernant le domicile et les sorties

La recherche d'autonomie et le manque de maturité émotionnelle peuvent facilement entraîner des demandes excessives et des attitudes provocatrices de votre adolescent débouchant sur des conflits. Adopter une attitude éducative trop stricte et trop rigide s'avère souvent inefficace. Votre jeune pourrait s'efforcer de trouver des manières de contourner vos exigences ou persister à vous mettre la pression. Vous pouvez aussi être confronté au risque d'osciller entre des attitudes trop autoritaires et trop permissives, ce que votre adolescent pourrait exploiter pour atteindre ses buts en vous épuisant.

L'établissement de règles claires et cohérentes concernant le cadre familial et les sorties est indispensable pour la vie de famille et pour la structuration de votre adolescent. La liste de ces règles permet de clarifier les attentes et les exigences tout en étant associée à des récompenses – si elles sont méritées –, sous la forme de moments de détente et d'activités comportant des satisfactions et du plaisir.

Les règles de la vie au domicile dépendent de chaque famille et elles peuvent comporter par exemple :

- La non-tolérance de tout manque de respect ou de violence.
- L'expression des manifestations d'insatisfaction ou de revendication sans excès d'agressivité ni provocation.
- Le respect des besoins individuels et de l'intimité de chacun.

- Un accord concernant la présence d'amis en l'absence des parents.
- L'interdiction de consommation de tabac, d'alcool, de cannabis ou d'autres drogues.

Les règles relatives aux sorties pourraient inclure les aspects suivants :

- Partager les informations concernant le contexte et la durée de la sortie.
- Respecter les horaires fixés et, en cas de modification, informer rapidement et précisément les parents des raisons du changement par téléphone ou message électronique.
- Éviter tout comportement violent ou provocations susceptibles de déclencher des violences.
- S'abstenir de consommer du tabac, de l'alcool et des drogues, en tenant compte de l'âge et du degré de maturité pour le tabac et l'alcool.
- Accepter que les parents puissent refuser la fréquentation de certaines personnes dans des situations particulières après une discussion préalable.

L'application rigoureuse de ces règles est cruciale pour aider votre adolescent à respecter des engagements, à intégrer des limites et à structurer son fonctionnement face aux sollicitations et frustrations. Il est conseillé de trouver un équilibre entre un désengagement et un contrôle excessif.

Efforcez-vous d'avoir et de maintenir une ligne commune avec l'autre parent afin d'éviter que votre adolescent exploite les divergences éducatives et teste davantage les limites. La communication et la réflexion entre les parents – la coparentalité – sont d'autant plus importantes à l'adolescence, a fortiori avec un adolescent atteint de TDAH.

L'établissement de conséquences positives ou négatives par rapport au respect de ces règles varie selon les familles. Vous pouvez appliquer les stratégies décrites plus haut en tenant compte de l'âge de votre enfant. À l'adolescence, les conséquences liées à l'utilisation du smartphone, des réseaux sociaux, des jeux vidéo, l'accès à internet, ainsi qu'aux invitations et aux sorties, ont généralement le plus d'impact.

Essayez de discuter avec votre adolescent dans des moments appropriés de ses demandes et de ses réactions en écoutant son point de vue et lui exposant le vôtre. L'objectif est de créer un espace d'échanges dans un climat détendu, et de négocier calmement et sans précipitation des compromis entre une participation de sa part à des règles tout en faisant des concessions de votre côté. Il est important qu'il puisse faire l'expérience que ses demandes et ses mouvements d'autonomie sont pris en compte, tout en se confrontant aussi à un cadre éducatif.

Le week-end peut être l'occasion de ces échanges tout en évitant le dimanche soir qui est souvent parasité par la perspective de la reprise de la semaine. Étant donné que ces divergences d'opinions et difficultés d'application de certaines règles ne disparaissent généralement pas du jour au lendemain, vous pourriez instaurer ces discussions de famille comme faisant également partie des règles établies.

4 Demander de l'aide à un professionnel si l'évolution de votre adolescent devient préoccupante

Si votre adolescent avec un TDAH présente des problèmes et des comportements à la maison, à l'école, en dehors du cadre familial qui vous inquiètent, il est recommandé de solliciter l'aide d'un professionnel tel qu'un pédiatre, pédopsychiatre, psychologue ou éducateur. L'intervention d'un professionnel peut apporter une compréhension approfondie des difficultés rencontrées par votre adolescent et déterminer les stratégies appropriées. Il peut évaluer la situation dans sa globalité, en tenant compte des caractéristiques de la puberté, de votre enfant et de votre famille, ainsi que de l'environnement scolaire et social. Le professionnel peut aussi prendre en considération la présence de troubles associés qui peuvent constituer des facteurs préoccupants et nécessiter des stratégies spécifiques. Les interventions des professionnels, adaptées à chaque situation, peuvent comporter des séances individuelles avec votre adolescent, un soutien des parents, une thérapie familiale, un bilan psychologique et/ou neuropsychologique, ainsi que des stratégies pour améliorer les fonctions exécutives et la gestion des émotions et des comportements. Ces démarches peuvent compléter ou substituer une médication en fonction des besoins spécifiques de votre adolescent.

Résumé

- L'adolescence est jalonnée de défis et de découvertes et est plus complexe pour les jeunes atteints de TDAH qui doivent gérer des difficultés supplémentaires liées à l'inattention, au contrôle des comportements et des émotions, à la tendance à être dans l'action et à privilégier des activités stimulantes, à être attiré par de nouvelles expériences et à rechercher des sensations fortes.

- L'adolescence est une étape développementale qui comporte des écueils pouvant avoir des conséquences délétères, mais elle est également propice au déploiement de créativité et à l'émergence de potentialités créatrices et à la manifestation de capacités de résilience surprenantes.
- Les adolescents avec un TDAH rencontrent souvent davantage de difficultés dans leur intégration sociale et leurs relations interpersonnelles, préférant parfois des pairs susceptibles d'exercer des influences négatives.

En tant que parent :

- Il est conseillé d'ajuster votre compréhension des situations et vos attentes en tenant compte des particularités de votre enfant, liées au TDAH et à l'adolescence.
- Il est crucial de s'efforcer de maintenir une relation chaleureuse avec votre adolescent, en privilégiant une communication ouverte et franche. Trouvez des solutions qui soient acceptables pour vous et votre enfant pour résoudre les tensions et conflits.
- Essayez de dialoguer avec votre adolescent lors de moments appropriés pour discuter de ses demandes et de ses réactions en écoutant son point de vue et lui exposant le vôtre avec l'objectif de créer un espace d'échanges et de réflexion dans un climat détendu, lui permettant de faire l'expérience que ses demandes et ses mouvements d'autonomie sont pris en compte, tout en le confrontant aussi à un cadre structurant.
- Établissez des règles claires et cohérentes concernant le cadre familial et les sorties pour la qualité de la vie de famille et pour la structuration de votre adolescent.
- Tâchez dans la mesure du possible de trouver un équilibre dans votre autorité, en étant ferme et conséquent tout en gardant de la souplesse selon les situations.
- Efforcez-vous d'avoir et de maintenir une ligne commune avec l'autre parent afin d'éviter que votre adolescent exploite les divergences entre vous.
- Organisez régulièrement des discussions dans des moments de détente pour réfléchir ensemble à l'application des règles et aux problèmes rencontrés. Encouragez votre adolescent à faire des propositions argumentées et assurez-vous que chacun ait suffisamment d'espace pour s'exprimer.
- Efforcez-vous de vous accorder des moments de détente, des sorties et des vacances pour recharger vos batteries, prendre du recul et aborder les problèmes avec un regard plus serein, tout en privilégiant des perspectives positives malgré les difficultés.
- Demander de l'aide à un professionnel si l'évolution de votre adolescent vous préoccupe pour obtenir un soutien et des conseils éclairés.

Bibliographie

Antshel, K. M., & Barkley, R. A. (2011). Attention Deficit/Hyperactivty. In B. Bradford. M. J. Prinstein (Eds.), *Encyclopedia of Adolescence* (p. 56-61). Academic Press.

Antshel, K. M., & Olszeski, A. K. (2014). Cognitive Behavioral Therapy for Adolescents with ADHD. *Child and Adolescent Psychiatric Clinics of North America*, *23*, 825-842.

Barkley, R. A., & Robin, A. L. (2020). Getting through Adolescence. In R.A. Barkley (Ed.), *Taking Charge of ADHD. The Complete Authoritative Guide for Parents* (p. 221-239). The Guilford Press.

Becker, S. P. (2020). *ADHD in Adolescents.* The Guilford Press.

Bussing, R., Zima, B. T., Mason, D. M., Porter, P. C., & Garvan, C. W. (2011). Receiving Treatment for Attention-Deficit/Hyperactivity Disorder : Do the Perspective of Adolescents Matter ? *Journal of Adolescent Health*, *49*, 7-14.

Gudjonsson, G. H., Sigurdsson, J. F., Sigfusdotter, I. D., & Young, S. (2012). An epidemiological study of ADHD symptoms among young persons and the relationship with cigarette smoking, alcohol consumption and illicit drug use. *Journal Child Psychology and Psychiatry*, *53*(3), 304-312.

Jeammet, P. (2001). Innovations en clinique et psychopathologue de l'adolescence. *Annales Médico-Psychologiques*, 159, 672-678.

Sibley, M. H., Kuriyan, A. B., Evans, S. W., Waxmonsky, J. G., & Smith, B. H. (2014). Pharmacological and psychosocial treatments for adolescents with ADHD : An updated systematic review of the literature. *Clinical Psychology Review*, 34, 218-232.

Sibley, M. H., Graziano, P. A., Kuriyan, A. B., Rodriguez, L., Sanchez, F., Derefinko, K., Helseth, S., & Ward, A. Parent-teen behavior therapy + motivational interviewing for adolescents with ADHD. *Journal of Consulting and Clinical Psychology*, 2016, *84*(8), 699-712.

Sprich, S. E,. Safren, S. A,. Finkelstein, D., Remmert, J. R., & Hammerness, P. (2016). A randomized controlled trial of cognitive behavioral therapy for ADHD in medication-treated adolescents. *Journal Child Psychology and Psychiatry*, *57*(11), 1218-1226.

Wolraich, M. L., & Hagan J. F. (2019). *What Every Parent Needs to Know. ADHD.* American Academy of Pediatrics.

Chapitre 12

Les écrans

Objectifs

- Décrire l'influence des nouvelles technologies numériques sur la vie quotidienne et sur le développement des enfants et des adolescents.
- Décrire les avantages, les inconvénients et les risques des écrans.
- Décrire les utilisations des écrans en tenant compte des caractéristiques du TDAH.
- Décrire l'impact du modèle parental de l'utilisation des écrans sur les jeunes.
- Proposer des recommandations pour un cadre éducatif et des règles d'utilisation des écrans adaptées à l'âge.
- Encourager les discussions en famille sur l'utilisation des écrans et les descriptions des jeunes sur leurs utilisations.

Les nouvelles technologies informatiques ont révolutionné nos modes de vie et envahissent notre vie quotidienne. Les smartphones, les tablettes interactives, les ordinateurs, les consoles de jeux et la télévision sont à portée de main et utilisables à tout moment. Les écrans nous accompagnent du matin au soir sans relâche. Plus de la moitié des habitants de la planète utilise internet, les deux tiers possèdent un téléphone portable, et un tiers joue plus ou moins souvent à des jeux vidéo. Les enfants sont désormais des utilisateurs quotidiens de ces nouvelles technologies et des cibles d'un marketing intense. Les logiciels d'intelligence artificielle commencent à jouer un rôle de plus en plus important dans notre quotidien, et cela sera encore plus marqué dans le futur. La crise sanitaire du Covid-19 a également accéléré l'utilisation excessive du numérique et davantage brouillé la frontière entre les espaces des apprentissages et le temps des écrans pour des activités de divertissement.

1 La fréquence d'utilisation des écrans

D'après les estimations de l'Unicef, un internaute sur trois dans le monde est un enfant ou un adolescent de moins de 18 ans, et les enfants accèdent à internet et utilisent les écrans de plus en plus jeunes. Les adolescents et les jeunes adultes de 15 à 24 ans constituent la tranche d'âge la plus connectée, dont 71 % utilisent internet à l'échelle mondiale contre 48 % pour la population totale.

Les habitudes liées à l'utilisation des écrans se modifient au cours de l'enfance et de l'adolescence. Le temps consacré à la télévision éducative et récréative atteint habituellement son apogée durant la période préscolaire. À partir de l'âge de 8 ans, les contenus récréatifs, les jeux vidéo, les médias sociaux, YouTube et les recherches sur internet prennent de plus en plus d'importance. Avec l'entrée au collège, l'utilisation d'un smartphone devient courante, souvent en parallèle avec l'utilisation d'une tablette interactive, d'une console de jeux et d'une télévision. Les utilisations excessives des réseaux sociaux sont fréquentes à l'adolescence et entraînent souvent des conflits. Internet comporte le risque d'accéder à des contenus inappropriés à l'âge des utilisateurs, par exemple des vidéos violentes ou à caractère sexuel comportant un manque de respect envers des personnages virtuels ou réels de nature sadique, perverse et/ou pornographique.

Les enfants et les adolescents passent de plus en plus de temps chaque jour devant les écrans, ce qui comporte le risque de surexposition. Aux États-Unis, la proportion d'enfants de 2 à 4 ans utilisant des écrans est passée de 39 à 80 % entre 2011 et 2013. Au Royaume-Uni, une récente étude a révélé que 51 % des nourrissons âgés de 6 à 11 mois utilisent un écran tactile quotidiennement, et 75 % des enfants de 6 à 36 mois, avec une utilisation moyenne de 24,5 minutes par jour.

Aux États-Unis, neuf nourrissons sur dix étaient exposés à un appareil numérique avant leur premier anniversaire en 2017, et 98 % des foyers avec de jeunes enfants avaient un écran tactile, par rapport à 51 % en 2011. En France, 78 % des jeunes enfants âgés de 14 mois utilisent des écrans tactiles, avec une augmentation à 90 % à l'âge de 2 ans.

Selon une enquête réalisée aux États-Unis en 2020, 10 % des parents rapportent que la télévision est toujours allumée, et 19 % disent qu'elle est allumée la majorité du temps. Un rapport de l'ONU (Organisation des Nations unies) de 2012 signale qu'un enfant est généralement exposé à environ 4 heures de télévision en arrière-plan par jour. Une étude australienne indique que les enfants de 2 ans sont exposés aux écrans en moyenne 14,2 heures par semaine, puis 25,9 heures par semaine de 2 à 5 ans. Dans cinq pays d'Asie du Sud, 66 % des parents d'enfants âgés de 3 à 8 ans rapportent que leurs enfants utilisent régulièrement les appareils numériques de leurs parents, et que 14 % d'entre eux possèdent déjà leur propre appareil numérique.

Selon une étude de 2010, les jeunes de 8 à 18 ans aux États-Unis passaient en moyenne 10 heures par jour sur des technologies numériques. Une enquête récente a révélé une augmentation de 17 % de l'utilisation des écrans entre 2019 et 2021. La moyenne quotidienne d'utilisation des écrans chez les enfants de 8 à 12 ans est passée de 4 heures et 44 minutes à 5 heures et 33 minutes, tandis que chez les adolescents de 13 à 18 ans, elle est passée de 7 heures 22 minutes à 8 heures et 39 minutes. Les enfants de plus en plus jeunes surfent sur internet en étant moins conscients des dangers que leurs aînés. Une étude française signale que près d'un enfant sur deux âgé entre 9 et 11 ans est connecté à internet tous les jours ou presque, et 22 % sont déjà présents sur un ou plusieurs réseaux sociaux, malgré une interdiction théorique aux moins de 13 ans. Environ 64 % des adolescents regardent des vidéos en ligne et 65 % la télévision, et 38 % utilisent les réseaux sociaux quotidiennement.

Les plateformes les plus utilisées par les adolescents âgés entre 12 et 17 ans actuellement sont : *YouTube*, *TikTok*, *Instagram*, *Snapchat*, et de moins en moins *Facebook*. *YouTube* est la plus populaire, utilisée par 95 % d'entre eux, dont 20 % de manière presque permanente. Elle est suivie par *TikTok* avec 76 % d'utilisateurs, *Instagram* avec 62 %, *Snapchat* avec 59 %, et *Facebook* avec 33 %. Les jeunes sont une cible de choix pour les marques qui font de la publicité sur *Facebook*, *Instagram* et *TikTok* avec l'objectif d'attirer un public le plus jeune possible et de le fidéliser[1].

Notre propos n'est pas de diaboliser l'univers numérique qui permet d'accéder à une quantité gigantesque d'informations, d'acquérir de nouvelles connaissances et de développer de nouvelles compétences. Il favorise également des échanges rapides avec des personnes à travers le monde, et ouvre de nouvelles possibilités professionnelles et d'importantes innovations technologiques dans de nombreux domaines comme la santé et la vie quotidienne. Il offre aussi l'accès à des espaces traditionnellement séparés, comme le monde professionnel, et facilite la communication entre parents et enfants par SMS lorsqu'ils sont à l'école, et vice versa. Cependant, il est important de mettre l'accent sur les enjeux du numérique, comme l'importance d'une pensée critique, les risques d'utilisation excessive par les enfants et adolescents avec un TDAH et le cadre éducatif parental.

2 Les technologies numériques : une révolution « neuroculturelle »

Les technologies numériques représentent une révolution « neuroculturelle » qui touche désormais les enfants dès leur plus jeune âge en imposant à leur cerveau

1. Plus de 40 États américains ont lancé fin octobre 2023 une action en justice contre Meta en reprochant à ce géant du numérique de tromper le public sur les dangers de ses plateformes et d'inciter sciemment les jeunes à les utiliser de manière addictive et compulsive en négligeant « les dommages considérables » sur la santé mentale et physique des jeunes du pays.

de s'adapter et d'intégrer ces nouveaux outils pendant le développement cérébral. Elles suscitent autant d'espoirs que d'inquiétudes sur leur possibilité de modifier l'esprit et les capacités du cerveau par la plasticité cérébrale. Les écrans peuvent exercer une profonde attraction sur nombre d'entre nous. Comprendre les raisons de la fascination pour internet, les jeux vidéo et les réseaux sociaux est un enjeu majeur de l'analyse des comportements sociaux contemporains. Les professionnels de la santé sont préoccupés par l'impact de l'utilisation des écrans sur la santé mentale et physique des enfants et adolescents, ainsi que sur la vie de famille. La plupart des parents s'inquiètent du temps que leurs enfants passent à utiliser des médias numériques et se questionnent sur les règles éducatives appropriées. Les réflexions et les craintes sur l'utilisation des écrans ont tendance à susciter des réactions tranchées reposant souvent sur des idées préconçues et nécessitent de s'appuyer sur des recherches rigoureuses.

Ce nouvel univers technologique accorde une place centrale aux messages électroniques, aux jeux vidéo, aux réseaux sociaux et aux connexions à internet. Les influenceurs sont devenus omniprésents, et même les très jeunes enfants accèdent aujourd'hui aux médias numériques et aux écrans tactiles. L'attrait des enfants et des adolescents pour les écrans profite à l'industrie des jeux vidéo et aux « GAFAM » qui dominent le secteur de l'information et de la communication. Les développeurs bénéficient de l'aide de spécialistes du fonctionnement du cerveau et des émotions des jeunes afin de concevoir des produits plus efficaces sur le plan commercial.

En utilisant les écrans, le cerveau est stimulé par l'exploration, la recherche de causalités, ainsi que par les effets excitants des stimuli visuels et émotionnels qui attirent notre attention et nous détournent de ce que nous pourrions faire autrement. Comme le souligne Elena Pasquinelli, l'attractivité des jeux électroniques repose sur leur capacité à activer les systèmes de stimuli-réaction et de récompense, en provoquant des excitations, des gratifications, des frustrations, et une expérience immersive. Ils suscitent une immersivité – un état de flow – qui entraîne une implication dans l'histoire du jeu et un intérêt pour les personnages auxquels les joueurs s'identifient, avec la possibilité d'éprouver des émotions « sans danger » en perdant la notion du temps. La conception des jeux s'appuie sur des connaissances en neurosciences pour maintenir un niveau de vigilance, d'indécision et de curiosité qui stimule l'engagement des joueurs. Les processus de récompense et son imprévisibilité amplifient la motivation à réaliser de nouvelles actions. La conception des jeux vidéo prend en compte des connaissances des neurosciences sur le fonctionnement du cerveau. Les performances dans les jeux peuvent être augmentées par des options payantes – des microtransactions – en profitant de l'immaturité des jeunes utilisateurs. Les contenus peuvent mettre en scène des violences psychologiques et physiques sans que nos sociétés mettent en place des protections suffisantes.

Les réseaux sociaux jouent sur les émotions des utilisateurs et permettent le partage d'informations succinctes dans un contexte virtuel, sans les enjeux et les contraintes des relations en personne. Les usagers ont le sentiment de faire partie de « communautés » et l'illusion d'être en relation avec le monde entier sans pour autant parler à chaque personne. Les « like » sont un moyen de montrer son approbation, un feedback instantané de la réception d'un contenu et une mesure d'une popularité virtuelle. D'autre part, les influenceurs qui ciblent les enfants et les adolescents peuvent avoir des intérêts commerciaux officiels ou dissimulés. Grâce à leur charisme, ils peuvent devenir des modèles identificatoires et faire miroiter l'espoir de réussites semblables. Cependant, les réseaux sociaux ont également des aspects positifs qui permettent de tisser des liens de qualité avec des camarades, de garder contact avec des proches éloignés et de faire partie de groupes partageant un intérêt commun.

D'autre part, les écrans sollicitent les capacités d'attention, de réflexion, de contrôle exécutif et de multitâche en permettant l'exécution de plusieurs tâches simultanément. Nous pouvons être couramment témoins de ces situations dans notre vie quotidienne, par exemple lorsqu'on observe des personnes dans les transports publics qui utilisent leur smartphone en écoutant de la musique ou des podcasts, tout en recevant et en envoyant des messages. Les adolescents sont particulièrement accaparés par le multitâche en faisant les devoirs tout en écoutant leur musique préférée et en suivant les messages des réseaux sociaux ou même en regardant une série télévisée. Le changement fréquent d'une activité à une autre entrave généralement l'intégration efficace des informations, surtout quand elles sont complexes. Comme le relève Elena Pasquinelli, notre cerveau ne possède pas une structure adaptée au multitâche contraignant, et nos capacités d'attention et exécutives sont limitées. Même si nous pouvons, dans notre vie quotidienne, accomplir plusieurs tâches simples en même temps plus ou moins efficacement, cela se fait au prix d'une grande dépense d'énergie cognitive avec le risque d'une intégration inefficace des informations importantes lors de tâches complexes, entraînant une fatigue mentale. Les recherches actuelles vont dans le sens du conseil de limiter, autant que possible, les sources de distraction, ou en tout cas de ne pas les augmenter sans raison majeure.

3 L'IMPACT DES NOUVELLES TECHNOLOGIES

Concernant l'impact des nouvelles technologies sur les enfants et les adolescents, il n'existe pas encore de consensus à cause de la complexité des facteurs influençant ces interactions. Les avis divergent entre d'une part les milieux de l'éducation, de l'industrie, des agences gouvernementales dédiées à l'innovation et des scientifiques qui encouragent leur utilisation, et d'autre part ceux des agences de santé publique, des associations professionnelles et de certains spécialistes du développement des enfants qui préconisent une utilisation limitée. De plus, les recommandations émanant de ces différents groupes peuvent être en contradiction les unes avec les autres. Cela rend difficile pour le grand public et les parents d'évaluer la fiabilité des informations provenant de livres, des médias, d'experts avérés ou de prétendus experts.

Pour ces raisons, les parents se trouvent souvent désemparés, ne sachant pas quoi faire. Il est très difficile pour vous d'identifier les sources d'information fiables en étant tiraillés entre des alarmes sur les méfaits des écrans d'un côté, et des discours vantant leurs bienfaits de l'autre, dans un contexte de gigantesques enjeux commerciaux et de ressources limitées pour la recherche scientifique. En effet, les études scientifiques pour évaluer l'impact à long terme de l'exposition aux écrans sont confrontées à plusieurs défis tels que des difficultés méthodologiques et de financements indépendants ainsi que les contraintes éthiques.

Face à cette situation, vous jonglez entre des opinions divergentes et une diversité de pratiques éducatives adoptées pour déterminer le cadre éducatif d'utilisation des écrans. En étant gardien de l'accès au numérique, vous êtes confronté au défi de trouver un équilibre entre le risque d'être trop permissif ou trop protecteur, d'être trop autoritaire ou trop laxiste envers votre enfant ou adolescent.

N'étant pas spécialiste du numérique, notre objectif est de mettre en avant les points essentiels que vous devez avoir, en tant que parent, à l'esprit concernant l'utilisation des nouvelles technologies par votre enfant ou adolescent. Nous proposons des informations et des réflexions non exhaustives sur les risques liés à une utilisation excessive des écrans et à l'accès à des contenus inadaptés à l'âge des usagers, ainsi que des stratégies éducatives parentales[2] appropriées à nos sociétés développées.

Notre propos s'adresse à tous les parents et en particulier à ceux dont les enfants et les adolescents sont atteints de TDAH. Comme nous le développerons plus loin, ces jeunes sont plus à risque de présenter une surexposition aux écrans et des problèmes liés à l'utilisation des jeux vidéo, d'internet et des réseaux sociaux en raison des caractéristiques du TDAH.

4 Le développement de compétences

De nombreuses informations provenant des médias, de livres destinés au grand public et de publications scientifiques avancent l'idée que l'utilisation intensive des technologies informatiques, en particulier des jeux vidéo, durant l'enfance pourrait stimuler le développement du cerveau et améliorer les capacités intellectuelles, sensorielles et motrices. Cette théorie s'appuie sur la notion de plasticité cérébrale qui entraîne la formation de nouvelles connexions neuronales tout au long de la vie, influencée par le développement et le vieillissement du cerveau. L'idée est qu'une pratique intense des jeux vidéo pendant l'enfance pourrait permettre aux joueurs, parfois appelés « *gamers* », de développer des compétences remarquables, comme des jeunes qui deviennent des athlètes exceptionnels ou des musiciens virtuoses.

Les recherches récentes, principalement axées sur les jeux vidéo, ne fournissent pas de preuves convaincantes que l'exposition aux écrans améliore significativement les capacités cognitives ou les compétences générales. Certes, les jeux vidéo peuvent améliorer des compétences spécifiques telles que le contrôle de l'attention pour des tâches cognitives particulières, le traitement plus rapide des informations visuelles (par exemple, alerte, orientation, sélection et contrôle exécutif), une réactivité accrue aux stimuli, des prises de décision plus rapides, une coordination motrice plus performante et certaines capacités multitâches, ces bénéfices ne se traduisent pas par une amélioration globale des fonctions cognitives. Par exemple, les joueurs peuvent développer une meilleure capacité à prendre en compte des éléments visuels liés aux jeux vidéo, mais cela n'a pas d'effet significatif sur d'autres formes de l'attention essentielles dans des

2. L'utilisation des bienfaits potentiels et des risques des écrans pour les personnes atteintes de troubles sous-jacents ou non diagnostiqués hormis le TDAH, ainsi que les dimensions culturelles et sociales dans le monde, dépassent la portée de notre propos.

contextes tels que l'apprentissage scolaire. Bien sûr, ils peuvent développer des aptitudes spécifiques utiles dans certains contextes professionnels comme le design graphique, le pilotage de drones ou la simulation des moyens de transport, sans influencer de manière générale d'autres capacités cognitives cruciales dans des contextes différents, tels que les apprentissages scolaires.

L'utilisation de tablettes tactiles avec des applications adaptées à l'âge peut aider les jeunes enfants à développer des compétences motrices, sensorielles, langagières, cognitives et gestuelles grâce à des contenus éducatifs spécialement conçus. Des applications numériques orientées vers l'action peuvent encourager l'activité physique chez les enfants dès 3 ans, et certains programmes peuvent encourager les activités en extérieur. Cependant, il est crucial de limiter et d'encadrer l'utilisation des écrans qui ne doit être qu'un complément aux stimulations « traditionnelles » issues des interactions familiales et sociales, indispensables pour le développement des enfants. Pour les enfants d'âge scolaire, les ressources numériques bien conçues peuvent enrichir les connaissances, stimuler la curiosité, et favoriser des relations positives avec les enseignants et les camarades. Des logiciels interactifs, des applications pédagogiques et des jeux de qualité peuvent augmenter l'engagement des enfants et adolescents dans leurs apprentissages dans des environnements stimulants et enrichissants, tout en contribuant à réduire des lacunes (par exemple, langues, mathématiques, sciences, histoire, etc.).

Il n'est pas question de privilégier exclusivement les technologies numériques comme moyen d'enseignement. L'expérience de la Suède est un exemple de répercussions négatives sur les élèves du remplacement progressif des manuels scolaires par les ordinateurs durant une quinzaine d'années et de l'augmentation, surtout depuis le collège, de l'utilisation des ordinateurs fournis par l'établissement pour chercher des informations en ligne, rédiger un devoir et réviser les matières. Le gouvernement suédois a pris la décision au printemps 2023 de revenir en arrière et de garantir un livre pour chaque matière. Bien sûr, les outils informatiques peuvent fournir un soutien supplémentaire utile et sensibiliser les jeunes à une utilisation judicieuse, mais ils ne remplacent pas l'enseignement ciblé pour le développement des compétences cognitives spécifiques. Toutefois, la qualité de la relation entre les enseignants et les élèves et des méthodes pédagogiques, y compris une utilisation judicieuse du numérique, constitue le fondement indispensable du développement des connaissances, de la curiosité, de l'esprit critique et de la méthode.

Le streaming de musique et de vidéos, ainsi que les réseaux sociaux permettent d'acquérir des connaissances et de profiter de moments de détente agréables qui sont indispensables. Certains jeux vidéo coopératifs et compétitifs peuvent être pratiqués en famille et entre amis, contribuant à des moments de détente et indispensables. De plus, des jeux en ligne peuvent être des expériences de socialisation, surtout pour les garçons, alors que les filles ont tendance à privilégier les réseaux numériques. Les technologies numériques peuvent aider les enfants et adolescents à établir de nouvelles relations et à entretenir des amitiés, sous la supervision attentive et constante des parents.

5 Les risques de la surexposition aux écrans

L'usage exagéré des écrans peut détourner les jeunes des diverses activités essentielles à leur bien-être, leur développement et leur ouverture sur des connaissances enrichissantes. Des études réalisées ces deux dernières décennies suggèrent que la surexposition aux écrans peut perturber le développement de l'attention, des capacités cognitives ainsi que des compétences émotionnelles et comportementales chez les enfants. Cette surexposition diminue également le temps consacré aux relations familiales, aux apprentissages scolaires, aux loisirs, aux interactions sociales, à l'activité physique et au sommeil, et peut contribuer à une surcharge pondérale. Des recherches signalent qu'un temps élevé d'écrans chez les enfants et adolescents est corrélé à une diminution du bien-être et des capacités de régulation émotionnelle. Cela peut également entraîner une augmentation des troubles du sommeil, des symptômes dépressifs et des comportements antisociaux.

Le sujet de l'impact des contenus violents sur les écrans est complexe en raison de la variabilité des réponses individuelles, des difficultés méthodologiques et de la diversité des médias et des contenus. Cette complexité entraîne un manque de consensus clair dans la communauté scientifique sur l'ampleur et la nature exacte des effets des contenus violents. Des recherches signalent un lien entre l'exposition à des contenus violents et la présence de sentiments ou de pensées agressives. Cependant, cette association s'avère moins prononcée lorsqu'il s'agit de lier directement cette exposition à des comportements agressifs concrets, à des performances scolaires ou des actes violents de type criminel. La compréhension des mécanismes de la propagation de la violence par l'intermédiaire des écrans est aussi complexe et implique de considérer de nombreux facteurs, tels que la désensibilisation de la violence, l'apprentissage des résolutions de conflits, l'imitation de comportements, la régulation des excitations et des réactions agressives ou violentes, l'influence de la fiction et de l'empathie ainsi que la place de la violence dans les différentes cultures. La complexité oblige les chercheurs à être prudent dans l'interprétation des résultats des études et dans l'application de ces résultats à des situations réelles. Pour ces raisons, les décideurs ont une tâche difficile pour prendre position sur les règles régulant l'accès aux contenus violents en tenant compte de la protection des jeunes publics et de la liberté d'expression. En l'absence d'un consensus clair, il appartient à chaque parent d'établir ses propres critères et règles d'utilisation des écrans pour son enfant, tout en s'informant au mieux sur le sujet.

Par ailleurs, l'usage excessif des écrans par certains adolescents peut aussi être un moyen d'évasion face aux défis de la puberté, aux pressions scolaires et aux difficultés relationnelles. Les contenus inappropriés, violents ou sexuellement inadaptés risquent de nuire à leur santé mentale en sollicitant excessivement leurs émotions et en dépassant leurs capacités de défense psychologique. De plus, l'accès à des contenus violents en groupe peut encourager des comportements agressifs. Un excès d'écran limite également l'accès à l'imagination et la capacité à rêvasser, deux éléments cruciaux pour le développement psychologique.

D'autre part, il est fortement recommandé de limiter l'utilisation des écrans le soir une heure avant le coucher. Cette mesure vise à prévenir les perturbations du sommeil qui peuvent survenir par les contenus excitants maintenant l'esprit dans un état de vigilance, et la lumière bleue émise par les écrans qui peut diminuer la production de mélatonine, l'hormone régulant le cycle veille-sommeil et influençant notre horloge biologique. Il est également préconisé d'éviter l'utilisation des écrans pendant les repas par tous les membres de la famille afin de favoriser des moments de convivialité familiale.

Ces observations ne signifient pas que ces effets se manifestent de manière systématique chez chaque utilisateur. Il est important de ne pas diaboliser l'usage des écrans par principe. Il est essentiel de prendre en compte la diversité des réactions individuelles, les spécificités de chaque situation et l'ensemble des facteurs impliqués. Cependant, il est reconnu que l'utilisation excessive des écrans et l'exposition à des contenus inadaptés en fonction de l'âge des utilisateurs, comme nous l'avons expliqué précédemment, peuvent avoir un impact négatif sur l'équilibre psychique et le développement des enfants et des adolescents.

6 Les signes d'une utilisation excessive des écrans

L'utilisation excessive des écrans est influencée par de nombreux facteurs, notamment les caractéristiques individuelles des enfants et des adolescents, tels que le choix des jeux numériques, la conception des réseaux sociaux, et une exposition excessive dès le plus jeune âge. Il est essentiel de noter que l'abus des écrans entre 4 et 12 ans joue un rôle significatif dans le développement d'une forme de dépendance et requiert une implication accrue de la part des parents dans le cadre éducatif. Des études suggèrent que 2 à 5,5 % des enfants et adolescents peuvent présenter une addiction aux jeux vidéo. L'encadrement et le cadre éducatif des parents sont cruciaux dès les premières années de vie de l'enfant.

Les signes précurseurs d'un risque du développement d'une utilisation excessive des écrans comportent :

- Une utilisation quotidienne excessive dépassant largement le cadre parental et se déroulant lors d'interactions sociales.
- Des préoccupations excessives pour les écrans (par exemple, en parler souvent, en faire le centre de l'attention) ou des obsessions liées aux écrans.
- Des plaintes de s'ennuyer ou de ressentir de l'insatisfaction lorsque l'accès aux écrans est restreint.
- Un isolement excessif et un retrait social important.
- Un désintérêt exagéré pour d'autres activités.
- Une baisse notable des performances scolaires.
- Une altération significative du fonctionnement personnel.
- Un évitement problématique des tâches scolaires et des règles familiales, comme les horaires des repas et du coucher.
- Des mensonges pour cacher l'utilisation abusive des écrans.
- Des réactions d'irritabilité, d'énervement excessif, de perte de contrôle.
- Des crises de colère et des comportements oppositionnels pouvant comporter des propos impolis et des gestes violents.
- Des perturbations de la santé et de l'équilibre psychologique.

REMARQUE

Il convient d'utiliser le terme « addiction » avec beaucoup de précaution car il n'est systématiquement adéquat pour décrire une utilisation excessive des écrans. Contrairement à l'addiction aux drogues, il n'y a pas de causalité directe ni de symptômes de manque aussi prononcés. Comme le souligne Elena Pasquinelli, la communauté scientifique rencontre des difficultés à établir des critères précis pour définir clairement un usage pathologique des écrans. Ces difficultés sont liées à la complexité d'identifier les processus spécifiques d'addiction aux écrans, en tenant compte de la diversité et de l'hétérogénéité de leur utilisation, et de distinguer entre les causes et les conséquences d'une utilisation excessive. La présence d'autres facteurs comme la personnalité, la prédisposition à des comportements excessifs et à des difficultés de régulation des excitations et des frustrations, le contexte social, ainsi que la présence de souffrances psychiques et de troubles comme la dépression, rendent très difficile l'établissement de causalités directes. De plus, le manque de recherches rigoureuses dans ce domaine et la diversité des approches et des critères utilisés compliquent l'évaluation de l'impact des usages excessifs.

Cependant, un jeune peut présenter des signes de dépendance, se sentir déséquilibré, malheureux, incompris, avoir des difficultés à gérer son temps de libre et ressentir une envie persistante d'utiliser les écrans.

Les signes caractéristiques pouvant évoquer une addiction aux écrans, en particulier aux jeux vidéo, comprennent :

- Une perte de contrôle avec une incapacité à contrôler la fréquence et la durée d'utilisation des écrans sans parvenir à réduire ces comportements malgré des tentatives.
- La priorité accordée à l'utilisation des écrans par rapport à des activités essentielles, telles que les obligations scolaires, les règles familiales, les loisirs et les relations sociales.
- Une augmentation du besoin d'utiliser les écrans pour éprouver la même satisfaction.
- La manifestation d'irritabilité, d'agitation, d'anxiété ou de dépression lors de réduction de l'utilisation des écrans.
- Des préoccupations excessives centrées sur les écrans même en dehors des périodes d'utilisation avec des pensées récurrentes sur les prochaines occasions d'utilisation.
- Une diminution significative ou l'abandon d'activités et de relations sociales.
- Une négligence des conséquences négatives sur la santé physique et mentale, la réussite scolaire, les relations sociales et les activités quotidiennes ;

- La dissimulation de l'utilisation abusive des écrans à ses parents et à son entourage.
- L'utilisation exagérée des écrans comme moyen d'évasion face à des états émotionnels difficiles, aux interrogations existentielles et aux exigences de la vie quotidienne.

L'addiction aux écrans est relativement rare mais elle doit être considérée avec sérieux lorsqu'elle survient, même si elle ne constitue actuellement pas un problème de santé publique majeur. Les nouvelles technologies font partie intégrante de notre vie quotidienne et leur utilisation est un comportement extrêmement répandu. Il peut être difficile de différencier une perte de contrôle due à une dépendance et une pression sociale poussant à un usage excessif des écrans. L'addiction se caractérise par une utilisation compulsive, une diminution du plaisir, des conséquences négatives sur la scolarité, la santé mentale et la vie de la famille. Cette dépendance se manifeste aussi par le non-respect des règles familiales et des problèmes dans les relations sociales. Cependant, il ne faut pas diaboliser les technologies numériques et les jeux vidéo, mais ils peuvent effectivement avoir des conséquences chez certains utilisateurs, comme cela a été décrit précédemment.

Il est important de repérer les usages excessifs des écrans en favorisant des discussions sur leurs avantages et leurs désavantages, ainsi que sur les raisons d'un cadre éducatif qui doit être régulièrement réévalué en tenant compte du respect des règles, de la situation et du développement du jeune.

Il est vivement conseillé d'être particulièrement attentif dès le plus jeune âge à poser un cadre éducatif parental approprié qui évolue selon l'âge et les caractéristiques de votre enfant ou adolescent, le contexte familial, scolaire et social. Un cadre éducatif établi dès la petite enfance pose des points de repère indispensables et contribue au développement de capacités d'autorégulation concernant l'usage des écrans.

7 Le TDAH et les écrans

Les interactions entre des facteurs liés au TDAH et ceux associés aux caractéristiques des écrans sont difficiles à comprendre et à conceptualiser en raison de la complexité des processus impliqués. Comme pour leurs pairs, les écrans représentent pour les enfants et adolescents avec un TDAH une occasion de s'évader des contraintes et des tracas du quotidien ainsi que des ruminations et des doutes, en se laissant absorber par les attraits des nouvelles technologies. Des études signalent que les jeunes avec un TDAH ont tendance à être plus à risque de développer une utilisation excessive et une addiction aux écrans. L'excès d'exposition aux technologies numériques a également un impact négatif sur les relations familiales en ayant tendance à augmenter l'intensité des symptômes liés au TDAH, les difficultés exécutives, les conflits éducatifs et le stress parental.

D'autre part, les nouvelles technologies numériques entrent aussi en résonance avec plusieurs caractéristiques du TDAH en sollicitant les capacités d'attention, de réflexion, de contrôle exécutif et de multitâche. Dans un monde numérique saturé d'informations accessibles immédiatement, les personnes avec un TDAH sont particulièrement sujettes à la distraction, à l'hyperactivité cognitive et à l'impulsivité. Elles rencontrent des difficultés à gérer le multitâche efficacement, passant rapidement d'un site web à un autre, zappant d'une publication à une autre sur les réseaux sociaux, sans maintenir une concentration durable sur une tâche unique. Elles ont tendance à être emportées par des clics impulsifs et des défilements compulsifs vers des digressions en ligne qui ressemblent à l'errance mentale sans son propre imaginaire et ses ressources créatives. Elles ont également des problèmes de gestion du temps devant les écrans et de régulation émotionnelle et recherchent des sensations fortes et des satisfactions immédiates.

Comme le relève Elena Pasquinelli, notre cerveau ne possède pas une structure adaptée au multitâche contraignant, et nos capacités d'attention et exécutives sont limitées. Même si nous pouvons, dans notre vie quotidienne, accomplir plusieurs tâches simples en même temps plus ou moins efficacement, cela se fait au prix d'une grande dépense d'énergie cognitive avec le risque d'une intégration inefficace des informations importantes pendant des tâches complexes, entraînant une fatigue mentale. Les recherches actuelles vont dans le sens du conseil de limiter, autant que possible, les sources de distractions, ou en tout cas de ne pas les augmenter sans nécessité.

Il est important de relever que l'utilisation des écrans mobilise en particulier le cortex préfrontal, qui fait partie des dernières régions à atteindre une maturité complète vers l'âge de 25 ans. Comme nous l'avons décrit précédemment, les enfants et les adolescents atteints de TDAH sont concernés par un retard de la maturation cérébrale. Pour ces raisons, ils sont particulièrement vulnérables aux effets de l'attraction des écrans et de leur utilisation excessive, qui sollicitent les capacités cognitives impliquées dans le traitement des informations, le contrôle des réponses, l'attention et le multitâche.

8 Les jeux vidéo

Il est important de relever que les concepteurs de jeux vidéo utilisent des stratégies particulièrement adaptées pour les jeunes avec un TDAH. Ils accordent une attention particulière à la présentation des informations visuelles et sonores, à l'utilisation des symboles familiers, à la transmission claire des informations, au dosage entre le contrôle et la liberté du joueur, ainsi qu'à la prévention des erreurs et à la reconnaissance rapide des actions. L'objectif est aussi de permettre une utilisation flexible et efficace en optant pour un design épuré et esthétique, en éliminant les informations superflues et en facilitant la reconnaissance, la détection et la correction des erreurs par les utilisateurs.

Les concepteurs s'efforcent de fournir des aides et des documentations efficaces et accessibles, tout en incitant les joueurs à s'engager dans certaines actions. Ils accordent une grande importance à susciter la motivation du joueur et le sentiment de compétence et de progression qui sont des piliers fondamentaux pour stimuler l'engagement. Ajuster un niveau de défi et de difficulté approprié est un autre aspect central des jeux vidéo qui doivent être à la fois stimulants sans être trop faciles ni trop difficiles. De plus, le contenu, la variété et le rythme des actions sont également importants pour susciter et maintenir l'intérêt des joueurs.

Les développeurs font également attention à réduire la charge cognitive associée à l'attention et à la mémoire de travail, ainsi que les distractions durant l'exécution des actions. Ils favorisent des tâches et des fonctionnalités faciles à apprendre, et allègent la charge cognitive pour les éléments moins importants ou non pertinents. Les retours d'information et les récompenses doivent être donnés rapidement, comportant des objectifs clairs et une augmentation progressive des difficultés. De plus, les histoires bien construites stimulent l'intérêt des joueurs, créant une impression de jeu fluide, de « transparence » qui favorise un « état de flow ». Cela engendre un sentiment de plaisir immédiat et une motivation accrue chez les joueurs pour accomplir les actions en étant concentré, sans être distraits.

D'autre part, l'utilisation en ligne amplifie l'attrait des jeux tels que *Fortnite*, *League of Legends*, *World of Warcraft*, *Dofus*, *Travian*, des jeux de sport comme *FIFA*, *NBA 2K*, et des jeux de course tels que *Mario Kart*, *Gran Turismo*, *Forza Motorsport*, *Burnout Paradise Remastered*. Ces jeux offrent des espaces de communication et de compétition, créant ainsi l'illusion de faire partie d'une communauté « d'amis » et la possibilité de devenir un champion.

Les jeux vidéo, avec leurs caractéristiques telles que la rapidité, la motivation, les gratifications immédiates, les sensations fortes et la capacité à surprendre, sont particulièrement adaptés pour les enfants et adolescents avec un TDAH. Dans cet univers virtuel, ils trouvent un espace qui stimule leur engagement où leurs difficultés d'attention et de gestion des tâches sont moins pénalisantes, et où l'accent mis sur la réussite et les récompenses instantanées répond à leurs besoins spécifiques. Les jeux vidéo comportent des aspects positifs tels que la compétition, la persévérance, l'expérience de réussite et d'échec, à la condition que leur usage reste modéré et ne mène pas à une utilisation excessive ou à une addiction. Ils offrent l'opportunité de jouer en ligne et favoriser des interactions enrichissantes avec des camarades. Toutefois, ils peuvent servir de refuge face à des difficultés personnelles et favoriser l'impression de résoudre des problèmes relationnels en partageant des expériences avec d'autres joueurs, ce qui est particulièrement fréquent chez les jeunes avec un TDAH.

9 Les réseaux sociaux

Les réseaux sociaux représentent des sources d'attraction et des écueils chez les enfants et en particulier chez les adolescents avec un TDAH. Les jeunes avec un TDAH sont spécialement attirés par leurs caractéristiques telles que les informations courtes, les formulations brèves, les interactions comme les « like », les « j'aime » et les relations à distance, sans les contraintes des interactions en personne.

Les algorithmes des plateformes des réseaux sociaux sont très complexes et filtrent les informations accessibles et la présentation des contenus explorés. Ils analysent le comportement de l'utilisateur pour proposer des contenus attrayants et intéressants, stimuler l'engagement et favoriser les publicités ciblées. Certaines plateformes attirent l'attention des adolescents avec des contenus à caractère sexuel, mais elles disposent de systèmes de filtres reposant sur des algorithmes qui analysent les messages en temps réel pour repérer et éliminer les contenus qui enfreignent les règles. De plus, des équipes de modération interviennent pour éliminer les contenus problématiques qui pourraient passer à travers les mailles des filets de ces algorithmes.

Comme pour tous les médias numériques, les réseaux sociaux présentent à la fois des avantages et des inconvénients. D'une part, ils offrent l'opportunité de développer des relations sociales enrichissantes, de rencontrer de nouvelles personnes et de renforcer le sentiment d'appartenance à une communauté. D'autre part, ils peuvent contribuer à une conception édulcorée de l'amitié, favoriser des liens superficiels et éphémères, et inciter à se montrer sous un jour différent et à engager des interactions qui n'auraient pas lieu dans des contextes habituels. Les interactions numériques facilitent aussi le partage d'idées, d'expériences, de préoccupations et de soutien durant des périodes difficiles. Ces échanges peuvent être particulièrement bénéfiques pour les adolescents timides, isolés ou éprouvant des difficultés émotionnelles, à condition que ces interactions se déroulent dans un cadre positif et constructif.

Comme décrit précédemment, les adolescents atteints d'un TDAH ont particulièrement besoin de se connecter avec leurs pairs en étant sensibles à la peur de l'exclusion et à l'importance accordée au regard d'autrui. Les réseaux sociaux sont aussi un moyen de chercher à définir leur identité fragile et floue, de se positionner par rapport au groupe social, d'exprimer leurs émotions et de partager leurs expériences. Les réseaux sociaux diffusent également des normes sociales, des comportements et des opinions qui peuvent avoir un impact sur cette tranche d'âge à la recherche d'une identité. Ils amplifient le sentiment de rater quelque chose d'intéressant en donnant l'impression que tout le monde participe à un événement excitant, ce qui entre en résonance avec leur hyperactivité et leur tendance à être dans l'action.

Comme nous l'avons évoqué plus haut, un autre danger, particulièrement présent chez les adolescents avec un TDAH, concerne la divulgation excessive d'informations personnelles et la perte de contrôle lors de conflits ou d'excitations sexuelles typiques de l'adolescence pouvant entraîner l'envoi de messages et/ou de photos inappropriés sous l'action de l'impulsivité et des difficultés de contrôler les excitations.

10 Cyberintimidation et cyberharcèlement

Comme décrit précédemment, les enfants et adolescents avec un TDAH sont confrontés au risque de devenir un bouc émissaire et une victime de cyberintimidation, subissant des agressions virtuelles en ligne de la part d'individus sur les réseaux sociaux, souvent dans un contexte de dynamiques de groupes. Ces harcèlements peuvent se manifester de plusieurs manières, comme des moqueries, des insultes, des menaces, la propagation de rumeurs, la diffamation, la divulgation d'informations personnelles, le partage de contenus embarrassants ou humiliants. De plus, votre adolescent peut aussi être confronté à d'autres formes de cyberharcèlement en ligne, telles que la diffusion de contenus haineux, le harcèlement sexuel, le chantage, la création d'un faux profil ou l'usurpation d'identité.

En conséquence, votre enfant ou adolescent peut éprouver des conséquences psychologiques profondes, se manifestant par de l'anxiété, de l'irritabilité, de la dépression, des sentiments de dévalorisation et d'impuissance, une tendance à se replier sur lui-même, et une diminution de l'intérêt pour les études et les relations sociales. Dans les cas plus graves, cela peut même conduire à des pensées suicidaires ou à des tentatives de suicide.

Il est important d'être attentif à des modifications de comportement et de faire confiance à vos intuitions de parent, même si votre enfant ou adolescent affirme que tout va bien et qu'il n'a aucun de problème, parfois par honte de sa situation ou par crainte d'être considéré comme une « balance », en respectant une sorte de code du silence. Il est recommandé de discuter de ces risques avec lui et de lui dire que vous êtes toujours là pour l'écouter, le protéger et le soutenir. De plus, vous pouvez aussi lui expliquer que, en cas de harcèlement, vous prendrez le temps de réfléchir à la situation et aux stratégies les plus appropriées, y compris l'éventualité de porter plainte ce qui pourrait avoir des conséquences légales pour les harceleurs.

REMARQUE

Les jeunes atteints d'un TDAH présentent un risque de développer une utilisation excessive et problématique des nouvelles technologies numériques pour les raisons suivantes :

- La mobilisation d'une attention focalisée dans des contextes excitants et motivants.
- La répétition de mouvements rapides en utilisant le clavier, la souris ou le joystick.
- Les difficultés à contrôler l'impulsivité.
- Les difficultés à réguler les émotions et les frustrations.
- Les stimulations sensorielles intenses et variées.
- La recherche de gratifications rapides.
- La recherche de sensations fortes et de prise de risques.
- La tendance à prendre rapidement des décisions sans réfléchir suffisamment.
- L'absence de contraintes liées aux apprentissages scolaires.
- La motivation par la perspective de réussite et de performance dans un monde virtuel, contrairement aux contraintes scolaires.
- L'alternative aux difficultés relationnelles offerte par les interactions à distance.

- Les difficultés exécutives à gérer le temps et les priorités.
- L'attrait des écrans, en particulier des jeux vidéo et des réseaux sociaux, dont les caractéristiques entrent en résonance avec les spécificités du TDAH.

Résumé

Les enfants et les adolescents avec un TDAH ont tendance à utiliser plus fréquemment les écrans que leurs pairs de la population générale, et cette tendance est corrélée à la sévérité de leurs symptômes.

Ils sont plus à risque de développer une addiction, principalement aux jeux vidéo, ainsi que des comportements compulsifs tels que la consultation excessive de réseaux sociaux et la visite de sites internet comportant des contenus inappropriés, tels que la pornographie.

Ils sont également à risque d'être confronté à des dynamiques de bouc émissaire qui peuvent comporter une cyberintimidation et un cyberharcèlement.

Il est fortement conseillé d'être attentif dès le plus jeune âge à établir un cadre éducatif parental clair et cohérent qui évolue en fonction de l'âge, des caractéristiques de l'enfant ou l'adolescent et du contexte de vie et scolaire.

11 Le modèle parental

Nous sommes quotidiennement mobilisés par les technologies numériques qui nous surchargent d'informations, sollicitent notre attention et les activités multitâches, exacerbant les rythmes de vie déjà intenses. Nous recourons également à ces technologies pour échapper à nos préoccupations, pour nous divertir en naviguant sur le web, en utilisant des plateformes de streaming et en regardant la télévision. Les smartphones nous donnent l'illusion d'avoir tout à notre disposition par un simple clic, d'être en relation constante avec le monde entier et de pouvoir donner notre avis sur tout et à tout moment. Notre usage des téléphones portables devient automatique, s'insinuant dans tous les aspects de notre vie quotidienne, y compris les repas et les interactions sociales.

Nos utilisations excessives des écrans peuvent être un révélateur de notre surcharge, de difficultés pour gérer les moments de détente et de problèmes sous-jacents. Cette tendance entrave les interactions avec nos enfants et limite les occasions de partager des activités comme les sorties ou les jeux. Le va-et-vient constant entre les supports électroniques et la vie familiale engendre un stress supplémentaire et diminue la spontanéité dans la communication avec nos enfants.

Pour ces différentes raisons, il est crucial, en tant que parent, de limiter votre propre utilisation des écrans lorsque vous êtes en présence d'enfants et d'adolescents. Il est recommandé de privilégier les échanges directs, tels que la discussion, les jeux et les activités saines et divertissantes.

Il est aussi conseillé d'être vigilant quant aux contenus que nous regardons en présence de nos enfants, comme les informations sur des actualités et les reportages ayant des contenus qui peuvent être inappropriés (par exemple, des conflits armés, des crises humanitaires, des drames familiaux ou des documentaires abordant des thèmes éprouvants).

Il est aussi recommandé de ne pas recourir aux supports électroniques comme une stratégie pour calmer votre enfant ou résoudre des conflits, ni comme une « baby-sitter électronique ». Dans des circonstances particulières telles que les consultations médicales, les voyages en avion ou en train, il convient de surveiller les contenus et la durée d'utilisation des écrans, en prenant soin d'en expliquer les raisons.

En tant que parents, nous devons être un exemple d'habitudes saines et éviter de devenir un modèle identificatoire addictif aux écrans. Il ne faut pas recourir aux appareils numériques comme une solution de facilité pour échapper à nos responsabilités éducatives. Notre propre utilisation des technologies informatiques joue un rôle crucial dans la formation des habitudes des enfants concernant les écrans. Nous devons le faire avec discernement, en faisant des pauses régulièrement, et en accompagnant nos enfants dans le développement de leur capacité à se réguler par rapport aux écrans.

Les moments sans écran ont une importance capitale, tant pour vous que pour votre enfant, car ils favorisent le développement de ses capacités d'autorégulation, des expériences de plaisir et de détente, stimulent la créativité et encouragent des activités physiques.

Résumé

L'utilisation des technologies informatiques par les parents est un facteur prédictif important des habitudes des enfants concernant les écrans.

Il est important comme parent de limiter sa propre utilisation des écrans en présence des enfants et des adolescents.

Il est conseillé de discuter des contenus, des impressions et des émotions suscitées par les écrans en partageant vos impressions et réflexions, et en écoutant les observations et les remarques de votre enfant ou/et de votre adolescent.

Les moments sans écrans sont essentiels pour être en relation avec les enfants, avoir des échanges et des discussions, partager des activités de détente stimulantes et divertissantes.

12 Le cadre éducatif

La mise en place d'un cadre éducatif par rapport à l'utilisation des écrans est particulièrement importante pour les enfants et adolescents avec un TDAH. L'établissement de règles vise à équilibrer les avantages des technologies numériques avec les risques pour la santé mentale et physique et pour la vie de famille.

En tant que parent, vous avez la responsabilité de gérer l'accès aux écrans et de définir le cadre approprié pour votre enfant ou adolescent. Il est important de prendre en considération ses spécificités comme son âge, son caractère, sa situation scolaire ou professionnelle, ses centres d'intérêt, ses loisirs, ses relations sociales, ainsi que sa capacité à respecter les règles, à gérer les sollicitations et à surmonter les frustrations.

Comme parent, vous jouez un rôle essentiel comme régulateur de l'accès aux technologies numériques. La gestion du temps d'utilisation des écrans des enfants est essentielle dans nos sociétés modernes. Imposer des restrictions de l'accès aux technologies numériques dès la petite enfance est crucial pour le développement de l'enfant, notamment pour ses capacités d'adaptation, ses habitudes de sommeil, son comportement, mais aussi pour le développement du langage, des fonctions cognitives, de la régulation émotionnelle et des comportements, ainsi que pour les compétences sociales. En posant des limites précises et en choisissant judicieusement les contenus, vous favorisez le développement sain de votre enfant.

Il est essentiel d'être vigilant sur les moments et la durée d'utilisation quotidienne aux écrans – la télévision, les tablettes, les consoles de jeux ou les smartphones des parents et des jeunes selon leur âge – en établissant un cadre éducatif strict et cohérent. Il est aussi crucial de surveiller les contenus des programmes, des jeux vidéo et des applications pour prévenir l'exposition à des contenus violents susceptibles d'être traumatisants. Évitez d'installer une télévision dans la chambre de votre enfant et assurez-vous que l'utilisation des appareils électroniques est sous votre surveillance. Soyez aussi vigilant à l'usage simultané de plusieurs dispositifs informatiques, car cela peut avoir des conséquences négatives sur les apprentissages et les performances scolaires.

Dans certaines situations, une utilisation modérée des écrans, à titre de repère, pourrait être de 1 heure par jour à l'âge scolaire, ou moins selon le point de vue des parents, avec une augmentation durant les week-ends, à la condition que les exigences concernant les études et la vie de famille soient respectées et qu'elles permettent d'atteindre les objectifs convenus avec votre enfant en vue de son bien-être et de sa réussite. À l'adolescence, il est difficile d'établir des recommandations spécifiques et il est essentiel de veiller à une utilisation équilibrée des technologies numériques avec une limitation du temps passé avec les écrans appropriée aux besoins spécifiques et scolaires ainsi qu'au bien-être, aux performances scolaires, aux respects des règles et à la qualité des relations familiales et sociales de l'adolescent.

L'utilisation des smartphones et des tablettes chez les adolescents fait souvent partie de la « culture de la chambre », symbolisant les moments de repli caractéristiques de cette étape de la vie. En tant que parent, vous êtes confronté à un dilemme délicat : respecter l'intimité de votre adolescent tout en surveillant le temps passé devant les écrans, ainsi que les contenus de ses activités en ligne et de ses interactions sur les réseaux sociaux.

Il est fortement recommandé de se renseigner sur l'âge des utilisateurs et les contenus des jeux vidéo, car certains d'entre eux peuvent comporter des contenus inappropriés pour leur âge. Par exemple, *Fortnite*, *World of Warcraft* et *Dofus* sont recommandés à partir de 12 ans, *League of Legends* et *FIFA* dès 13 ans. Pour *Travian*, l'âge d'utilisation est décidé par un adulte qui est responsable de l'ouverture du compte.

Il faut être particulièrement attentif aux jeux vidéo ayant un langage grossier, des contenus violents et des thèmes adultes qui sont généralement réservés à des utilisations à partir de 18 ans. *Grand Theft Auto* (*GTA V*) comporte un langage vulgaire, une représentation graphique détaillée de la violence où les joueurs commettent des actes tels que des agressions physiques, des meurtres, des fusillades et des scènes de torture. Le jeu présente également la consommation de drogues, encourage des comportements criminels, contient des scènes avec des contenus sexuels (prostituées, actes sexuels), ainsi que des thèmes adultes tels que la violence conjugale, la corruption et le crime organisé. *Call of Duty* met en scène des violences réalistes et intenses, avec l'objectif de tuer le plus grand nombre d'ennemis, sans respecter les principes établis par les Conventions de Genève et les Protocoles additionnels qui définissent des limites à la brutalité des guerres. Bien que certains jeux de la série *Assasin's Creed* soient plus accessibles, ils contiennent généralement des scènes violentes et abordent des thèmes historiques complexes. La série des *Mortal Kombat* est inappropriée pour les jeunes, recommandée pour les joueurs de 18 ans et plus en Europe en raison de ses contenus extrêmement violents comportant des combats sanglants.

Il est aussi important d'être vigilant concernant les achats – les microtransactions – conçus pour inciter le déblocage de nouveaux niveaux et obtenir des avantages qui peuvent accroître la durée d'utilisation, ou pour des achats « cosmétiques », comme des améliorations esthétiques, des accessoires ou les « skins » de *Fortnite* qui personnalisent l'apparence de personnages, sans modifier le gameplay, c'est-à-dire l'ensemble des interactions et des règles qui constituent l'expérience ludique.

Les enfants et adolescents avec un TDAH sont particulièrement vulnérables à ces incitations en raison de leurs difficultés à contrôler les excitations et à gérer les frustrations. Ces stratégies commerciales constituent une source de revenus très importante pour les développeurs de jeux qui intègrent des éléments encourageant ces achats. Il est vivement recommandé de discuter avec votre enfant de ces pratiques et d'établir des règles claires, comme ne pas participer à ce système, définir un budget précis, utiliser une carte prépayée pour éviter des dépenses excessives avec les cartes de crédit.

En tant que parents, il est également conseillé d'être attentif à la majorité numérique pour les inscriptions sur les réseaux sociaux qui est de 15 ans en France d'après une loi promulguée le 7 juillet 2023. D'après la Commission nationale de l'informatique et des libertés (CNIL), la première inscription sur un réseau social interviendrait en moyenne vers l'âge de 8 ans et demi, et plus de la moitié des enfants de 10 à 14 ans seraient présents sur ces plateformes. Les réseaux sociaux devront :

- Refuser l'inscription à leurs services des enfants de moins de 15 ans, sauf si un des parents a donné son accord.
- Permettre aux parents, ou à l'un des deux, de demander la suspension du compte de leur enfant de moins de 15 ans.
- Activer, lors de l'inscription d'un mineur, un dispositif de contrôle du temps passé en ligne.

- Appliquer la majorité numérique aux comptes déjà créés et détenus par des enfants de moins de 15 ans avant la loi (les réseaux sociaux auront 2 ans pour recueillir l'accord des parents).

En tant que parent, vous avez la possibilité d'utiliser un contrôle parental et des paramètres de sécurité, en tenant compte de l'âge de votre enfant ou adolescent, tout en restant vigilant quant à la possibilité qu'il puisse trouver des moyens pour les contourner. Suivre tous les accès à internet et tous les déplacements de votre enfant ou de votre adolescent pour savoir en permanence ses activités est problématique, car il est important de respecter sa sphère privée et ses processus d'autonomie pour grandir. L'interdiction totale d'accéder aux écrans devrait être une mesure exceptionnelle et non la règle. Dans nos sociétés actuelles, il est très difficile d'envisager qu'un adolescent, à partir d'un certain âge, ne puisse pas utiliser les nouvelles technologies numériques.

Pour ces raisons, votre tâche de parent est complexe et difficile pour ajuster constamment l'équilibre entre un contrôle parental approprié, un laxisme éducatif et une surveillance exagérée.

Il est crucial d'établir des règles claires et cohérentes et de les discuter en famille. Les mettre en pratique peut s'avérer un défi exigeant qui requiert beaucoup d'énergie et de persévérance de la part des parents, en particulier pendant la période de la puberté. Les adolescents font face à des pulsions et des impulsions qui ont tendance à déborder leurs capacités de régulation. De plus, en raison de leur immaturité affective, ils peuvent réagir de manière excessive sur le plan émotionnel et avoir du mal à gérer les frustrations.

Les enfants et les adolescents atteints de TDAH étant plus vulnérables à une exposition excessive aux écrans et au développement d'une dépendance, il est conseillé d'être particulièrement vigilant dès la petite enfance, tout en cherchant à maintenir un équilibre et à avoir confiance dans les capacités de votre enfant ou adolescent à utiliser les médias numériques de manière efficace et bénéfique.

13 Les discussions

Les discussions concernant l'utilisation des technologies numériques sont très importantes pour expliquer et discuter des limites éducatives que vous avez établies. Les jeunes mentionnent souvent le fait que certains de leurs camarades ont la liberté de jouer à des jeux vidéo qui ne correspondent pas à leur âge et d'avoir accès à internet et aux réseaux sociaux sans surveillance parentale.

Vous avez l'occasion de montrer que vous êtes à l'aise avec vos règles tout en restant ouvert à leur réévaluation régulière en tenant compte de l'âge et du développement votre enfant.

Vous pouvez créer avec votre enfant un environnement qui lui permet de faire efficacement ses devoirs, en minimisant les distractions liées à une utilisation non essentielle des écrans et en les limitant uniquement aux besoins spécifiques.

Vous pouvez discuter avec lui des effets négatifs sur son équilibre psychique que peuvent avoir les contenus violents et choquants des jeux vidéo, et les images inappropriées accessibles sur internet (par exemple, des représentations des souffrances et des misères humaines, des scènes de violence insoutenables, des contenus sexuels non adaptés, des descriptions de relations irrespectueuses ou malsaines).

Pour ces raisons, il est très important d'avoir des moments de discussion sur l'utilisation des médias électroniques, en relevant à la fois leurs avantages et leurs inconvénients. Ces échanges peuvent aussi aborder le paradoxe des communications par internet : bien que nous n'ayons jamais eu autant « d'amis » et la facilité d'être en contact avec des proches et des inconnus, nous ressentons de plus en plus de la solitude. Vous pouvez aussi discuter avec lui de l'importance des interactions directes dans les moments importants ou lors de conflits, en privilégiant les échanges en face-à-face au lieu de recourir aux communications numériques qui favorisent le manque de compréhension des points de vue respectifs et/ou l'évitement des thèmes importants.

Vous pouvez discuter avec votre enfant des dangers des réseaux sociaux, qui peuvent amplifier la propagation de rumeurs et de commérages pouvant nuire à la réputation d'une personne et entraîner des problèmes relationnels, voire des comportements agressifs aux conséquences graves. Vous pouvez aussi le sensibiliser à une pratique de plus en plus répandue dans nos sociétés : le « *ghosting* », qui se caractérise par l'arrêt soudain de toute communication et la disparition sans fournir d'explication.

Il est également essentiel de rappeler à votre adolescent que les informations publiées sur internet ont tendance à rester accessibles indéfiniment et ne disparaissent pas automatiquement, ce qui peut avoir des conséquences défavorables lors de candidatures à des formations et à des emplois. Le partage excessif d'informations personnelles peut compromettre sa vie privée et l'exposer à des risques de vol d'identité et aux dangers des prédateurs en ligne.

Il est aussi important de parler des conséquences potentielles du « sextage » (l'envoi de messages, de photos ou de vidéos à caractère sexuel) par le biais des réseaux sociaux. Cette pratique peut avoir des répercussions graves sur les plans psychologique, social et juridique, pouvant même entraîner une intervention de la police et une procédure devant le tribunal pour mineurs.

Vous pouvez aussi sensibiliser votre adolescent aux avantages et aux règles d'utilisation des logiciels d'intelligence artificielle tels que *ChatGPT*, *Google Bard*, etc. Il peut être tenté de les utiliser pour ses devoirs scolaires, mais cela comporte des risques liés au plagiat et à la production de contenus pouvant susciter des doutes chez les enseignants, notamment des textes stéréotypés, trop bien rédigés, trop complexes, hors sujet, ou contenant des erreurs.

Il est conseillé de demander à votre adolescent de vous montrer comment il utilise les écrans et de discuter avec lui des aspects positifs de son point de vue. Cette approche vous permet de montrer votre intérêt pour ses activités et de mieux comprendre les raisons de ses utilisations des médias numériques. Vous pouvez ainsi découvrir sa curiosité, ses centres d'intérêt et ses compétences concernant les jeux vidéo et les technologies numériques.

14 Recommandations

Gestion des écrans – « Plan d'action médiatique »

- Établissez des règles précises et cohérentes pour l'utilisation des écrans incluant des horaires et des limites d'utilisation et, si possible, des règles personnalisées pour chaque membre de la famille.
- Organisez régulièrement des discussions sur l'application de ces règles et sur la possibilité de les modifier selon les besoins.
- Discutez régulièrement des avantages et des risques liés à l'utilisation des écrans et des activités en ligne, ainsi que sur les comportements inadéquats et inacceptables en ligne.
- Dans la mesure du possible, soyez présent lorsque votre enfant ou/et votre adolescent utilise les écrans, tout en respectant sa sphère privée.
- Demandez à votre enfant ou adolescent de vous montrer comment il utilise les écrans et discutez avec lui de ses intérêts et des contenus qu'il consulte.
- Limitez l'utilisation des écrans pendant les devoirs et sensibilisez votre enfant ou adolescent à la restreindre à ce qui est strictement nécessaire et ponctuel.

- Convenez avec votre enfant/adolescent des moments où l'utilisation des écrans n'est pas autorisée, comme pendant les repas, les activités en famille, les activités physiques, la période précédant le coucher, etc.
- Informez-vous sur les options de contrôle parental et les paramètres de sécurité, en prenant en considération l'âge de votre enfant ou adolescent, tout en restant vigilant quant à la possibilité qu'il puisse trouver des moyens pour les contourner.
- Gardez en lieu sûr les codes d'accès et les mots de passe des appareils numériques et des comptes sur les réseaux sociaux de votre enfant ou adolescent. Surveillez attentivement ses profils et ses activités en ligne en cas d'inquiétude.
- Assurez-vous que les activités quotidiennes essentielles, telles que les interactions familiales et sociales, les activités physiques, l'alimentation, le sommeil, etc., sont réalisées de manière satisfaisante sans être perturbées par une utilisation excessive des écrans.
- Encouragez l'utilisation des écrans comme activité familiale, en regardant ensemble des émissions ou des séries télévisées, des films, ou en jouant ensemble à des jeux vidéo en famille et avec des amis.
- Encouragez et participez autant que possible à des activités sans écran, comme les jeux de société, la lecture, le bricolage et d'autres activités similaires.
- Éteignez les appareils numériques lors des moments en famille et lorsqu'ils ne sont pas utilisés.
- Évitez de laisser la télévision allumée en arrière-plan.

Donner l'exemple comme parent

- Utilisez les technologies numériques de manière raisonnable et prenez régulièrement des pauses, notamment pendant les repas, les moments en famille, les loisirs, les activités sportives, les périodes de détente.
- Évitez l'utilisation des écrans dans des situations à risque, comme la conduite automobile, l'utilisation d'un vélo ou d'une trottinette, ou même en marchant.
- Limitez l'utilisation des écrans avant le coucher et privilégiez des moments de détente.
- Encouragez des moments conviviaux en famille autour des écrans, en regardant ensemble des émissions ou des séries télévisées, des films, ou en jouant à des jeux vidéo en famille et avec des amis.

Surveiller

- Votre enfant ou adolescent se plaint de s'ennuyer ou d'être malheureux s'il n'a pas accès aux technologies numériques.
- Votre enfant ou adolescent devient irritable, désagréable, impoli et oppositionnel quand des limites d'utilisation des écrans lui sont fixées.

- Les jeux vidéo et les interactions en ligne peuvent entraîner des réactions émotionnelles négatives, des surexcitations, un intérêt excessif et des dépenses d'argent non justifiées.
- L'utilisation excessive des écrans a un impact négatif sur les relations familiales, les interactions sociales, les résultats scolaires, la qualité du sommeil et les activités physiques.

Bibliographie

Chou, W. J, Huang, M. F, Chang, Y. P., Chen, Y. M., Hu, H. F., & Yen, C. F. (2017). Social skills deficits and their association with Internet addiction and activities in adolescents with attention-deficit/hyperactivity disorder. *Journal of Behavioral Addictions*, 2017, *6*(1), 42-50.

Csikszentmihalyi, M. (1990). *Flow : The Psychology of Optimal Experience.* Haerper Perennial.

Evren, C., Evren, B., Dalbudak, E., Topcu, M., & Kutlu, N. (2019). Relationships of Internet addiction and Internet gaming disorder symptom severities with probable attention deficit/hyperactivity disorder, aggression and negative affect among university students. *ADHD Attention Deficit and Hyperactivity Disorders*, *11*, 413-421.

Hodent, C. (2018). *The Gamer's Brain.* CRC Press.

Houdé, O. La Tête au carré. L'enfant et les écrans. *France Inter*, 23 janvier 2013.

La Suède juge les écrans responsables de la baisse du niveau des élèves et veut un retour aux manuels scolaires. *Le Monde*, 21 mai 2023.

Masi, L., Abadie, P., Herba, C., Emond, M., Gingras, M. P., & Ben Aomor, L. (2021). Video games in ADHD and non-ADHD children : modalities of use and association with ADHD symptoms. *Frontiers in Pediatrics*, *9*, 632272.

Pasquinelli, E. (2022). *Comment les écrans nous transforment et nous révèlent à nous-même.* Odile Jacob.

Paulus, F. W., Möhler, E., Recktenwald, F., Albert, A., & Mal, V. (2021). Electronic Media and Early Childhood : A Review. *Klinische Pädiatrie*, *233*,157-172.

Internet : un nouveau rapport alarmant sur les usages du numérique par les plus jeunes. *Le Figaro*, le 22 juin 2023.

Ponti, M. (2023). Le temps d'écran et les enfants d'âge préscolaire : la promotion de la santé et du développement dans un monde numérique. *Paediatrics & Child Health*, *28*, 193-202.

Réseaux sociaux : les nouvelles mesures de Meta pour protéger les ados peines à convaincre. *Le Figaro*, 10 janvier 2024.

Solomon-Moore, E., Matthews, J., Reid, T., Toumpakari, Z., Sebire, S. J., Thompson, J. L., Lawlor, D. A., & Jago, R. (2018). Examining the challenges posed to parents by the contemporary screen environments of children : a qualitative investigation. *BMC Pediatrics*, *18*,129.

Straker, L., Zabatiero, J., Danby, S., Thorpe, K., & Edwards, S. (2018). Conflicting Guidelines on Young Children's Screen Time and Use of Digital Technology Create Policy and Practice Dilemnas. *The Journal of Pediatrics*, *202*, 300-303.

Unicef. (2017). The state of the world' children 2017 : children in a digital world. United Nations Children Funds.

Weiss, M. D., Baer, S., Allan, B. A., Saran, K., & Schinuk, H. (2011). The screen culture: impact on ADHD. *Attention Deficit and Hyperactivity Disorders*, *3*(4), 327-334.

Conclusion

Les causes du TDAH sont multiples et comprennent d'une part des facteurs génétiques et neurobiologiques, et d'autre part des facteurs liés à l'environnement et à la société. Les aspects génétiques et neurobiologiques jouent un rôle prédominant dans le « noyau central » du TDAH. Les facteurs environnementaux et sociaux jouent un rôle secondaire aggravant les symptômes du TDAH sans en être directement la cause, et ils doivent être également pris en considération sur le plan clinique.

La famille joue un rôle primordial dans le développement des enfants et elle est confrontée en première ligne aux défis posés par le TDAH et aux troubles associés qui ont des répercussions considérables sur sa qualité de vie et sur les relations familiales. Il est important de souligner que les parents ne sont pas responsables des symptômes de leur enfant. Reconnaître ce point est fondamental pour comprendre et soutenir efficacement l'enfant, tout en tenant compte de ses ressources.

En tant que parent, il est difficile de comprendre les défis auxquels votre enfant avec un TDAH est confronté, et vous cherchez activement des informations et des solutions pour l'aider. Votre enfant peut être stigmatisé à tort, accusé de faire exprès, d'être paresseux et de ne pas être motivé. En tant que parent, vous pouvez être critiqué concernant vos méthodes éducatives, en étant jugé comme trop permissif ou trop intrusif.

L'accès à des informations pertinentes sur le trouble de votre enfant et sur votre rôle positif en tant que parent est essentiel pour devenir un « expert » de votre enfant, en adoptant une approche proactive pour répondre à ses besoins, initier les démarches nécessaires, et mettre en place les approches qui lui correspondent. Cela renforce également votre confiance en vos capacités parentales et en celles de votre enfant.

Dans le cadre de la démarche du diagnostic et durant la prise en charge, votre rôle en tant que parent est reconnu dans les discussions avec les professionnels et le corps enseignant. Vous pouvez partager vos observations, poser vos questions, exprimer vos inquiétudes et discuter de vos réflexions concernant votre enfant.

L'impact du TDAH de votre enfant sur votre famille et sur votre rôle de parent est lourd, mobilise beaucoup d'énergie et vous confronte souvent à des tensions et à des conflits quotidiens. La relation de couple et la dynamique de la coparentalité sont régulièrement mises à l'épreuve et peuvent déboucher sur des sentiments d'impuissance et d'incapacité, et sur le risque de développer un épuisement parental.

Parmi les différentes approches thérapeutiques disponibles, les programmes d'entraînement parental vous offrent les outils nécessaires pour mieux comprendre les problèmes de votre enfant, établir des attentes plus précises, et mettre en place des stratégies qui encouragent les comportements positifs tout en réduisant les attitudes négatives. Ces programmes peuvent significativement améliorer la qualité de la vie de famille, en aidant votre enfant à développer des compétences essentielles pour la gestion de la vie quotidienne et pour des relations familiales et sociales saines. Ils contribuent également à renforcer chez l'enfant les capacités de contrôle, la confiance en soi et la qualité des moments de détente en famille et à l'extérieur.

L'accès à des connaissances de qualité sur le TDAH et l'engagement dans les approches qui correspondent aux besoins spécifiques de votre enfant et de votre famille sont des aspects cruciaux pour favoriser un développement positif. Cependant, le TDAH est un trouble qui exige un engagement très important sur la durée, constant et cohérent de votre part pour aider votre enfant à surmonter les défis auxquels il est confronté. Cet engagement lui permettra de déployer pleinement ses capacités et d'entrer dans la vie adulte en trouvant sa voie et en pouvant s'épanouir.

Malgré les difficultés auxquelles vous pouvez être confronté, il est essentiel, en tant que parent, d'avoir confiance dans vos capacités parentales et dans les compétences de votre enfant. Bien que le TDAH soit un trouble qui peut être problématique et, dans certains cas, préoccupant, il est également associé à des compétences étonnantes qui varient d'un jeune à l'autre. Ces compétences peuvent se déployer pendant le développement et la transition vers l'âge adulte.

86087 - (I) - OSB 80 - CPW- MSO
Dépôt légal : juin 2024
Imprimé en Espagne